지성이 금지된 곳에서 깨어날 때

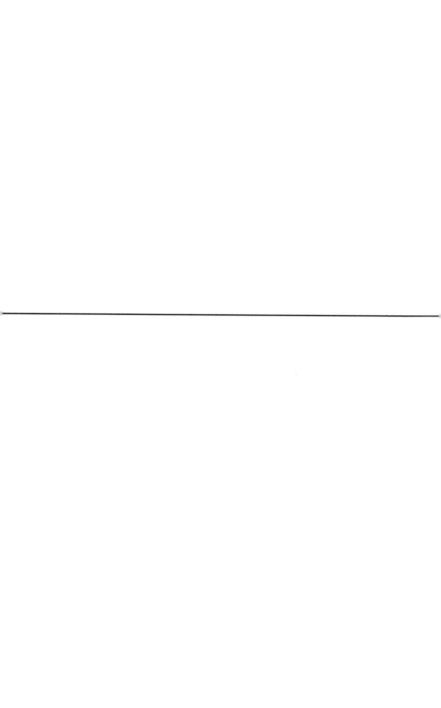

지성이 금지된 곳에서 깨어날 때

새로운 길을 낸 여성들의 날카로우면서도 우아한 세계

이유진 지음

나무연필

지적인 여자 무리의 탄생

신문과 출판은 당대 최고 지식인들이 겨루는 장이다. 내로라 하는 지성인들이 애증을 갖는 신문사의 출판과 학술 담당 기자로, 흔치 않은 여성 책팀장으로 일하면서 엘리트 사회의 예의 바르지만 견고한 벽을 만날 때가 종종 있었다. 가끔은 좌든 우든 서로의 매력에 푹 빠진 이너서클 몇몇이 좋은 평판을 퍼트리면 훌륭한 글, 좋은 책의 반열에 오르는 것 같았다. 그럴 때면 불편했지만 내 느낌이 틀리길 바랐다. 그리고 더 알려지지 않은 책 속으로 도피하듯 했다.

2014년 세월호 참사가 벌어졌고 2015년 페미니즘 물결이 본격적으로 시작되었으며 2016년 박근혜-최순실 게이트가 터졌다. 매일 밤 이어지는 촛불집회를 프랑스대혁명에 견주는 논평들이 나왔다. 역사의 승리를 다짐하는 글들이 민주 시민의 결기와 자부심을 보여주었지만 역사의 '경고'가 걱정이 됐다. 1791년 프랑스대혁명 당시 다른 나라로 도망치려던 루이 16세 일가를 붙잡아온 여성들에게 혁명은 인격을 부여하지 않았기 때문이다. "모든 여성은 자유롭고 남성과 평등한 권리를 갖고 태어난다"며 여성 시민의 권리를 선언한 올랭프 드 구주는 연단에 서지 못한 채 목이 잘렸다. 그 시절 여성에겐 정치적인 글쓰기와 읽기가 금지되었다. 프랑스대혁명과 촛불혁명을 연관시킨 텍스트들에서 이런 얘기까지는 나오지 않았다. 성공한 시민혁명의 해피엔딩만 재현될 뿐.

여성 역사가 거다 러너는, 여성이 역사의 행위자이자 주체였으면서도 상징체계나 철학, 과학, 법률을 만드는 일에서 제도적으로 제외되었다고 본다. 여성의 실제 역사적 경험과 이론 형성의 배제 사이 긴장을 가리켜 그는 '여성사의 변증법'the dialetctic of women's history이라고 일컫는다. 억울한 일이지만, 오히려 이 모순과 투쟁이 여성들을 앞으로 나아가도록 했다는 것이다. 그는 여성들이 딛고 설 거인의 어깨가 없다는 것을 뼈저리게 느꼈고 흙 속에 파묻힌 거인을 발굴해냈다. 여성 거인은 없었던 게 아니라 보이지 않는 것이었다.

100년 전이나 지금이나 공적인 지면에서 여성의 목소리는 여전히 지엽적인 것, 사사로운 것, 특수한 것으로 간주된다. 그 옛날 피아노 치던 소녀들이 음악계의 보이지 않는 저변을 떠받쳤던 것처럼, 담론을 주도하는 '지식계'도 마찬가지다. 지식인들이 모인 피라미드 맨 아래 칸엔 여성들이 포진하고 있지만 위로 올라갈수록 그 수는 현저히 줄어든다. 게다가 중산층 남성 지식인들에게 인정받는 텍스트라야 '진짜' 권위를 획득한다. 책이나 신문은 성별화된 매체였고 교육은 평등하지 않았으며 글을 쓰거나 읽는 여자는 이질적이고도 위험한 존재로 간주되었다. 하지만 조금씩 균열이 생겼다.

2000년대 이후 페미니즘 물결은 명백히 페미니즘 대중화와 관련이 있었다. '단군 이래 최대'라는 출판계 불황 가운데 다수의 여자들은 오히려 어려운 이론서들을 사 읽었다. '이런 것까지' 싶은 여성학 이론서들이 줄줄이 번역돼 나왔고 대학원 교재로나 쓰이던 학술서가 일반 독자와 접속했다. 사회적 네트워크서비스SNS에서 '재현' '섹슈얼리티' '주체성' '퀴어' '물화' 같은 이론적 용어가 스스럼없이 올라왔다. 2000년대 초만 하더라도 '젠더'라는 말을 신문에 쓸 수 없어 어떤 쉬운 한국어 표현이 적합할지 고심했는데, 지금은 신문사에 '젠더팀'이 생겼다. 감회가 새롭다. 2010년대 지적인 여성 독자들의 탄생은 한국 지성사에 기록돼야 할 장면이라고 생각한다.

독자들의 변화에 힘입어 2016년 7월, 신문의 책면을 8면짜리 별지 섹션으로 만들면서 '성과 문화'라는 고정면을 신설했다. 이 지면의 주인공들은 주로 지성이 금지된 곳에서 읽고 쓰고 말하기를 멈추지 않은 이들이었다. 가난해서, 뚱뚱해서, 어린아이여서, 투표권을 달라고 해서, 동성애자였기에, 잘난 척했기 때문에 이들은 손가락질을 받았고 매를 맞거나 성/폭력에 시달렸다. 강간과 낙태의 경험을 고백하며 '눈물의 대환장 세례'를 받던 여자들은 서로 자매애만 나눈 것이 아니었다. 이들은 몇 년 뒤 "우리의 경험은 공동의 것이었잖아" "네가 그 이야기를 책으로 쓰지 않았더라면 좋았을 텐데" "아니, 네가 책을 썼더라도 에고를 내려놓고 저자명을 안 쓰는 편이 더 좋지 않았겠니"라며 이죽거리고 서로 싸웠다. 이런 이야기가 모두 여성의 역사였다.

　　2015년 '페미니즘 리부트' 전후 출간된 도서들을 읽으며 저널리스트로서, 사회학과 여성학 공부를 이어가려는 '주말의 연구자'로서 종합하고 써내려간 기록을 책으로 묶었다. 지금까지 출간된 훌륭한 책들에 기대어 지성이 금지된 곳에서 깨어난 사람들의 삶을 퍼즐 맞추듯 다시 구성했고, 그들의 핵심적인 주장을 전달하려 했다. 남자도, 페미니스트가 아닌 사람도, 페미니스트라고 하지만 마냥 선하지 않은 사람도 포함했다. 등장인물들의 공통점은 하나였다. 금기와 금지를 넘어 읽으며 썼고 닫힌 문 앞에서 포기하지 않고 문을 두드린 이들이었다는 것이다.

이 책은 서평이자 서평이 아니다. 책 내용을 요약하여 전달하는 성격을 갖고 있지만, 비평이 아니라 해제에 가깝기에 서평이라고 하기는 힘들다. 신문 지면에 서평으로 소개한 책도 있지만 모든 원고를 새로 썼다.

1장은 여성 거인들을 조망하며 이 여성들이 남긴 유산에 대한 이야기를 담았다. 책을 쓰다 보니 저절로 여자들의 이야기가 꼬리에 꼬리를 물고 이어졌다. 시몬 드 보부아르의 동기생으로 극단적인 고난을 추구한 '현대의 성자' 시몬 베유를 읽다 보니 탐미주의자의 입장에서 베유를 배척하던 수전 손택이 딸려 나왔다. 그다음엔 뉴욕 지성계의 아이돌로 떠올랐으나 나치에 부역한 레니 리펜슈탈의 작품을 상찬하는 등 물의를 일으킨 손택의 '쇼잉'에 반발한 시인 에이드리언 리치가 손을 번쩍 드는 식이었다.

2장은 말, 몸, 피, 신이라는 네 가지 열쇳말을 통해 여성의 삶에 길잡이가 될 만한 책들을 살펴보려 했다. 특히 2000년대 페미니즘 물결의 중심에 있었던 몸에 대한 이야기가 주를 이룬다. 페미니즘 가이드라면 모자랄 것이고, 여성 자기계발서라고 한다면 오버일 것이다. 하지만 지적인 파도 속에 몸을 던지기 전 워밍업을 하는 기분으로 곁에 두고 본다면 독서 목록을 만드는 데 길잡이가 될 수 있을 성싶다.

퀴어, 섹슈얼리티 이론에 관한 훌륭한 책들과 트랜스휴먼에 관한 논의들까지 검토하지 못해 아쉽다. 모녀의 이야기, 여성 과학자들 저서를 여럿 물망에 올렸으나 이들을 다룰 만한 능력이 부족했고 몇몇은 묶으면서 뺐다. 오독이 미치는 해악을 경험했기에 내가 읽은 것은 오독이 아니기를 바라며 여러 번 재검토했지만 실수가 나올 것이다. 끝없는 공부가 필요한 이유를 깊이 깨닫게 되었다.

한둘 아닌 여자들의 무리가 어려운 이론서에 도전하고 지성적인 여자 이야기를 찾아 읽기 시작한 데는 이유가 있으리라 생각한다. 누구에게도 털어놓지 못하는 고민에 휩싸여 있거나 그런 자신을 설명할 수 있는 언어를 힘껏 찾아야만 했기 때문인지도 모른다. 책은 종이 처방전이라지만, 칼날이 될 수 있다. 그러나 베어내고 난 자리에는 새살이 돋는다.

모자란 책이지만 수년이 걸렸다. 아팠고, 아픔을 의심받았고, 우울했고, 우울함을 스스로도 의심했다. 체력과 집중력이 떨어져 한동안 읽고 쓸 수가 없었다. 그 기간 동안 참아주고 도움을 준 이들께 감사의 말을 전하고 싶다. 모든 연주자가 그렇겠지만 고독하고 엄격하게 자신만의 음악과 삶을 연구해온 피아노 연주자이자 존경하는 인격, 이지연 님과 쉼없이 공부하는 '학동'의 태도를 보여주신 윤종구 님께 마음을 전한다. 셀 수 없는 시간 활을 내리 그으며 자신의 소리를 찾아온 바이올린 연주자, 이현지 님에게도 크게 배웠다. 책면을 함께 만들었던 똑똑하고 실력 있는 후배 윤주희와 동혜원도 잊을 수 없다. 여우의 털 오라기 하나하나 '누끼'를 따고 멋진 신문 지면을 만들었던 동료들. 우리가 아로새겼던 시각 장치와 비밀스러운 아이러니를 누군가는 발견했기를 바란다.

한국여기자협회 김수정 회장님과 김균미 전 회장님께 감사한다. 여러 차례 큰 어려움이 있었지만 배려해주셔서 무사히 책이 나올 수 있었다. '되게 하는 일'의 즐거움을 알려주시고 공부의 기회와 지적 세례를 주신 나임윤경 교수님과 김현미 교수님, 조한혜정 교수님께 감사한다. 연세대 문화학협동과정에서 함께 공부했던 친구들과 소영에게도 당신들 덕분이라는 말을 전하고 싶다. 나무연필 임윤희 대표님은 냉철한 판단으로 책이 길을 잃을 때마다 방향을 잡아주었다. 기록적인 책들을 다수 발간해온 나무연필 출판사를 평소에도 귀하게 여겨

왔다. 누가 되지 않기를 바란다.

　자신 있게 책 좀 사가라고 하면 좋겠지만, 그런 말을 할 수 있는 사람이 있고 없는 사람이 있을 것이다. 인생의 모호함 속에 고통받는 이들에게 아주 작은 힌트라도 줄 수 있기를 간절히 바라며 썼다.

2021년 여름 북한산 기슭에서

이유진

차례

1장 어떤 여자들에 대하여: 지성은 여성의 것

2장 어떤 여자들을 위하여: 말, 몸, 피, 신, 그리고 페미니즘

일러두기

- 각 글에 언급된 책들은 글 제목 뒤에 정리했다. 한국어판을 기준으로 하되, 번역서의 경우 원서명과 초판 출간년도를 함께 적었다.
- 국립국어원의 외래어 표기법을 기준으로 표기하되, 책과 기사 제목은 원래 출간·발행된 표기를 그대로 두었다.

어떤 여자들에 대하여:

지성은 여성의 것

세상을 활보한 여자들,
그 용기에 대하여

나혜석
하야시 후미코
버지니아 울프

- 나혜석, 『조선 여성 첫 세계 일주기』, 가갸날, 2018.

  (이 글들은 1920~30년대 조선의 신문과 잡지에 연재되었으나 그의 생전에 출간되지 못했고, 2018년 온전히 책으로 묶였다.)

- 하야시 후미코, 『방랑기』, 이애숙 옮김, 창비, 2015(放浪記, 1930).

- 하야시 후미코, 『삼등여행기』, 안은미 옮김, 정은문고, 2017(三等旅行記, 1933/私の紀行, 1939).

  (이 책은 일본에서 출간된 에세이 『삼등여행기』와 『나의 기행』을 한데 묶었다.)

- 버지니아 울프, 『런던을 걷는 게 좋아, 버지니아 울프는 말했다』, 이승민 옮김, 정은문고, 2017.

- 버지니아 울프, 『댈러웨이 부인』, 나영균 옮김, 문예출판사, 2006(Mrs. Dalloway, 1925).

- 버지니아 울프, 『런던 거리 헤매기』, 이미애 옮김, 민음사, 2019.

거의 동시대에 살다 간 이들 세 여성이 유럽 한가운데에서 옷깃을 스쳤을 가능성은 거의 없다. 다만 서구에서 근대가 막을 올리고 여성들이 참정권 보장을 외치며 스커트 자락을 걷고 거리로 쏟아져 나온 직후, 내로라하는 당대 여성 작가였던 이들 또한 보행의 자유를 누리기 시작한 여성들의 물결 속에 스스로 몸을 던진 것만은 틀림없는 사실이다. 제1차 세계대전이 끝나고 제2차 세계대전의 전운이 감돌 때였으니 이른바 역사의 대전환을 코앞에 둔 시기였다.

차마 제정신으로는 속마음을 내뱉으며 살 수 없었던 오늘날 '82년생 김지영'보다 100년을 앞서 태어난 '82년생 버지니아 울프', 그리고 같은 시대의 나혜석과 하야시 후미코. 이들은 혁명적인 사회 변동과 전쟁의 위험 속에서 정물화처럼 살아가는 것을 원하지 않았다. 집에 앉아서 죽으나 바깥에 나가서 죽으나 매한가지이던 시대였고, 굳이 그런 까닭이 아니었더라도 가슴속의 불덩이를 잠재우지 못해 바깥으로 나가야만 했던 이들이었다.

나혜석羅蕙錫(1896~1948)은 1927년 6월 19일 열차를 타고 부산진을 출발해 구미 대륙을 여행한 뒤 1929년 3월 12일 부산항으로 되돌아왔다. 1년 8개월이 넘는 그 기간 동안의 기행문

스물한 편을 묶은 것이 『조선 여성 첫 세계 일주기』다. 칠십 먹은 시어머니와 세 아이 등 남은 가족에 대한 미안함이 없지 않았지만, 그는 평소 동경했던 서구 화단과 여성들의 활동을 직접 볼 수 있는 기회를 얻게 되었다며 부푼 마음으로 여행길에 올랐다.

당시 나혜석은 일거수일투족이 입방아에 오르는 '신여성'이었던 데다 여성의 장기 국외 여행은 처음이어서 그의 외유는 신문 기사로까지 보도되었다. 그만큼 본인이 느낀 부담감 또한 컸을 터. 외국 체류 경험을 고국 발전에 기여하는 동력으로 삼고 예술 활동을 증진하는 계기로 만들겠다는 각오 또한 대단했다. 더욱이, 인간으로 태어나 어떻게 살아가야 할지, 여성의 지위와 남녀 문제는 어떠해야 하는지 등에 관심이 컸던 그였다. 실존적인 불안과 함께 모순적인 사회 현실을 가슴속 깊이 간직한 그는 이 긴긴 여행을 떠나며 자신이 골똘해왔던 인생의 주제를 심도 깊게 탐구할 계획을 세웠던 것 같다.

중국, 러시아, 프랑스, 스위스, 벨기에, 독일, 이탈리아, 스페인, 미국 등 낯선 사회의 풍경과 사람들의 풍속을 묘사한 그의 글을 보면 화가로서 날카로운 관찰력과 번뜩이는 통찰이 빛을 발한다. 근대 문물과 시스템, 평등 사회에 대한 동경이 뜨겁게 불타오른다. 나혜석은 각국 역사를 비롯해 사람들을 매혹시키는 아름다운 자연, 미술관과 예술 작품에 대한 섬세한 설명은 기본이고 근대적 여성들의 앞선 생활상을 르포르타주 쓰듯 낱낱이 적어 내려갔다. 이를테면 하얼빈에서 근대적 여성들이 오전 9시쯤 천천히 일어나 빵과 차로 간소한 아침을 먹고 집을 정리한 뒤 낮잠을 한숨 자면서 힘들지 않게 가사일을 한다는 등 환상적인 가사노동의 현장을 생생하게 묘사하는 식이었다. '여름이면 다림질, 겨울이면 다듬이질'로 일생을 허비하는 조선 여성들이 너무 불쌍하다는 것이다.

영국에서 나혜석을 가르친 영어 선생은 에멀린 팽크허스트 Emmeline Pankhurst가 주도한 여성참정권 운동단체의 단원이었고, 그의 어머니는 여성참정권 운동 초기부터 일찌감치 시위에 참여한 인사였다. 나혜석은 당시 무려 1만여 명의 여성이 '여성의 독립을 위해 싸우자' '여성의 권리를 위해 싸우자'는 깃발을 들고 행진하다가 붙잡혀 단식투쟁을 하는 등 거세게 저항했다는 이야기를 듣고 상당히 놀란다. 얼마나 흥분했는지, 시위에 나선 여성들이 '여성에게 투표권을 달라' Votes for Women고 적어 몸에 둘렀던 남색 띠를 보자마자 나혜석은 자신에게 달라고 했을 정도였다. 영어 선생이 망설이듯 무엇 때문인지 묻자 "내가 조선 여권운동의 시조가 될지 압니까?"라고 답했다.[1]

나혜석은 한국 최초의 여성 서양화가이자 소설가, 에세이스

1900년대 초반, 여성참정권을 요구하던 구미의 여성들은 몸
에 띠를 두르고 피켓을 들었다. 모임을 만들고 거리로 나갔
다. 사진은 1912년 미국 오리건주에서 열린 여성참정권 모임
을 알리는 한 소녀의 모습.

트, 페미니스트, 독립운동가였다. 1896년 시흥군수와 용인군수를 지낸 나기정羅基貞의 딸로 태어난 그는 가부장적인 아버지 밑에서 자랐으나 재능을 눈여겨본 오빠의 도움으로 1913년 동경여자미술전문학교 서양화과에 입학한다. 1914년 동경 유학생 잡지인 《학지광》에 「이상적 부인」을 발표했는데, 현모양처론이 여자를 노예로 만들기 위한 것이라고 비판하고 여성이 지식과 기예를 익혀 실력을 갖춰야 한다고 주장했다. 동경 여성 유학생들과 함께 계몽적 여성 잡지 《여자계》를 발행했고, 자전적 단편소설 「경희」를 실어 '여자도 사람'이라고 부르짖는 여성 주인공을 그렸다.

1919년 3·1운동에 관여해 다섯 달 동안 옥고를 겪은 그는 결혼 뒤 남편 김우영金雨英이 안동부영사로 재직할 때 독립운동가들을 은밀히 돕기도 했다. 파리에서 그림 유학을 하고 서구의 여성 해방 운동가들과 뜨겁게 접촉하고 돌아온 나혜석에게 경상도 동래의 시집 생활은 답답했고 대식구의 생활은 궁핍했다. 더군다나 귀국 짐을 실은 궤짝에 시어머니와 시누이의 선물 대신 화구와 그림 들이 가득 있었다는 사실은 그들을 더욱 분노하게 했다.

프랑스 여행에서 천도교 지도자인 최린崔麟을 만나 사랑하게 되었고 그럼에도 이혼하지 않겠노라 생각했던 그는 이런 열정이 결혼 생활에도 활력을 주리란 서툰 기대까지 가졌다. 오래전부터 다른 여자와 동거하던 남편 김우영은 급기야 가족들이 있는 자리에서 이혼을 요구했고, 나혜석은 아이들을 생각하며 이혼만은 하지 않으려 했다.[2]

끝내 이혼을 하게 되어 집을 나온 뒤에도 그는 자신의 생각을 꺾지 않았다. 1934년 대중지인 《삼천리》에 「이혼고백장」을 발표하며 김우영과의 만남, 부부 생활과 화가로서 자신의 경력, 최린과의 연애까지 세간의 화제가 되었던 이야기를 솔직히 털어놓아 사람들을 놀라게 한다. 서구 여행을 통해 자신은 여자가 한 사회의 주인공, 한 가정의 여왕, 한 개인의 주체라는 것을 알게 되었다며 평등, 자유는 요구할 것이 아니라 본래 갖춰야 하는 것이라고도 밝혔다. 또 나혜석은 조선 남성이 자기 정조관념은 없으면서 처나 일반 여성에게 정조를 요구하고 또 빼앗으려 한다며 일갈했다. "방종한 여성"을 이용하고 파멸시키는 남성들의 행위를 "미개명未開明의 부도덕"이라고 적었다.[3]

"나는 여성인 것을 확실히 깨달았다. 그러고 여성은 위대한 것이요, 행복한 존재임을 깨달았다."[4] 서구 페미니즘 운동의 정신과 역사를 흡수하고 돌아온 나혜석은 유럽을 그리워했다. 여행을 마친 그는 이미 예전으로 돌아갈 수 없는 사람이었던 것이다. 이혼을 한 뒤에도 그는 조선의 성차별적인 관습과 제도를 비판하며 자신을 구하기 위해 떨리는 손으로 쉼 없이 글을 썼다. "가자, 파리로. 살러 가지 말고 죽으러 가자. 나를 죽인 곳은 파리다. 나를 정말 여성으로 만들어준 곳도 파리다. (……) 4남매 아이들아, 어미를 원망치 말고 사회제도와 도덕과 법률과 인습을 원망하라. 네 어미는 과도기 선각자로 그 운명의 줄에 희생된 자였더니라."[5]

여론은 싸늘했다. 1935년 그림을 모아 전람회를 열었지만 언론 홍보에 실패하여 재기의 발판이 되지 못했고, 대중의 호기심을 끌 만한 내용을 다수 포함한 잡지인《삼천리》를 제외하면 글을 실을 지면도 얻지 못했다.[6] 화가로 문필가로 가치가 점점 떨어진 그는 병든 거지꼴을 하고 스님이 된 친구 김일엽金一葉이 있던 수덕사로 찾아가 머리를 깎으려 했지만 끝내 스님도 되지 못했다. 오빠의 집과 양로원을 전전하던 나혜석은 결국 세상의 외면 속에 행려병자로 생을 마쳤다. 향년 53.[7]

"나는 숙명적인 방랑자다. 내게는 고향이 없다."[8] 여성에겐 조국이 없다고 했던 버지니아 울프의 말을 떠올리게 하는 이 문장은 일본 근대문학을 대표하는 여성 작가 하야시 후미코林芙美子(1903~1951)가 소설 『방랑기』의 앞부분에 쓴 것이다.

가난한 집안에서 태어나 새아버지와 어머니를 따라 행상으로 떠돌며 싸구려 여인숙에서 초등학교를 다닌 그는 물건을 팔고 잡일로 생계를 이어가는 방랑의 삶 속에서 글쓰기를 이어갔다. 노동의 신성함과 여성의 자립을 그린 그의 소설에는 가난 속에서도 꺾이지 않는 한 여성의 기개가 빛난다. 소설 속 화자인 '나'는 "바람에 흔들리는 덧문처럼" 불안정하지만, "후지산이여! 너에게 머리를 숙이지 않는 여자가 홀로 여기 서 있다"라고 외치며 독립심을 과시한다. 소설 속 주인공이 하야시 후미코 그 자신이라는 데는 의심의 여지가 없다.

『삼등여행기』는 가난했던 그가 『방랑기』의 인세를 받아 들고 떠난 경험을 담은 에세이다. 전쟁의 총소리가 나던 1931년 11월. 작가는 "어느 곳에 있더라도 죽는 건 매한가지"라며 용감하게 트렁크를 들어 옮긴다. 시베리아 횡단열차의 덜컹거리는 삼등칸에서 가난한 사람들과 함께 맹추위를 견디면서 소금국처럼 짜디짠 수프를 마시던 그는 막연한 미래 때문에 가끔 불안에 떤다. 일본의 나룻배처럼 떼 지어 줄줄이 걸터앉은 열차 속 여러 나라의 사람들은 굶주리면서도 커다랗게 노래를 불렀다. 불안과 공포 속에서도 사람들의 '곁'을 느낀 시간이었을 것이다.

지친 몸을 이끌고 파리에 도착했을 때 일주일 동안 "돌인 양" 잠만 잤다고 한다. 파리의 쌀쌀한 날씨 탓이 컸겠지만 겨우 목

적지에 도착했다는 안도감에서 비롯한 몸살이기도 했으리라. 재미있는 건, 비몽사몽 잠결에도 으스대며 잘난 척하는 이들의 행태를 지적하며 비꼬는 그의 냉소적 태도다. 하야시 후미코는 특권자들을 경멸했다. 타고난 기질 탓이기도 했고, 가난한 집에서 어른들의 살뜰한 보살핌을 느끼지 못한 채 자라나 온갖 남자에 치이는 한편 부모까지 부양해가면서도 씩씩함을 잃지 않던 그였기에 나약한 부르주아적 속물성이나 젠체하는 태도를 견딜 수 없었을 것이다. 고등여학교에 입학한 뒤 도서관에서 수많은 책을 읽으며 작가의 꿈을 키우고 홀로 글을 써서 먹고살았던 그에게 불로소득자들의 천연덕스러운 행동은 꼴불견이었다. 지금도 여성의 성공을 시기하는 이들이 적지 않듯 당시 『방랑기』가 어마어마한 베스트셀러가 된 뒤 하야시 후미코에게 신출내기 여성 작가라는 비난이 있었다는 것을 보면, 자신을 향한 문단 또는 지식인계의 반감도 그의 냉소적 정서를 형성하는 데 상당 부분 작용했으리라 짐작할 수 있다.

그러나 작가 특유의 낭만적 기질은 당시 보헤미안적인 유럽 문화와 상당히 어울렸다. 그는 구두쇠처럼 돈을 아꼈지만 매일 카페에 들러 커피를 마셨고, 부랑인인지 노숙인인지 성매매 여성인지 모를 여성에게 붙들려 어쩔 수 없이 그를 집에까지 데리고 와 공짜로 숙식을 제공하는 낭패를 보기도 했다. 단발머리를 한 채 거리의 한 카페에서 인쇄물을 읽는 그의 눈을 보면, 번쩍번쩍 빛이 나는 것만 같다. 서구의 근대적 변화를 온몸으로 흠뻑 맞으며 텍스트를 읽어 내려가는 젊은 동양 여성 작가의 호기심 어린 눈빛이다.

그는 결코 페미니스트는 아니었으나 그런 그의 눈에도 유럽 여성들의 생활상은 선진적인 것이었으니, 유럽에 다녀오고서야 비로소 자신 주변의 여성들이 얼마나 하루 종일 동동거리며 부엌에서 일하는지 깨닫게 되었다며 "한 가정의 주부가 부엌에서 해방되는 일은 아주 먼 이야기"라고 밝힌다. 나혜석이 하얼빈 여성들의 간소한 가정생활을 묘사한 것처럼, 그 또한 간단하게 빵과 커피로 때우는 유럽 여성들의 식사와 상차림을 언급한다. 그리고 그릇을 있는 대로 꺼내 자잘하게 밥상을 차려 내는 일본 여성들의 힘겨운 가사노동과 비교하며 안쓰러움을 표한다.[9] 남성 여행자였다면 절대 포착할 수 없을 이런 일상생활과 가사노동의 관찰이 바로 그 시대 여성 여행기의 특징이기도 하다.

하야시 후미코가 파리에 도착한 때와 비슷한 시기인 1931년부터 이듬해 12월까지, 버지니아 울프Virginia Woolf(1882~1941)는 《굿 하우스키핑》에 격월로 런던 풍경에 대한 에세이를 실었다. 이 글들을 묶은 것이 『런던을 걷는 게 좋아, 버지니아 울프는 말

파리에서의 하야시 후미코. 이곳에서 그는 구두쇠처럼 돈을 아꼈지만 매일 카페에 들러 커피를 마셨다. 단발머리를 한 채 카페에서 인쇄물을 읽는 그의 눈을 보면, 번쩍번쩍 빛이 나는 것만 같다.

했다』이다. 그때 그의 나이 쉰. 마흔 살에 쓴 소설 『댈러웨이 부인』의 주인공 클라리사 댈러웨이가 쉰두 살이었다.

"댈러웨이 부인은 손수 꽃을 사오겠다고 했다."[10]

한 여성이 런던 거리로 나서는 것으로 시작하는 자신의 소설처럼, 울프는 연필 한 자루가 필요하다며 런던 거리로 뛰어든다. "겨울날 거리를 헤매는 것은 가장 큰 모험이다"라고 울프는 말했다.[11] 거리는 온갖 사람들의 잡다한 일상과 역사를 움직인 거대한 이야기가 숨어 있는 곳이다. 『댈러웨이 부인』에서 울프는 귀빈이 탄 듯한 차량에 사람들이 무턱대고 경의를 표하며 수군대는 것을 이상하리 만치 길고 자세하게 묘사하며 결정적 사건으로 만드는데, 이 장면을 읽노라면 하야시 후미코가 파리에 도착해 으스대는 사람들에게 경멸하는 시선을 던지는 것과 비슷한 느낌이 든다.

울프는 런던의 길 이곳저곳에서 기적적인 아름다움을 발견했고 이것이야말로 삶의 생동감 넘치는 순간임을 알아챈다. 그러나 동시에 평범한 산책 길에서도 터무니없는 비애를 발견하곤 했다. 소설에서 댈러웨이 부인이 활력 있는 산책과 파티 준비 끝에 자살한 청년의 소식을 접하곤 무료하게 살아야 한다는 것에 두려움과 무력감을 느끼며 죽지 못한 삶을 "재난"과 "불명예"로 생각하게 되는 것처럼 말이다. 근대화된 거리 여기저기를 신나게 모험하던 신여성이 세속적 성공을 원하는 한편, 그와 동시에 죽지 못한 삶을 애달파하는 것, 그래서 쾌활하게 이성적으로 주위를 관찰하고 일상을 조직하다가도 갑작스럽게 우울과 무력감에 시달리는 것. 이것은 누군가는 절대 이해하지 못할 여성 생애의 어떤 결정적인 국면이다.

꽃이며 연필이며 온갖 자질구레한 생활용품이 떨어졌다고 불안해하며 당장 물건들을 사오겠다고 가게로 향하는 것은 사실 인파에 휩쓸릴 구실을 찾아 나서는 것이다. 겨울 거리의 알싸한 매운맛과 날카로운 바람을 느끼고 싶어 현관문을 나서는 것, 노파나 부랑인에게 붙들리고 길모퉁이에 서서 짐차를 바라보기도 하며 사람들의 함성과 비행기의 여음 속에 자신을 놓는 것 또한 마음을 다잡기 위해서였다.

거리로 뛰쳐나가지 않고서는 숨 쉴 수 없었던 그들의 절박함은 죽음에 대한 동경만큼 거셌을 것이다. 적개심에 불타오를지라도 남을 공격할 순 없었고, 전쟁에 참여할 수도 없었으며, 그리하여 결국 자신에게 칼날을 겨눌 수밖에 없었던 그들. 방대한 근대 지식을 습득한 엘리트 여성 작가였음에도 구조적 모순과 삶의 부조리를 설명하기엔 언어가 너무도 부족했던 그들은 무릎 꺾이는 좌절감을 겪었을 것이다.

울프는 걷는 동안 "두뇌는 잠잔다"고 했다.[12] 매일 독서하고

《굿 하우스키핑》에 실린 버지니아 울프의 런던 관련 연재 원고 가운데 「런던 부두」의 첫 페이지. "오, 멋진 배여, 어디를 향하는가"라는 말로 시작하는 이 글에서는 템스강 하구와 맞닿은 런던 부두의 모습을 그리고 있다.

산책하길 거르지 않았던 그는 '지금, 여기'에 충실하며 그 파도 같은 사람들의 물결, 그 소음들 속에서 피할 곳을 찾았던 것 같다. 죽지 못하는 자신에 대해 잠시라도 잊을 수 있었을 것이다. 어쩌면 그 자신만의 명상법이었고 살기 위한 방편이 아니었을까. 걷는 일이란 순간일지라도 에고를 놓는 일이며 들끓는 고통에서 해방되는 일인즉, 거리와 광장을 가득 메운 맹렬한 불빛과 사람들의 움직임을 바라보며 내면의 "온갖 괴벽과 고통과 추잡함"을 잊던 그였다. 이런 이야기를 읽노라면 끝없이 움직이는 여성, 누구에게도 붙들리지 않는 여성의 자유로움과 후련함이 느껴진다. 하지만 그는 곧 뭇 사람들의 눈길을 느끼면서 서둘러 집으로 발걸음을 옮겼으리라. 거리에서 휘청거리고 널브러질 자유까지는 허락되지 않았으므로.

『런던 거리 헤매기』의 마지막 글인 「여성의 직업」에서 울프는 자신이 매일매일 스스로를 희생하며 가정생활의 어려운 문제를 해결하는 순결한 '집안의 천사'를 죽여 없앴다고 밝힌다. 그 천사가 유명한 남자의 소설을 칼같이 논평하려 했을 때 다정하게 말하고 아첨도 하라고, 순결해야 한다고 속닥거렸기 때문이다. 집에서는 외풍이 숭숭 들어오는 자리에 앉고, 닭고기를 먹을 때도 식구들을 대신해 맛없는 부위를 먼저 먹었던 빅토리아 시대 천사의 모가지를 잡고 울프는 온 힘을 다해 비틀어 숨통을 끊어 놓았다.

"내가 그녀를 죽이지 않았다면 그녀가 나를 죽였을 테니까요. 그녀는 내 글에서 심장을 잡아 뽑았을 겁니다. (……) 집안의 천사를 죽이는 것은 여성 작가가 해야 할 일이었던 겁니다."[13]

처음 쓴 비평으로 1파운드 10실링 6펜스를 받았다는 울프는 빵을 사거나 밀린 임대료를 지불하는 것이 아니라 밖으로 나가서 아름다운 페르시아 고양이 한 마리를 사왔다. 집안의 천사를 죽이고 아름다운 고양이까지 산 그는 그러나 만족하지 않았다. 자동차도 필요했기 때문이다. 그래서 그는 소설가가 되었다.

여성은 빵과 버터만 먹고 살 수 없다. 제비꽃이나 고양이만으로도 충분하지 않다. 자동차도 있어야 하고 운전도 할 줄 알아야 한다. 지금도 마찬가지다. 무엇보다, 나혜석과 하야시 후미코, 버지니아 울프처럼 밖으로 나가는 용기가 있어야 한다. 가만히 있어서는 아무 일도 일어나지 않으니까.

연단에 오를 권리를 위해 싸우다가
단두대에 오른 여자

올랭프 드 구주

- 올랭프 드 구주, 『여성과 여성 시민의 권리 선언』, 박재연 옮김, 꿈꾼문고, 2019.

  (구주가 1791년 팸플릿으로 발간한 「여성과 여성 시민의 권리 선언」을 비롯해 그의 여러 글들이 수록되어 있다.)
- 브누아트 그루, 『올랭프 드 구주가 있었다』, 백선희 옮김, 마음산책, 2014 (*Ainsi soit Olympe de Gouges*, 2014).

18세기 계몽사상가들은 남성만이 이성을 가진 완성된 인간이며 도덕적·정치적 존재라고 주장했다. 여성은 신과 남편의 뜻에 순종하고 사랑으로 가족을 돌보며 아이들을 양육하는 존재로 못 박았다. 장 자크 루소는 근대적 교육 이념을 제시한 저서 『에밀』에서 "여자는 특히 남자의 마음에 들기 위해 만들어졌다" "여자가 받는 모든 교육은 남자와 관련이 있어야 한다"고 말했다. 여성은 일찍 글을 쓰고 읽는 법을 알 필요가 없으며 "남성의 판단에 복종해야 하기에" "여자에게 가장 중요한 미덕은 온순함"이라고 여러 번 강조했다.[1] 당시 사상가들은 여성의 정치 참여가 올바르지 못한 것이라 여겼는데, 『백과전서』의 책임편집자로 유명한 18세기 프랑스의 계몽사상가 드니 디드로는 "혁명기 여성들은 호기심에서 당의 지도자들에게 몸을 판다"고 말했다. 그는 여성의 불행을 간파하는 듯하면서도 교묘하게 "히스테리에 지배되는" 병자로 취급했고, "여성들은 아주 드물게만 체계적"이며 "늘 순간의 지배를 받는다"고 말했다.[2]

  20세기 초까지도 상당한 프랑스 지식인들이 1789년 프랑스대혁명에 참여한 여성들을 '시민'이 아닌 정신이상자로 간주했다. 프랑스 군 전담 정신과 의사 길루아 박사는 이런 주장을 폈던 대표적인 여성혐오론자로, 1904년 펴낸 논문에서 혁명으로 인해 남성적 자질이 발달한 여성들이 병에 걸렸다고 분석했다. 특히 여성 혁명가 올랭프 드 구주Olympe de Gouges(1748~1793)의 경우 "과도한 독창성의 갈망"과 "이상한 여성 해방 이념" "무분별한 허영심" 때문에 월경 과다 등 신체 기관에 이상이 생겼다고 주장했다.[3]

프랑스대혁명 직후인 1791년 「여성과 여성 시민의 권리 선언」을 발표하며 남녀평등 원칙을 처음으로 제시한 올랭프 드 구주는 1792년 『여성의 권리 옹호』를 쓴 영국의 메리 울스턴크래프트Mary Wollstonecraft와 함께 최초의 근대적 페미니스트로 일컬어진다. 그는 피부색이나 성별과 무관하게 모두가 존엄하다는 개념을 처음 공개적으로 주장한 여성이었으므로 흑인과 여성의 투쟁을 연결시킨 페미니즘의 선구자로도 거론된다.[4]

1748년 프랑스 남부 몽토방에서 태어난 구주의 본명은 마리 구즈Marie Gouze. 법관이자 극작가였던 아버지 장 자크 르프랑 드 퐁피냥 후작과 서민 가정 출신 어머니 올랭프 무이세의 혼외관계로 태어났다고 본인은 주장했는데 사실로 보인다. 공식적으로 구주의 아버지는 푸줏간 주인이었던 피에르 구즈였다.

가난한 시골에서 어린 시절을 보낸 구주는 정식 교육을 받지 못했다. 프랑스인, 특히 여성 대부분이 문맹이던 때 독학으로 읽기를 배웠지만 평생 교양을 의심받던 그였다. 프랑스 남부 지역사투리인 오크어를 강하게 썼던 데다 문어체 글쓰기가 힘겨워 비서들에게 글을 받아쓰도록 했기 때문이다. 비공식적인 남녀 관계에서 비롯한 태생, 심한 사투리, 그럼에도 똑똑하고 독립적인 여성이었기에 그가 혁명 동지들에게 빈축을 살 이유는 차고 넘쳤다.[5] 구주 자신도 "프랑스어를 제대로 구사하지 않는 동네에서 자란 나는 문법 규칙에 대해 배우지 못했다. 나는 아무것도 모른다. 나는 무지의 왕관을 쓰고 있다"고 부족함을 인정했다. 하지만 "나는 정신으로 글을 쓰지 않는다. 영혼으로 쓴다"는 말을 덧붙이는 것 또한 잊지 않았다.[6]

요리사 루이 이브 오브리와 열여섯 살에 결혼한 구주는 이듬해 아들 하나를 두었지만 몇 달 뒤 남편을 잃는다. 한 남자의 배우자 역할에서 벗어난 그는 오히려 자유를 되찾은 듯 안도감을 느꼈다고 한다. 그에게 독립적인 생활과 자유는 무엇보다 중요한 것이었기 때문이다. 부유한 사업가 자크 비에트릭스 드 로지에르가 구주 모자를 파리로 데려가고 청혼했지만, 결혼이 사랑의 무덤이라 생각한 구주는 동거를 선택한다. 당시 여성들에겐 결혼 아니면 성을 팔아 생활하는 것 외에 다른 선택지가 없었다. 사람들은 외모가 아름다웠던 구주를 '고급 매춘부'라고 기록했고, 최근까지 역사가들은 이를 곧이곧대로 전했다. 하지만 지금까지 밝혀진 바를 종합하면, 구주는 결혼 제도에서 벗어나는 능동적인 선택을 한 전위적이고 독립적인 여성으로 보는 편이 합리적이다.

파리로 와서 문인이 된 구주는 자신의 이름도 스스로 선택한다. 전남편의 성을 따서 '오브리 부인'이라 불리는 것을 거부했으며, 태어날 때 받은 '구즈'라는 성을 변형해 '구주'라는 성을 짓고 '마리'라는 흔해 빠진 이름 대신 어머니 이름인 '올랭프'를 택했다. 또 귀족 이름에 붙이는 '드'de라는 소사를 넣었다. 이러한 그의 여러 선택들은 당시의 관습과 금기를 깨뜨린 것이었다.

가장 심각한 문제는 그가 여성임에도 글쓰기를 멈추지 않았다는 점이었다. 구주는 평생 서른 편 이상의 희곡 작품을 썼다. 그중 여러 편이 코미디 프랑세즈(프랑스 국립극장)와 다른 극장들에서 공연되었다. 다수 '신여성'의 아버지가 그러했듯 그의 친아버지 또한 여성혐오를 뼛속 깊이 각인한 전형적인 가부장으로서 "여자들이 글을 쓸 수는 있겠지만 세상의 행복을 위해 어떤 포부를 갖고 몰두하는 것은 금지된 일"이라고 부정적인 훈계를 늘어놓았다. 부인들이 남자들을 호령하면 혁명이 위험해질 것이라는 핑계를 댔다.[7] 난관을 뚫고 구주는 여러 정치 참여적인 희곡들과 여성, 흑인, 노예, 사생아, 빈민, 병자 등 약자와 하층계급에 대한 차별을 고발하고 이들에 대한 구제를 주장하는 팸플릿들을 발표했다.

파리 루브르박물관에 소장된 올랭프 드 구주의 초상. 그는 누구보다 자유를 추구했고, 박애의 혁명적 사상을 갖고 있었으며, 피부색이나 성별과 무관하게 인간은 모두가 존엄하다는 개념을 처음 공개적으로 주장한 여성이었다.

그의 대표작이자 가장 불온한 팸플릿이었던 「여성과 여성 시민의 권리 선언」은 프랑스대혁명 직후 발표된 「인간과 시민의 권리 선언」 형식을 빌렸다. 훗날 근대적 인권사상의 토대가 된 이 프랑스 인권선언은 천부인권 사상에 기초해 모든 인간이 자유롭고 평등한 권리를 지니고 있음을 천명했지만 부르주아 남성의 요구만이 반영된 것이라는 한계를 지녔다. 이에 구주는 「여성과 여성 시민의 권리 선언」 제1조에서 "모든 여성은 자유롭고 남성과 평등한 권리를 갖고 태어난다"고 못 박아 프랑스 인권선언이 천명한 '인간'에 여성은 들어 있지 않았다는 점을 폭로했다. 그는 "여성의 천부적 권리 행사를 가로막는 제약은 남성이 여성에게 행사하는 항구적인 폭정뿐"이라며 성평등한 개혁을 촉구했다(제4조). 또 "여성은 단두대에 오를 권리가 있다. 마찬가지로 여성은 그 의사 표현이 법이 규정한 공공질서를 흐리지 않는 한 연단에 오를 권리를 가져야 한다"(제10조)는 역사적인 말을 남겼다.[8]

비슷한 시기에 문인으로 활동한 영국의 메리 울스턴크래프트가 『여성의 권리 옹호』를 쓴 것이 한 해 뒤인 1792년이었다. 영미권 최초의 근대적 페미니스트로 꼽히는 그는 바다 건너 프랑스의 혁명을 환영했다. 영국의 보수주의 사상가 에드먼드 버크가 프랑스혁명을 격렬하게 비난하는 책을 쓰자 울스턴크래프트는 『인간의 권리 옹호』(1790)를 써서 혁명 정신을 옹호했지만 여성의 정치적 권리가 묵살되자 『여성의 권리 옹호』를 썼다. 여성도 남성과 같은 이성적 존재이며 인간의 권리를 향유할 수 있어야 한다고 주장한 이 책은 최초의 근대 페미니즘 저작으로 일컬어진다.

근대의 기획은 남성만의 자유와 평등을 인정하는 데서 멈추었다. 여성은 개인이 아니라 가족과 사회의 타락을 막으며 희생하고 봉사하는 데서 존재의 이유를 찾아야 한다는 것이 계몽주의 사상의 한계였던 것이다.[9] 울스턴크래프트는 남성에게 이성, 자유, 평등이란 가치를 부여하고 여성에게 봉사, 순종, 효심을 배당한 계몽주의 남성 사상가들에 맞섰다. 이에 남성들의 비난을 피해갈 수 없었던바, 영국의 소설가 호러스 월폴은 그를 "치마 입은 하이에나"라고 비난했다.[10]

계몽주의 시기에 거리로 나온 여자들은 잃을 것이 없어 용감하고 위협적인 존재였다. 프랑스대혁명 기간 동안 여성들은 내내 혁명가로서 주체적으로 움직였다. 벽보를 붙였고, 화약과 대포를 들어 옮겼으며, 정치적 토론에 참여했을 뿐만 아니라 여성에게도 시민의 권리를 달라고 외쳤다. 이 시기 여성들의 활약 가운데 가장 대표적인 장면이 1789년 10월 5일의 베르사유 여성 행진이다. 식량 부족과 식료품 가격 상승에 시달린 7000여 명의 여자들이 폭우를 뚫고 낡은 창을 멘 채 루이 16세가 머물던 베르사유로 가 왕의 일가를 파리로 데려온 것이다. 사그라져 가던 혁명에 불을 붙인 건 바로 이 분노한 여자들이었다.[11]

역사학자 이세희는 이 혁명 여성들을 크게 두 부류로 나눈다. 한쪽은 빵을 달라며 시위에 나선 여직공, 세탁부, 점원, 파리 중앙시장의 가난한 여성들이었다. 하지만 이들은 오랫동안 혁명 동지로 인정받기보다 동물성을 지니고 논리가 없는 야만적 존재라며 지탄을 받았다. 또 다른 쪽의 페미니스트 여성 지도자들은 가부장적 가족에서 벗어난 '예외적인 존재들'로 도마 위에 올랐다. 문인 올랭프 드 구주는 과부에 사업가와 동거를 선택한 여성이었고, 가수 지망생인 테루아뉴 드 메리쿠르는 미혼모였으며, 연극배우 클레르 라콩브는 독신이었다. 이들은 남편이 없었기에 구속받지 않아 정치 참여에 자유로웠고 민중협회의 여성들을 주도하거나 여성 모임을 설립하기도 했다. 그러나 이들은 왕당파와 부르주아의 표적이 되어 성적으로 방탕하고 추잡한 여성이라며 손가락질당하기 일쑤였다. '혁명 여성들'은 이렇게 분별없고 광적인 여성 이미지를 갖게 되었던 것이다.[12]

『올랭프 드 구주가 있었다』를 쓴 기자 출신 작가 브누아트 그루Benoîte Groult는 당시 여성들마저 구주를 배신했다고 밝혔다. 혁명에서 영향력을 행사했던 유일한 여성인 롤랑 부인조차 한순간도 구주를 지지한 적 없었다. 롤랑 부인은 심지어 "남자들은 그 여자를 전혀 좋아하지 않고, 같은 여자들조차 그녀를 비판한다"고 구주를 원색적으로 비난했다. 같은 여성이었던 롤랑 부인이 여성의 정치적 권리를 외치던 구주를 외면했던 것, 당시 남자들이 구주를 향해 매춘부라고 질타했던 것 모두가 바로 한 가지 이유였다. 구주가 '가족 바깥'에 있는 위험한 여성이었기 때문이다. 그는 가부장이 지켜주어야 할 조신한 여성이 아니었고, 여성들에게도 안전한 친구가 되지 못했다. 그루는 "남자들의 원천적인 적의와 자신들이 의지하는 사람들의 마음에 들지 않을까 겁내는 여성들의 연대 부재" 사이에 「여성과 여성 시민의 권리 선언」이 아슬아슬하게 놓이게 되었다는 점을 지적한다.[13]

남성들은 정치적 발언을 하는 여성들을 향해 폭력을 행사했다. 그들은 정치 벽보를 붙이거나 동등한 시민의 권리를 달라고 외치며 정치 활동을 하는 여자들을 노리고 있다가 길거리에서 붙잡아 옷을 벗기고 매질하면서 모욕하곤 했다. 여성 혁명가 테르외뉴 드 메리쿠르는 거리에서 볼기를 맞은 뒤 정신병원에 갇혀 10년 동안 광기 속에 살다 비극적으로 세상을 떠났을 정도였다. 당대에도 그들의 편이 없었음은 물론이고 누구도 혁명 여성들을 계승하려 하지 않았다. 구주의 삶과 죽음은 거리로 뛰쳐나와 사회적 권리를 주장하는 여성들의 끝을 일컫는 '본보기'로 자주 인용되었다.[14]

1793년 로베스피에르 공포정치 아래 공화정을 반대하는 왕당파로 몰려 시시각각 죽음이 다가오고 있음을 예감한 구주는 「유언을 대신하는 글」(1793년 6월 4일)을 통해 프랑스 국민들에게 경고했다. "그들이 그대들에게도 똑같은 덫을 칠 수 있음을 기억하라. 침착함을 유지하고 엄숙하게 감시해야만 그대들은 파리를, 프랑스 전체를, 공화국 정부를 구할 수 있다."[15] 이 글을 쓴 지 얼마 지나지 않아 구주는 여성의 정치적 발언과 집회가 전면 금지된 가운데 벽보를 제작하다가 붙잡혀 감옥에 갇혔다. 반애국적인 저작을 쓰고 내전을 선동하며 민중의 지지자를 비방한다는 죄목이었다. 그해 11월 2일 공소장 낭독을 들은 그는 이튿날 곧바로 단두대에 올라 목이 잘린다.

"오, 여성들이여! 언제쯤이면 감은 눈을 뜨려는가? 그대들이 혁명에서 거둔 이득이 무엇인가? 멸시는 더 명백해졌고, 무시는 더 도드라졌다."[16]

이 문구는 구주가 죽기 전에 남긴 경고로 알려졌지만, 실제로는 「여성과 여성 시민의 권리 선언」 후문後文에 있다. 그는 죽기 전에 구경꾼들을 향해 "조국의 자식들이여, 내 죽음에 복수해주시오"라고 외쳤다. "여성이 단두대에 오를 권리가 있다면 연단에 오를 권리도 있다"고 말했던 구주는 죽을 때까지 연단에 오를 권리를 얻지 못했다. 단두대는 구주에게 처음이자 마지막 연단이었던 셈이다. 구주를 처형한 다음 날 프랑스 혁명정부가 발행한 《공안지》는 여성들에게 법률을 따르고 소박한 옷차림을 하며 살림살이에 힘쓰라며 충고(협박)한다. "결코 말하려는 욕망을 품고 대중 집회에 끼어들지 말라."[17] 구주는 '말하려는 욕망'을 가진 죄로 처단되었던 것이다.

『여성과 여성 시민의 권리 선언』에는 남성들에게 보내는 권고문이 함께 실려 있는데, 여기에서 그는 말한다. "말해보라. 내 성별을 억압하는 지상 최고의 권한을 누가 그대에게 주었는가?"[18] 이런 말을 던지는 여성을 어떻게 가만둘 수 있었겠는가? 노예, 흑인, 사생아 등 소외된 약자들을 위한 권리 보장을 주장한 구주는 그래서 더욱 위험한 존재였다. 브누아트 그루의 말대로 구주는 "성차별주의가 인종차별주의의 한 변종임을 이해하고, 여성 박해와 흑인 노예제도에 동시에 맞서 일어선 최초의 '페미니스트'"였다.[19] 그들만의 평등하고 자유로운 세상을 뒤흔드는 위험천만한 여성이었던 것이다. 이후 나폴레옹 민법은 여성의 종속성을 공식화했고, 국민공회는 여성과 아이를 시민으로 간주하지 않는다고 못 박았다.

이후 오랫동안 구주의 이름은 사람들의 입에 오르지 않았다. 여성의 투표권을 요구하던 당대의 다른 혁명 여성 동지들의 이름도 마찬가지였다. 프랑스에서 여성참정권은 샤를 드골 임시정부 시절인 1944년이 되어서야 주어졌다. 프랑스대혁명이 벌어진 지 155년이나 흐른 뒤의 일이다. 구주가 재조명된 건 시몬 드 보부아르 이후 20세기 페미니즘 물결이 일고 프랑스대혁명 200주년을 맞은 1989년을 전후해서였다.

악명 높은 고령의 여성 대법관,
시대의 아이콘 되다

루스 베이더 긴즈버그

● 루스 베이더 긴즈버그·헬레나 헌트, 『긴즈버그의 말』, 오현아 옮김, 마음산책, 2020(*Ruth Bader Ginsburg: In Her Own Words*, 2018).

● 아이린 카먼·셔나 크니즈닉, 『노터리어스 RBG』, 정태영 옮김, 글항아리, 2016(*Notorious RBG*, 2015).

"그는 오해의 여지를 조금도 주지 않고 분명히 말했습니다. '여성이라는 이유로 호의를 베풀어달라는 것이 아니다. 다만 내가 형제들에게 요구하는 것은 우리 목을 밟고 있는 그 발을 치우라는 것이다. 이것이 전부다.'"

　1973년 1월 17일, 마흔 살의 변호사 루스 베이더 긴즈버그 Ruth Bader Ginsburg(1933~2020)는 19세기 노예폐지론과 여성의 임신중단권을 부르짖었던 여성참정권 운동가 세라 그림케의 말을 인용하며 미국 헌법이 성차별을 금지한다는 사실을 드높은 좌대 위의 남성 대법관들 앞에서 상기시켰다.[1]

　긴즈버그는 미국 역사상 (고작) 두 번째 여성 대법관이자 상대편의 간담이 서늘하도록 뚜렷한 어조로 "나는 반대한다"I dissent는 소수 의견을 제출하는 진보적인 판사로 '악명' 높았다. 그는 평생 흔들리지 않고 '구성원의 평등한 시민적 지위'를 옹호했다. 하지만 그가 노년에 더 큰 사랑을 받았던 건 단지 정의로운 여성 판사였기 때문만은 아니었다. 그의 어록을 간추린 책『긴즈버그의 말』을 조금만 보아도 그가 얼마나 다층적인 사람이었는지 알 수 있다. 긴즈버그는 "목소리 높이는 것에 부끄러워하지 마라. 목소리를 높여야 할 때는 외로운 목소리가 되지 않게 다른 사람들과 함께하라" 같은 감동적인 격려를 남긴 반면 "계속 노력하면서 자질이 있음을 보여준다면 종국에는 성공할 것이다"처럼 지루한 이야기도 늘어놓았다.[2] 하지만 이런 지당한 말씀들을 읽다 보면 알게 된다. 미국 사회 '성공 신화'의 주인공이자 '인권의 수호자' 양쪽 모두 긴즈버그의 진실이라는 것을.

"과한 여담이나 미사여구 없이, 또 의견이 다른 동료들에 대한 산만한 비난 없이 올바른 동시에 단단한 의견을 내는 것이 한결같이 나의 목표다."(1994년 5월 19일, 미국법률협회)[3]

깐깐하고 신중한 성격이 돋보이는 말이다. 긴즈버그는 1993년부터 연방대법원 대법관으로 일하면서 오랫동안 중도 노선을 취해 '꽉 막힌 잔소리꾼' '꼰대' '왜곡된 페미니스트' 등으로 일컬어졌다. 미국 사회가 보수화하면서 긴즈버그는 상대적으로 점점 더 진보적인 위치에 서게 되는데, 그러던 2015년 전후, 난데없이 미국 젊은이들 사이에서 '노터리어스 RBG'라는 애칭으로 불리면서 급기야 이 노년의 대법관은 당대 가장 '힙'한 '현상'으로 떠오른다.[4]

이는 2010년대 디지털 페미니즘 운동의 영향으로 긴즈버그의 활약이 재평가된 결과이기도 했다. 뉴욕대 로스쿨에 다니던 셔나 크니즈닉Shana Knizhnik은 2013년 긴즈버그에게 바치는 블로그를 만들어 이 나이 든 여성 대법관에 관한 세계적 열풍을 불러일으켰고, 저널리스트 아이린 카먼Irin Carmon은 긴즈버그를 인터뷰했다. 밀레니얼 세대로서 두 사람은 긴즈버그에 대한 기록을 남기고자 그의 판결문과 발언을 뒤졌고 주변 지인들을 인터 뷰해 2015년 『노터리어스 RBG』를 펴냈다.

30년 넘도록 절제된 중도파의 이미지를 갖고 있던 진지하고 권위적인 대법관이 이렇게 뜨거운 인물이 될 줄은 아무도 몰 랐다. 긴즈버그의 얼굴은 머그잔과 티셔츠에 인쇄되었고, 다큐 멘터리 〈루스 베이더 긴즈버그: 나는 반대한다〉(2018)와 극영화 〈세상을 바꾼 변호인〉(2018)이 제작되었다. 미국에서 나이 많은 여성의 이미지가 그저 따뜻하고 포근한 할머니나 우악스러운 할망구 또는 음흉한 노파에 국한되었다면 'RBG'의 등장 이후 나이 든 여성상에 대한 지평이 한층 넓어졌다는 평가까지 나왔 다. 권위를 가지면서도 세상의 편견에 분명하게 맞서는 노년의 여성상을 새로운 롤 모델로 보여주었기 때문이다.[5]

긴즈버그의 명언은 악명 높은 고령의 여성 대법관으로 남아 정의와 인권의 수호자가 되려 했던 그의 삶을 이해해야 더 큰 감동으로 다가온다. 긴즈버그는 1933년 뉴욕 브루클린의 유대 계 가정에서 태어났다. 코넬대를 졸업한 뒤 1956년 하버드대 로스쿨에 입학하는데, 오백 명의 동기 중 아홉 명만이 여성이었 다. 로스쿨 원장은 신입 여학생들을 만찬에 초대해 "한 명씩 돌 아가며 남학생 자리를 빼앗으면서까지 하버드대 로스쿨에 들

〈루스 베이더 긴즈버그: 나는 반대한다〉의 스틸 컷. 이 작품은 긴즈버그가 불평등한 시대를 바꾸는 아이콘으로 등장하면서 만들어진, 그의 일생을 다룬 다큐멘터리다.

어온 이유를 말하라"고 했다. 그는 로스쿨에 다니던 남편을 더 잘 이해하기 위해서라고 대답할 수밖에 없었다고 당시를 회상했다. 로스쿨 학생들의 교재로 널리 쓰인 1968년판 『재산법 판례집』에 "땅은 여자와 마찬가지로 소유의 대상"이라는 말이 적혀 있을 정도로 성차별이 심하던 때였다. 2002년 《예일대 법과 페미니즘 저널》 서문에서 긴즈버그는 법을 공부하는 여성 후배들을 향해 "지금은 아득한 시절이 된 그때로부터 우리는 먼 길을 왔다"고 위로하듯이 이 일화를 전했다.[6]

남성들이 선망하는 《하버드 로 리뷰》 최초의 여성 편집위원을 지낼 정도로 유능했지만 긴즈버그는 여자였기에 도서관 출입을 할 수 없었다. 컬럼비아대 로스쿨로 옮긴 뒤 우수한 성적으로 공동 수석 졸업했지만 원하는 일자리도 가질 수 없었다. 유대인이었고, 여자였고, 엄마였기 때문이다. 아이가 학교에서 말썽을 피웠다며 자꾸 전화를 걸어오자 그는 교사에게 "이 아이에겐 부모가 둘이니 제발 번갈아 전화를 해달라"고 말했다. 그러자 더 이상 학교에서 전화가 걸려오지 않았다. 아이의 아버지한테 전화하기에는 경미한 사안이었을 것이라고 긴즈버그는 추측했다.

가까스로 일자리를 얻은 연방판사 사무실에서 그는 탁월한 업무 수행력을 보이기 시작한다. 1963년 럿거스대 로스쿨 교수로 채용된 긴즈버그는 남자 교수들보다 적은 월급을 받게 될 것이란 통보를 받았다. 1970년 학생들의 요구로 '여성과 법' 과목을 개설한 그는 여성이 토지와 같은 재산으로 취급되던 판례집을 보면서 말없이 받아들이기만 하던 시대는 끝났다고 여겼다. 그래서 곧장 다른 여성 교수들과 힘을 모아 부당한 급여 체계에 대한 소송을 제기했고 대법원까지 간 끝에 승소했다.[7]

그는 자신의 싸움이 자기만의 것이 아니라는 점을 알고 있었다. 1970년 미국 최초의 여성 인권법 전문 저널인 《여성 인권법 리포터》를 창간한 그는 제자와 동료 변호사 들의 연구와 도움에 힘입어 젠더 차별에 맞서 싸우기 시작했다. 1972년 컬럼비아대 로스쿨에서 종신 재직권을 받은 첫 여성 교수가 된 그는 같은 해 미국시민자유연맹 여성권익증진단을 창립했다. 1970년대 초부터는 변호사로서 중요한 젠더 차별 사건 대부분을 맡게 된다. 페미니즘 제2물결을 일으킨 페미니스트들과 교유했고, 흑인 여성 변호사이자 여성 시민권 운동가인 폴리 머리 등 자신에게 영감을 불어넣어준 여성들을 긴즈버그는 결코 잊지 않았다. 대법원에서 소수 의견을 제출할 때도 그는 다른 여성들의 어깨 위에 서 있다는 점을 분명히 인식했다. 훗날 자신은 먼저 길을 간 여성들의 뒤를 따랐던 것이며 마침내 세상이 자기 말에 귀 기울일 준비가 되어 있었을 뿐이라고 밝혔다.[8]

1980년 4월 지미 카터 대통령이 긴즈버그를 워싱턴 D. C. 소재 연방항소법원 판사로 지명하고, 이듬해 로널드 레이건 대통령이 샌드라 데이 오코너를 미국 최초의 여성 대법관으로 임명했다.[9] 1982년 양성평등을 헌법적 권리로 규정한 평등권 수정 헌법안ERA이 비준되지 못하자, 긴즈버그는 평생 이 헌법안의 열렬한 옹호자가 되었다. 1993년 빌 클린턴 대통령은 그를 미국 역사상 두 번째 여성 대법관으로 지명했다. 1996년 긴즈버그는 연방정부 대 버지니아 사건에 대한 대법원 심리에서 버지니아 군사대학이 남성 생도의 입학만을 허용하는 건 위헌이라며 여성 생도의 입학을 허가해야 한다는 길이 남을 판결문을 작성한다. 법률 또는 공적 제도가 여성이라는 이유만으로 개인의 온전한 시민적 지위를 부정한다면 평등한 보호의 원칙에 위배된다고 판결문은 밝혔다. 또한 미국 헌법의 역사에서 무시 또는 배제를 당하던 사람들에 대해 헌법적 권리를 확대해가는 과정이 지극히 중요하다는 점도 거론했다.

긴즈버그는 직장 내 괴롭힘, 일과 가정 양립을 위한 가족 및 의료휴가법, 정부가 선거철 기업의 지출을 얼마나 규제할 것인가를 두고 다툰 사건 등에서 진보적이고도 강력한 소수 의견을 냈다. 2015년 4월 연방대법원의 역사적인 동성결혼 허용 결정 심의에서 결혼이란 수천 년의 유구한 전통이므로 동성 간 결합을 결혼으로 인정할 수 없다는 주장에 대해 긴즈버그는 "결혼 제도는 변했고 동성 결합은 지난날의 협소한 결혼 개념을 뛰어 넘는 형태"라고 반박했고 승리했다. 이에 모터사이클을 타고 무지개 깃발이 덮인 대법원 계단을 가로지르는 애니메이션 주인공으로 그가 그려지기도 했다. 긴즈버그는 진보파들을 결집했으며 실질적인 성취를 원했다. 법학자로서 그리고 법관으로서 그는 자신이 더 나은 삶을 위한 운동에 참여했다는 점을 영광으로 여겼다. 성차별을 바꾸는 변화에 동참할 기회를 얻어 행운이라 말하곤 했으며 더 광범위한 집단을 포용하는 것을 목표로 삼았다.[10]

그는 종종 욕심 많은 여성 판사로 여겨지곤 했다. 그에게 사람들이 "미국 연방대법원에 여성 대법관이 몇 명이 있어야 충분하다고 보십니까?"라고 물을 때마다 긴즈버그는 "아홉 명입니다"라고 답했다. "오랫동안 대법관 아홉 명이 모두 남성이었습니다. 여성 대법관이 아홉 명이 되지 말란 법이 있습니까?"[11]

"판사는 그날의 날씨가 아니라 시대의 기후를 고려해야 한다"는 말은 가장 유명한 그의 명언 중 하나다.[12] 긴즈버그는 판사가 플라톤처럼 판결할 수 있다고 자신한다면 민주주의가 파괴될 수 있다고 여겼다. 스스로가 중립적이라는 착각과 오만을 내려놓고, 자신조차 의심하는 태도를 가져야 한다는 것이다. 나이가 들면 누구나 점점 보수화된다는 말을 거스르듯, 그는 나태함을 거부하고 '시대의 기후'를 예민하게 읽으려는 고투를 거듭했다. 분노나 앙심, 질투 같은 감정은 표출하지 않았고 '맨스플레인'에는 귀를 닫았다. '옛날 사람'이기도 했거니와, 원하는 것을 얻기 위해서라도 개인을 모욕하면 안 된다고 믿었기 때문이다. 그는 "무언가 결정하는 자리라면 여성도 반드시 있어야 한다"고 주장했지만 여성이 남성보다 완전무결하며 순수하다고 생각하는 것은 잘못이라고 못 박았다. 여성이 결백한 존재로 머물러야 한다면 부조리한 사회에서 성공의 기회를 노릴 수 없으며 '사회 지도층'의 가치를 내면화할 수도 없을 것이라고 여긴 까닭이다.[13]

1999년부터 대장암, 췌장암, 폐암 수술을 받아온 긴즈버그는 방사선 치료 또한 굳세게 견뎠다. 최고령 대법관으로 그의 암 극복 근력운동 매뉴얼을 담은 책까지 발간될 정도로 그는 건강을 유지하는 데 온 힘을 기울였다. 갈비뼈에 금이 가고도 매주 두 차례 개인 트레이닝을 받았다.

버락 오바마 대통령 재임 때 그가 물러나야 한다는 목소리도 높았다. 민주당이 정권을 갖고 있을 때 진보 성향의 대법관을 확보해야 한다는 꽤 절박한 이유가 있었기 때문이다. 그가 물러나지 않는 것에 '노욕'이라며 비판하는 이들도 있었지만, 그는 보수적 대법관의 최고 어른으로서 역할을 자임하며 자리를 지켰다. 그리고 2020년 9월 18일, 미국 대통령 선거를 얼마 앞둔 상황에서 세상을 떠났다. 향년 87.

긴즈버그의 후임 대법관으로 도널드 트럼프 대통령은 보수 성향 에이미 코니 배럿 판사를 지명했다. 독실한 가톨릭 신자이자 여성의 임신중단을 강력하게 반대해온 후임자는 판사 시절 관련 판결에서 모두 낙태를 제한하는 쪽의 손을 들어주었다. 1993년 대법관 인준청문회에서 긴즈버그가 임신중단권의 현실적인 필요성을 밝히며 "정부가 여성의 자율적 결정을 통제한다면, 여성은 자기 선택을 책임지는 온전한 성인으로 대접받지 못하게 된다"고 말한 것과 대비된다.[14] '악명 높은' 긴즈버그의 빈자리가 과연 어떤 미래를 가져올지 알 수 없는 나날들이 계속되고 있다.

부조리한 세계를 기꺼이 마주하되
아둔하리 만큼 원칙적인 삶

시몬 베유

- 시몬 페르트망, 『시몬느 베이유 불꽃의 여자』, 강경화 옮김, 까치, 1978 (*Simone Weil*, 1976).

- 시몬 베유, 『중력과 은총』, 윤진 옮김, 이제이북스, 2008(*La Pesanteur et la Grâce*, 1947).

- 시몬 베유, 『뿌리내림』, 이세진 옮김, 이제이북스, 2013(*L'Enracinement*, 1949).

- 시몬 베유, 『신을 기다리며』, 이세진 옮김, 이제이북스, 2015(*Attente de Dieu*, 1950).

1978년 8월 한국에서 첫 출간된 시몬 페르트망^{Simone Pétrement}의『시몬느 베이유 불꽃의 여자』는 1994년까지 무려 35쇄나 인쇄될 정도로 큰 인기를 얻었다. 시몬 베유^{Simone Weil}(1909~1943)는 노동자의 곁에서 고통을 함께한 희생적이고도 실천적인 지식인으로, 독일군에 용감하게 맞선 레지스탕스로, 불꽃처럼 살다 요절한 천재적 여성으로 한국의 젊은이들에게 깊은 인상을 남겼다. '노학 연대'를 외치면서 노동자의 삶을 선택해 '현장'으로 떠나는 대학생들이 끊이지 않던 시대적 배경도 이 책이 스테디셀러가 된 요인이었다.[1]

1970~80년대 한국인들이 낮은 곳으로 향하던 베유의 정치적인 삶에 집중했다면 2010년대 전후 출판계는 그의 영적이고 종교적인 면모에 눈길을 주었다. 2008년 인간 존재의 조건과 구원의 사유를 담은『중력과 은총』이 출간되었고, 2013년『뿌리내림』이, 2015년『신을 기다리며』가 잇따라 나왔다. 철학자 김은주는 시몬 베유를 "중력 속에 살아가는 인간의 실존 조건을 그 누구보다도 치열하게 검토한 인물"이라고 평가했다. 그의 분석을 보면, 베유 사상의 핵심어인 '중력'은 생존과 관련된 세속적인 세상의 일들이었고, '은총'은 그 추락하는 힘 속에 머물면서 동시에 벗어나는 상태를 경험하는 일을 가리킨다. 베유는 은총의 빛으로 밝아질 때까지 '자아'를 부수고 벗어나려 끝까지

스스로를 밀어붙인 사람이었다.[2]

영문학자 데보라 넬슨은 "고통을 성역화하지도 않고 고통에 무관심하지도 않았던" 여성들로 한나 아렌트, 메리 메카시, 수전 손택, 다이앤 아버스, 조앤 디디온과 함께 시몬 베유를 꼽았다.[3] 노동자가 되고자 했지만 철저한 마르크시스트도 아니었고 가톨릭 신자였지만 세례를 받지 않았던 베유는 그럼에도 '현대의 성자'(독일 신학자 도로테 죌레)로 일컬어졌다. 베유는 세상의 부조리를 드러내고 현실에서 발을 빼지 않으면서 기꺼이 고통을 감수했다. 성자가 으레 그렇듯 고난에서 벗어나는 것을 원하지 않았으며, 기독교의 비극적 감수성을 복원하려고 애썼다. 보상 없이 오로지 순수하게 정의로운 세계를 만나고 중력 속에서도 신을 정면으로 바라보려 한 그는 믿을 수 없을 정도로 확신에 찼고, 아둔하리 만큼 원칙적인 삶을 살았다.

시몬 베유는 1909년 2월 3일, 알자스 출신으로 파리에서 의사로 일하던 아버지와 러시아(지금의 폴란드) 출신 어머니 사이에서 태어났다. 어린 시절 그의 부모는 자식들을 완벽한 불가지론자로 키웠다. 학문을 중요하게 생각했던 부모 덕분에 베유는 일찍부터 라틴어와 그리스어, 독일어와 영어를 익혔다. 어릴 때부터 불쌍한 사람들에게 깊은 연민을 느낀 그는 1914년 제1차 세계대전 당시 다섯 살 나이에 병사의 '전시 대모'가 되어 위문품이나 위문편지를 종종 부쳤다. 고통받는 군인에게 보내야 한다며 자기 몫의 각설탕도 먹지 않고 남기겠다며 고집을 부리곤 했다.[4]

1928년 파리 고등사범학교 입학시험에 합격한 그는 1930년 학교를 졸업했다. 학창 시절 그가 '또 한명의 시몬'인 시몬 드 보부아르와 만난 일화가 유명한데, 당시 '일반 철학'을 공부하던 이들 가운데 1~3등은 시몬 베유, 시몬 보부아르, 모리스 메를로퐁티가 각각 차지했다. 베유는 멀리 떨어진 나라 중국의 기근에도 눈물을 흘릴 만큼 타인의 고통에 민감하게 반응했고, 보부아르는 타인의 고통에 열정적인 마음을 쓰는 동급생에게 호기심을 느꼈다. 그러나 혁명을 중시했던 베유와 달리 보부아르는 삶의 이유를 찾는 것이 급선무라고 여겼다. 베유는 보부아르에게 "너는 배고팠던 적이 없는 사람"이라고 쏘아붙이면서 부르주아라며 비판했다. 보부아르는 당시엔 기분이 상했지만 훗날 베유의 평가에 공감했다고 한다.[5]

성적이 좋았던 베유는 1931년 교수 자격시험에 통과하고 교사로 생활했지만 시위에 동참하거나 좌파 잡지에 글을 쓰는 등 과외 활동으로 자주 교육위원회와 갈등을 빚었다. 가진 자들을 비꼬았고 사사건건 무직자, 노동자 편을 들었다. 최소한의 금액으로 생활하고 남는 돈은 모두 노동자들을 위해 썼기 때문에 월급날 그의 집에는 항상 가난한 친구들이 몰려들었다. 1933년 에는 소련에서 추방된 레온 트로츠키가 파리에 있는 그의 부모 집에서 머물게 되었는데, 소련과 노동자 계급을 주제로 그와 열 띤 논쟁을 벌이기도 했다고 전해진다.

1934년이 되자 그는 육체노동을 하지 않으면서 노동자 편에 서려는 스스로의 모습을 견디지 못해 노동자가 되기로 결심하 고 파리의 한 공장에 취업한다. 프레스 기계로 한 시간에 100개 씩 금형을 찍어내야 하는 고된 노동이었다. 실력을 쌓은 뒤에 어 느 정도 지위에 오르겠다는 희망을 가질 수도 있는 남성과 달 리, 공장의 하급직 여성노동자들은 빠른 속도만을 요구받으며 완전히 기계적인 노동에 얽매여 있었다.[6] 노예 같은 고된 노동 때문에 늑막염을 얻은 그는 스페인 내란이 터지자 인간 세계의 비참과 불행에 동참하고자 1936년 바르셀로나 전선으로 떠난 다. 하지만 지독한 근시 탓에 뜨거운 기름 솥을 엎지르는 바람 에 화상을 크게 입고서 즉시 귀국 조치를 당하게 된다.

1938년, 그레고리안 성가의 본산인 프랑스 솔렘 수도원에서 사순절을 보내게 된 그는 일생일대의 신비 체험을 한다. 그리스 도가 다가와 그를 안아주었다는 것이다. 이때를 기점으로 베유 는 종교적 전통을 새로운 눈으로 바라보면서 어린 시절부터 어려운 사람들의 고통에 동참하고자 했던 자신의 사상적 면모를 다시 가다듬는다. 이런 종교적 체험이 그를 가리켜 "세례 받지 않은 신비주의자"라고 칭하는 이유가 되었다. 베유는 그리스도의 실재를 확신했지만 영세를 적극적으로 거부했고 신앙을 순수하게 간직하면서도 교회와 거리를 두고자 했으며 스스로 주변화된 존재로서 외로운 사람들과 같은 처지에서 순명하고자 했다. 그래서 그의 삶은 "고의적인 '어리석음'의 연속"이라고도 일컬어졌다.[7]

"혹독한 내면적 정화를 거치지 않고서는 결코 완벽한 표현을 획득할 수 없다"고 믿으며 글 자체로 남을 매혹하려는 시도를 아예 하지 않았던 그는 장식이라곤 조금도 하지 않는 문체를 고집스럽게 썼다. 외국어를 번역할 때는 감정적 투사가 없는 몰개성적 화법으로 "얼음 같은 냉정"을 잃지 않으려 했다.[8] 제2차 세계대전이 일어나고 1940년 파리가 독일군에게 함락되자 마르세유로 간 그는 침묵 속에서 『신을 기다리며』 등의 책을 집필한다. 1941년에는 가톨릭노동청년회 모임에 참석했다가 도미니코 수도원장이었던 조제프 마리 페렝 신부를 만나 영성을 심화하는 교류를 하게 된다.

1942년 가족들과 함께 유대인에게 상대적으로 안전한 뉴욕에 온 그는 "쓸모 있는 고통과 위험"을 간절히 원하면서 런던에 있는 프랑스 임시정부로 다시 떠나려고 했다. 타인의 목숨을 구하는 데 자신의 생애를 바치려고 갖은 애를 쓰던 베유는 결국 그해 말 런던의 동지들을 만나게 된다. 임시정부에 수고스러운 임무를 달라고 간청했지만 여러 이유로 책상에서 하는 일을 맡게 되었고, 심각하게 육체적으로 약해진 뒤 미들섹스 병원에 입원했다가 시골의 요양원으로 옮겨져 1943년 8월 24일 서른네 살의 짧은 생을 마치고 영원히 중력에서 벗어났다. 결핵과 단식 때문에 얻은 영양실조가 사인이었다.

　이해할 수 없을 만큼 집요하게 고통 속으로 자신을 내몰았던 시몬 베유의 짧은 삶을 왜 이토록 많은 이들이 오래 기억하는가? 시몬 베유에 대한 글을 썼던 폴란드 시인 체슬라브 밀로즈는 "고전적이고, 메마르고, 집약적인 삶과 글에 드러난 혹독함으로 그녀는 건전한 수치심을 불러일으킨다"고 표현했다.[9] 데보라 넬슨은 "베유의 글에는 정서적으로 싸늘한 태도뿐 아니라 엄혹하고 고전적인 아름다움이 있다"고 평가한다. 미국 작가 메리 매카시를 설득해 베유의 에세이를 번역하도록 한 이탈리아 무정부주의자이자 지식인 니콜라 키아로몬테는 베유의 글이 어떤 안락함이나 위안도 없이 인간의 한계와 대면한다고 보았다. 베유의 글에는 "비극적 감수성"이 내재돼 있다고 본

그 누구보다도 세계의 진실에 다가가고자 했던 영성가이며 철학가이자 운동가, 시몬 베유. 그는 가난한 이들의 연대를 열정적으로 추구하면서도 사유하는 단독자로서의 냉정함 또한 잃지 않았다.

것이다.[10]

베유가 세상을 떠난 지 5년 후에 출간된 『중력과 은총』을 보면, 불행 속으로 자신을 던져 넣는 까닭의 편린을 만날 수 있다. 베유가 생각한 기독교적 완성, 구원의 끝은 위로가 아니었다. 그는 "아무런 위안이 없는 불행을 겪어야 한다"고 말했다. 십자가에 매달린 그리스도처럼 수난을 겪으니 신앙을 버리고 신비를 외면하는 것이 개인의 안위와 행복을 추구하는 세속인으로서 마땅한 선택일진대, 그는 끝없이 욕망과 집착을 버리는 '무' 無를 추구했다. 종교가 보장하는 각종 위안마저 물리치고 절대적인 고독 가운데라야 비로소 세상의 진리와 마주할 수 있다고 여겼던 것이다.

"이 세상의 현실은 우리의 집착이 만들어낸 것이다. (……) 집착이란 결국 대상이 실재한다는 느낌이 충분하지 못한 상태이다. 우리가 어떤 사물을 소유하는 데 집착하는 것은 만일 소유하지 않으면 그 사물이 더 이상 존재하지 않는다고 생각하기 때문이다."[11]

이런 베유의 생각은 불교의 사상과도 맞닿은 것으로 보인다. '나'를 완전히 파괴하는 것, '무아'無我의 경지가 되어야 "십자가 충만"을 만날 수 있다고 그는 설명한다. 닥치는 대로 부와 명예에 매달리는 삶, 감사하는 마음과 정의가 없는 상태야말로 노예의 삶이며 노골적이고 적나라한 집착이 바로 지옥이라고 확신했다. 현세의 편안함과 내세의 행복을 한꺼번에 바라는 욕심과 배타적인 종교 문화를 비판한 그의 사유는 그러나 수전 손택 등 미국 지식인들의 노골적인 불만을 사기도 했다. 손택은 당대 수만 명의 독자들이 베유에게 매혹당한 까닭을 도무지 알 수 없었다. '쾌락에 대한 경멸, 고결한 정치적 제스처, 불행을 추종하는 집요함'에 사람들이 동조한 것을 납득하기 힘들었던 탓이다. 탐미주의자였던 손택에게 극단적으로 건조하며 딱딱한 베유의 문체와 철저한 자기부정은 무엇보다 참기 힘든 부분이었을 것이다. 단 하나, 손택이 베유를 인정한 바가 있었으니, 수난에 집착한 끈질긴 근성이었다.[12]

고대 그리스 문화를 흠모하고 로마와 히브리 문명을 증오했다는 것 외에 베유의 철학적 '족보'를 찾기는 힘들다고 한다. 지적 허영을 배제하면서 홀로 학문적 탐구에 열중했고, 감정적 휩쓸림을 경계하면서 고통에 동참했으며, 가난한 이들의 연대를 열정적으로 추구하는 가운데 사유하는 단독자로서 냉정함을 잃지 않은 그는 한없이 추악하고 끝없이 밑으로 인간을 끌어잡아당기는 '세계'와 기꺼이 마주한 영성가이자 철학자이자 운동가였다. 구원 속에 보상이나 위로가 없을지라도 '나'가 사라진 자리에서, 비참함으로부터 신과 상호적인 관계를 맺을 수 있

다고 본 독특한 여성 사상가였다.[13]

정의는 마땅히 고통받아야 한다고 본 그의 책을 읽다 보면 그 냉정함과 준엄함에 소름이 끼친다. 하지만 당의정을 입힌 세상의 온갖 가짜 정의와 부끄러움 없는 속물성을 '자아'의 안팎에서 발견할 때면 깊은 눈동자를 가진 전무후무한 어느 여성 사상가의 통찰이 진정 세계의 진실을 담고 있다는 생각이 드는 것이다.

냉소적이고 열렬했으며
죽을 때까지 야망을 놓지 않았던 지식인

수전 손택

- 다니엘 슈라이버, 『수전 손택: 영혼과 매혹』, 한재호 옮김, 글항아리, 2020 (*Susan Sontag: Geist und Glamour*, 2007).

- 수전 손택, 『다시 태어나다: 수전 손택의 일기와 노트 1947~1963』, 데이비드 리프 엮음, 김선형 옮김, 이후, 2013(*Reborn: Journals and Notebooks, 1947~1963*, 2008).

- 수전 손택, 『의식은 육체의 굴레에 묶여: 수전 손택의 일기와 노트 1964~1980』, 데이비드 리프 엮음, 김선형 옮김, 이후, 2018(*As Consciousness Is Harnessed to Flesh: Journals and Notebooks, 1964~1980*, 2012).

- 수전 손택, 『해석에 반대한다』, 이민아 옮김, 이후, 2002(*Against Interpretation*, 1966).

- 수전 손택, 『사진에 관하여』, 이재원 옮김, 이후, 2005(*On Photography*, 1977).

- 수전 손택, 『은유로서의 질병』, 이재원 옮김, 이후, 2002(*Illness as Metaphor*, 1978).

- 수전 손택, 『타인의 고통』, 이재원 옮김, 이후, 2004(*Regarding the Pain of Others*, 2003).

그는 하나의 현상이었다. 매혹과 권위의 여성 지식인, 영화감독, 연극 연출가, 비평가, 노골적이고 정치적인 작가였던 수전 손택Susan Sontag(1933~2004)은 일생 동안 비난과 찬사를 한 몸에 받았지만 누구도 그 강력한 아우라를 손쉽게 부인하지는 못했다. 독일 비평가 다니엘 슈라이버Daniel Schreiber는 『수전 손택: 영혼과 매혹』에 열렬한 탐미적 활동과 맹렬한 글쓰기로 예술적이고도 정치적인 삶을 치열하게 수행하고 떠난 한 사람의 이야기를 담았다.

1933년 1월 16일 미국 뉴욕에서 태어난 수전 리 로젠블랫의 부모는 기업가 정신을 지닌 젊고 부유한 사람들이었다. 어머니는 아름다웠지만 냉정한 알코올중독자였고 중국에서 사업을 하던 유대계 아버지는 그가 다섯 살 때 세상을 떠났다. 재혼한 어머니의 남편 성을 따라 손택이라는 성을 얻은 수전은 두운이 맞는 이름에서 지적이고 세련된 맛이 난다며 좋아했다고 한다.

10대 시절 이미 뜨거운 탐미주의자였던 그는 문학과 영화를 사랑했다. 1948년 12월, 열여섯 살 생일 직전에 교장의 권유로 고등학교를 조기 졸업했다. 배울 것이 없으니 시간 낭비 말라는 조언을 받아들인 것이다. UC버클리에서 한 학기를 보내고 시카고대로 편입한 그는 사회학 강사 필립 리프Philip Rieff를 만나 열흘 뒤 결혼했다. 손택의 나이 열일곱 살 때였다. 그의 일기와 노트를 모은 책 『다시 태어나다』에 나오는 1950년 1월의 일기를 보면, "나는 온전히 제정신으로, 자기 파괴를 향한 내 의지가 두려워서 필립과 결혼한다"고 되어 있다.[1] 정서적으로 기댈 사람이 필요했다는 것일 텐데, 손택은 훗날 언론과 한 인터뷰에서 리프를 진심으로 사랑해서 결혼한 것이라고 밝히기도 했다. 그는 열아홉 살에 아들 데이비드 리프David Rieff를 낳았다.

다니엘 슈라이버는 손택이 처음 진심으로 사랑한 사람이 리프였으며, 그와 처음 감정적이고도 지적인 전쟁을 벌였다고 평가한다. 이때 손택이 "어른이 되기 위한 신고식을 치렀다"는 것이다. 결혼 뒤에도 손택은 남편의 성을 따라 자신의 성을 리프로 바꾸지 않고 수전 손택이란 이름을 유지했다. 슈라이버는 이것이 세상 물정에 밝은 손택의 선택이었다고 하지만, 이름에서 나는 세련된 분위기를 도저히 포기할 수 없었으리라고 보는 편이 더 설득력 있는 추정일 듯하다.[2]

1950년대 대학 교수들의 커플 모임에서는 '남교수'와 '배우자' 구분이 분명했다. 남자들은 밥을 먹고 담배를 피우며 철학과 대학 정책을 논했고, 배우자들은 따로 모여 이야기를 나누었지만 손택은 이런 분위기에 좀체 적응할 수 없었다. 그는 누군가의 아내, 어머니 구실에 만족하는 사람이 아니었다. 하루는 저녁 만찬 때 손택이 교수들 틈에 의도적으로 끼어들었다. '학생

아내' 신분에서 벗어나려 했던 그는 1951년 시몬 드 보부아르의 『제2의 성』을 읽은 뒤에 확실한 페미니즘 각성을 했던 것으로 보인다. 누구보다 예민하고 지적인 삶을 추구하던 그에게 '뒷방'의 경험은 이성애 결혼 제도에 대한 강한 환멸을 주었으리라.

전기 작가 벤저민 모서^{Benjamin Moser}는 2019년 펴낸 『손택: 그의 삶』에서 필립 리프의 대표작 『프로이트: 도덕주의자의 마음』을 수전 손택이 썼다고 밝힌다.[3] 리프는 1959년 초판 서문에 "아내에게 특별히 감사한다"고 썼지만 1961년판에서 이 문장을 삭제했다. 손택이 저작권을 통째로 리프에게 넘겨줄 수밖에 없었던 이유는 그와 갈라선 뒤 아들을 뺏기지 않기 위해서였다는 것이다. 이것이 사실이라면, 손택의 학문적 탁월함을 증명하는 사례인 동시에 아내의 지적 성취가 곧 남편의 성취와 동일시되어도 아무 문제가 되지 않는 동서고금 지식계의 만연한 가부장성, 성차별을 보여주는 사례가 된다.[4]

1958년 필립 리프와 따로 살기로 결심한 손택은 홀로 옥스퍼드 유학 길에 올랐다. 그리고 4개월 만에 유년 시절 꿈에 그리던 사르트르와 메를로퐁티의 나라, 프랑스로 향한다. 소르본대에서 강의를 듣고 연구를 했지만 작가이자 학자로서의 중요한 발전은 학문적인 환경 속에서 일어난 게 아니라고 한다. 1958년부터 1967년 사이 일기를 보면, 이때 그가 자신의 성적 욕망을 자유롭게 실험하며 제도화된 대학, 논문, 학내 정치의 틀에서 벗어나 새로운 지적인 삶을 구상했다는 것이다.

작가이자 저항하는 지식인으로서의 삶을 선택한 손택은 전 남편에게 돈을 받지 않으며 먹고사느라 전력을 다했다. 그가 남긴 수많은 논문, 일기, 미완성 원고를 보면 야심과 자학 사이를 오가는 한 인간의 모습을 뚜렷하게 발견할 수 있다. 그는 자신의 초고를 가리켜 스스로 "방부 처리된, 인쇄된 시체"라고 했다. 원고를 "거의 열 번은 고치고 또 고치는" 성향을 보였다. 1963년 첫 소설 『은인』을 출간한 이후 특히 에세이에서 진가를 인정받아 초기작 『해석에 반대한다』는 초판 8000부가 금세 동났을 정도로 대중적 인기를 누렸다. 문화적 소양이 있다고 여기는 이들은 모두 그의 에세이를 읽었다.

손택은 예술과 철학 분야의 논문에 정통하면서도 강단 중심의 학술적 글쓰기 방식과 거리를 두었다. 컬럼비아대 철학과 강사로 일했지만 학계의 선택을 받지 못한 그는 "학문적 삶이 우리 세대 최고의 작가들을 파괴"한다고 짐짓 강조했는데, 다니엘 슈라이버는 이 말에서 "상처 받은 허영심"을 읽어낸다. 물론 스스로 갱신을 두려워하지 않았던 손택의 지향과도 무관하지 않았겠지만, "동시대 최고의 작가 중 한 사람"이던 그가 강단에

설 수 없었던 이유는 "엄청나게 가부장적인 대학 세계에 속한 여성이었기 때문"이었다는 것이다.[5] 남성 위주 학계에 외면당한 또 한 번의 난관이었다.

하지만 위기는 곧 기회가 되었다. 1964년 12월 10일 《타임》에 그의 작품에 관한 기사가 실리면서 손택은 별안간 "선포됐다"(《뉴욕 타임스》의 비평가 엘리엇 프리몬트 스미스). 그만큼 부당한 평가들도 일생 따라다녔는데, "미국 문단의 다크 레이디" "문학계의 핀업 걸" "문화적 조현병 왕국의 요정 공주" "재색을 겸비한 여자" 따위, 명백하게 성차별적 비유로 일컬어졌던 것이다. 손택의 지인들도 하나같이 소설보다 에세이를 권했다는 대목에서는 성별화된 영역으로서 문단의 배타성까지 짐작할 수 있다. 이는 분명 "남성 동료들 사이에 만연해 있던 여성혐오"였다.[6]

비범한 학자이자 빼어난 작가, 비평가였지만 학계와 문단 양쪽에서 거부당한 그는 그렇기에 더더욱 뚜렷한 캐릭터를 유지했다. 그는 자기 지성과 자의식을 결코 감추지도, 겸손해하지도 않았다. 겸양의 자세를 취하며 자기 비하적인 유럽 쪽 지성계 분위기와 분명하게 다른 태도였다. 겸손함 따위가 문제가 되지 않으며 자기 홍보의 필요성을 인정해온 미국에서는 손택의 자기 홍보가 "지식인 문화와 중산층 문화 사이 간극"을 메우는 것이었다고 한다.[7]

연극 연출, 영화감독, 사회운동가로도 활동한 손택은 인기를 거부하는 듯했지만 누리기도 했다. 연인이던 배우 워런 비티와 뉴욕 거리를 걷다 신호등 앞에 서 있으면 사람들이 주위로 몰려드는 것을 즐겼다는 일화가 있을 정도. 징병제 반대 시위를 하던 중 1967년 12월 체포되어 언론의 주목을 받은 것마저 "세심하게 기획된 체포 사건"이라고 슈라이버는 밝힌다.[8] 사상적 측면에서는 나이가 들면서 점점 급진적 정치 운동을 불편하게 여기게 되었는데, "(신좌파의) 유별난 반지성주의 때문이었다"고 한다.

손택은 페미니즘을 선명하게 지지했고 남성 주류 지식인 사회 속에서 외로이 싸우는 자신을 "백인이 가득한 방 안의 검둥이"라 부르기도 했지만 1970년대 공공 담론을 이끌던 페미니스트 그룹에 결코 속하지 않았다. 결정적으로 영화감독 겸 사진가 레니 리펜슈탈을 둘러싼 논쟁이 벌어졌다. 평생 미학을 추구한 손택은 '나치의 협력자'로 일컬어지는 그의 영화를 걸작으로 상찬했지만, 시인 에이드리언 리치를 비롯한 급진 페미니스트들은 거세게 반발했다. 이에 손택은 리치를 향해 "1960년대의 유치한 좌파"라 공격하고, 페미니즘 운동의 이념과 지적 평범함은 "파시즘의 뿌리"라며 자기 지성의 우월감을 과시하듯이 맹공을 퍼부었다. 이런 공격적 태도는 엄청난 논란을 불러일으켜

마침내 급진적 지식인으로서 종지부를 찍게 된다. 이후 1982년 다시 한번 좌파들을 도발하는 연설로 격렬한 항의를 받았지만 부정적 평판조차 그의 아우라를 더하는 효과를 낳는다.[9]

1977년 유방암 치료 중에 출간한 책 『사진에 관하여』는 극찬을 받았고, 26년 뒤에 펴낸 전쟁 사진에 관한 걸작 에세이 『타인의 고통』 또한 찬사를 받았다. 암을 반드시 이기고야 말겠다는 결의를 다지면서 쓴 『은유로서의 질병』은 지금까지 널리 읽히는 독보적인 질병 문화사다. 1993년 사라예보에서 사뮈엘 베케트의 〈고도를 기다리며〉를 연출한 그는 1998년 두 번째 암 진단 이후에도 무한한 투지로 글을 써내려갔지만 결국 쓰러지고 만다.

손택을 더욱 유명하게 한 건 이지적이고 날카로워 보이는 그의 사진들이다. 그의 얼굴은 "지적인 주체와 대상화된 아름다운 여성 이미지의 공생"으로 소비된 측면이 크다. 특히 마지막 연인인 사진가 애니 리버비츠Annie Leibovitz는 죽음에 이르기까지 그의 모든 모습을 찍어 공개해 윤리적 논란을 빚기도 했다. 파트너가 찍어 공개한 의료 기기에 둘러싸여 죽어가는 처절한 사진도, 아들 데이비드 리프가 엮어 출간한 어린 시절부터 쌓인 치기 어린 일기도 공개되고 출판되는 것을 모두 손택이 직접 승인할 수 없었던 것은 분명하다. 하지만 평생에 걸쳐 수없는 난관

1979년의 손택. 이지적이고 날카로워 보이는 그의 모습을 찍은 사진들은 그를 더욱 유명하게 했다. 독일의 비평가 다니엘 슈라이버는 손택의 얼굴이 "지적인 주체와 대상화된 아름다운 여성 이미지의 공생"으로 소비되었다고 평했다.

에 부닥칠 때마다 도전적으로 응수하며 깨어 있었던, "미학적으로 만족을 몰랐던 손택이라면" 이 작업을 옹호했으리라는 것이 일반적인 평가다.[10]

그가 세상을 떠난 뒤 신랄하고 냉철하게 손택의 삶을 다룬 평전들이 여럿 출간되었다. 다니엘 슈라이버의 평전은 손택의 삶을 매혹적이고도 충실하게 조명한 반면, 예술 비평의 새로운 문을 연 창조적인 성취에 관한 설명에서만큼은 야박한 느낌을 준다. 뒤로 갈수록 인물과 작가의 '대화'가 사라지고 '대결'만 강하게 떠올라 그에 관한 평가가 과연 공정한 것인지 의구심을 떨치기 힘들다. 손택이 쓴 "거만하거나 전도하는 듯한 어조"가 과연 그렇게 거슬릴 만한 것이었던가?[11] '수전 손택 평전의 결정판'으로 불리는 벤저민 모서의 『손택: 그의 삶』도 비슷한 평가를 받은 바 있다.

극도의 진지함과 놀라운 야심으로 가득한 그의 일기를 보면, 손택은—평자들에게 비난받았던 내용 그대로—스스로 지식의 성인이 되려 했지만 결코 그렇게 될 수 없다는 것을 알고 끝없이 고통받았다는 사실을 알 수 있다. 분명한 건 그는 다시없을 아름다움을 지니고 경계를 위반하려 쉼 없이 도전했던 매혹의 지식인이었다는 것이다. 그는 냉소적이고 열렬했으며 무엇이 되고자 하는 야망을 죽을 때까지 놓지 않았던 여성이었다. 대중에게 사랑받고 공적으로 많은 인정을 받았지만 그 마지막조차 미학적인 기갈 속에 스캔들을 낳은 '여성' 지식인으로서 손택은 죽고 난 뒤에도 여전한 전설로 남게 되었다. 분명 본인 또한 강렬히 원했을 것이다.

'아버지의 왕국'을 고발하며
피와 빵과 시를 노래한 작가

에이드리언 리치

- 에이드리언 리치, 『더 이상 어머니는 없다』, 김인성 옮김, 평민사, 2002(*Of Woman Born: Motherhood as Experience and Institution*, 1976).

- 에이드리언 리치, 『문턱 너머 저편』, 한지희 옮김, 문학과지성사, 2011(*The Fact of a Doorframe*, 1984).

- 에이드리언 리치, 『우리 죽은 자들이 깨어날 때』, 이주혜 옮김, 바다출판사, 2020(*Essential Essays: Culture, Politics, and the Art of Poetry*, 2018).

"내가 몹시 싫어하는 침묵은 죽은 침묵이다. (……) 언어가 있어야 할 곳에 언어가 금지되는 침묵이다."[1]

에이드리언 리치Adrienne Rich(1929~2012). "더 이상 어머니는 없다"(1976)라고 선언한 페미니스트. 일찌감치 결혼해 서른이 채 되기 전에 세 아들을 낳은 뒤 '정신적인 이혼'과 남편의 죽음을 거쳐 '아버지의 왕국'을 고발하고, 뜨겁게 읽고 치열하게 쓰다가 떠난 미국의 시인이자 페미니스트 이론가다. 페미니즘 대중화와 출판 붐에 힘입어 그의 멋진 글들이 여러 버전으로 번역돼 나온 것은 독자로서 꽤 즐거운 일이다. 레즈비언 이론가로서 그의 대표 논문 「강제적 이성애와 레즈비언 존재」(1980)는 『레즈비언 페미니즘 선언』과 『우리 죽은 자들이 깨어날 때』에 각각 실렸고, 그의 첫 산문집 『여성으로 태어남에 대하여: 경험과 제도로서 모성』(1976)에 담긴 유명한 글 「분노와 애정」은 『우리 죽은 자들이 깨어날 때』와 『분노와 애정』에 각각 수록되었다.

에이드리언 리치는 "생각하는 여자는 괴물과 함께 잠을 잔다"라고 말했다.[2] '모성애'는 백인 중산층 가부장적 가족 체제에 포함된 여성에게만 허락된 것이었고, 리치는 이런 모성애를 여성 전체로 확대해 사유한다. 가부장적 권력이 창출한 '모성애'를 페미니즘적 언어로 바꿔낸 것이다. 남성 가부장의 언어를 쓰면서 어머니로 살게 되는 인생의 고통을 말하던 그는 한발 더 나

아가 마침내 딸의 몸으로 "어머니들과 결합"하며 여성성을 혁명적인 것으로 끌어올린다.[3]

그의 뛰어난 산문을 엮은 『우리 죽은 자들이 깨어날 때』는 여성으로 태어나는 것이 아니라 여성으로 살도록 강요된 이성애 제도와 여성으로서 말하는 것의 정치성을 강하게 드러낸 글들로 이뤄져 있다. 리치는 그 자신 평생 깨달음과 변화를 거부하지 않았고, 아는 대로 실천한 사람이었다. 읽고 쓰기와 실천이, 앎과 삶이 다르지 않았다.

리치는 미국 메릴랜드주 볼티모어의 가부장적이고 독재적인 유대인 의사 아버지와 미국 남부 백인 상류층 개신교인 피아니스트 어머니 사이에서 태어났다. 1951년, 당시 여성들이 갈 수 있는 최고의 학부인 하버드대 래드클리프대학 졸업과 동시에 첫 시집 『세상 바꾸기』를 냈고 문단의 호평을 받았다. 답답한 원가족의 그늘을 벗어나려고 1953년 아버지의 반대 속에 좌파 경제학자 앨프리드 콘래드Alfred Conrad와 결혼을 선택했으며, 서른이 되기도 전에 세 아들을 낳았다. '가정주부' '엄마'가 되어 아이들을 낳고 키우던 그는 하지만 목구멍에 차오르는 갑갑함을 느끼면서 급격히, 그리고 "급진적으로 변화"했다.[4] 아이를 낳고 기르던 1950년대, "학계의 주부"로 고립된 채 홀로 『제2의

하버드대 래리클리프대학 시절의 에이드리언 리치. 젊은 그의 도전적이고 재기 넘치는 에너지가 엿보이는 사진이다.

성』을 읽던 그는 보부아르의 이론에 힘입어 비로소 숨 쉴 틈을 찾았다.

10여 년 뒤 뉴욕으로 이사한 뒤엔 지식 생산과 예술 활동을 본격화했고, 동시에 결혼 생활도 끝을 보였다. 1970년, 시인이 자 급진 페미니스트 운동가로 본격적인 지적·사회적 성취를 거 두던 리치가 이혼을 요구하자 남편은 버몬트 시골에서 권총 자 살했다. 남편의 갑작스럽고도 폭력적인 죽음에 충격을 받은 리 치는 몇 년 뒤 생존자로서 선언했다.

당신은 죽은 채 세월을 낭비하고 있어요.
우리가 얘기하곤 했던, 지금은 그러기에 너무 늦은, 도약을 할 수도 있었을 텐데요.

난 지금 살고 있어요.
그런 도약은 아니라도,
짧고 강렬한 움직임을 유지하면서 말예요.[5]

1970년대 초·중반, 리치는 열정적이고 관능적인 여성들끼리 의 관계를 열렬히 탐구하고 실천한다. 결혼하지 않은 채 한 해 최대 366편, 통틀어 2000여 편에 이르는 시를 썼던 에밀리 디

킨슨을 분석하고, 『제인 에어』를 파고 들었다. 1976년 리치는 자메이카 출생 여성 작가인 미셸 클리프Michelle Cliff와 평생 동반자가 되면서 본격적인 작품 활동과 정치 활동을 벌였다. 여성혐오뿐 아니라 인종차별, 반유대주의, 동성애 혐오 등을 반대하는 운동에 동참했고 평생 언어 투쟁을 멈추지 않았다. 2012년 3월 캘리포니아주 산타크루즈에서 타계했을 때, 그의 나이 여든세 살이었다.

시인으로서 그는 아버지의 집을 부수고 압제자의 언어를 벗어났다. 이론가로서도 레즈비언 이론과 모성애 이론이라는 페미니즘의 주요 두 축에 기여한 바 적지 않다. 1980년 논문 「강제적 이성애와 레즈비언 존재」를 발표한 그는 '정상'이라고 간주되는 이성애야말로 가부장제의 토대이며 '정치적 제도'라고 못 박는다. 남성은 "육체적·경제적·감정적 접근권을 확보하기 위해 여성에게 이성애를 강제"하며, 여성은 강제적 이성애를 강요당해왔기에 레즈비언은 그 존재만으로도 강력한 저항 방식이 된다.[6]

그는 이성애 관계에 의문을 제기하는 일이 거대한 침묵을 깨뜨리는 통로라고 생각했다. 침묵을 강요당하는 여성들 간의 사랑은 가부장제를 혁파하고 해방된 삶을 가져다줄 가장 강력하고 진솔한 무기가 된다는 것이다. 여성이 이성애자로 자신을 정체화하는 데서 벗어나는 일은 큰 용기가 필요하겠지만, 보상도 매우 클 것이라며 그는 독려한다. 그럴 때만이 거대한 침묵을 깨뜨리고 인간관계의 새로운 국면을 맞이할 수 있을 것이라는 얘기다.

글을 쓰는 사람으로서 리치는 자신의 언어를 찾으려고 쉼 없이 노력했다. 이라크전쟁에 반기를 들었고 시인이자 시민의 자격으로 1997년 미국 정부가 주는 국가예술훈장을 거부했다. 그는 사람들이 듣고자 하는 것과 두려워하는 것 모두를 말하는 예술이야말로 민주주의 프로젝트에 필수적인 것이라고 힘주어 말했다. 같은 해 「가능성의 예술」이란 글에서 밝힌 언어에 대한 그의 생각은 여전히 큰 울림을 준다.

"나는 큰소리로 노래하고 싶다……. 언어 자체를 정신을 위한 강철로 바꿔내는 언어를 찾고 싶다. 번쩍거리는 저 은색 곤충, 저 제트기에 맞서 사용할 언어를. 나는 노래하고 싶다. 나는 내가 믿고 의지할 수 있는 언어를, 나를 믿고 의지할 수 있는 언어를, 이 우주적인 고립을 극복하기 위해 우리 안에 어떤 힘이 있는지, 내게 증언을 요청하고 나 역시 증언을 요청할 수 있는 언어를 원한다. (……) 여기 시가, 바로 여기에 있다. 어떻게 살 것인가를 두고 씨름하는 것, 위험한 것, 솔직한 것."[7]

위대한 여성 피아니스트,
프랑켄슈타인의 괴물이 낳은 후손

클라라 슈만

- 낸시 B. 라이히, 『클라라 슈만 평전』, 강자연·하인혜 옮김, 경북대학교출판부, 2019(*Clara Schumann: The Artist and the Woman*, 1985, 개정판 2001).
- 버지니아 로이드, 『피아노 앞의 여자들』, 정은지 옮김, 앨리스, 2019(*Girls at the Piano*, 2018).

1763년 마리아 아나 모차르트는 열한 살의 나이로 남동생과 함께 3년짜리 유럽 순회공연 길에 올랐다. 열두 살이 되자 아버지 레오폴트는 딸을 유럽 최고의 피아니스트 중 하나라고 추켜올렸다. 하지만 그는 1769년 딸의 유료 공연을 그만두기로 결정한다. 아나가 결혼 적령기인 열여덟 살이 되었기 때문이다. 남동생과 아버지가 자신을 두고 이탈리아 연주 여행을 떠나자 아나는 흐느껴 울면서 방에 틀어박혔다고 한다. 아버지의 일방적 결정으로 자신의 재능을 직업으로 이어갈 기회를 영영 놓치고 말았던 것이다. 당시에 '경이로운 소녀'들은 결혼과 함께 연주자로서의 가능성도 함께 접었다. 지금도 다수가 그러하지만, 그 시절 여성의 음악적 재능은 결혼을 위한 자산일 뿐 직업으로 이어지지 않았다.[1]

오스트레일리아의 출판편집자 버지니아 로이드Virginia Lloyd는 『피아노 앞의 여자들』에서 음악적 재능을 지닌 소녀들이 왜 무대에 서지 못하고 사라져갔는지 살핀다. 18~19세기 여성들에게 피아노 연주는 직업이라기보다 교양의 한 부분이었다. 제인 오스틴 소설 속 여주인공들은 결혼 신청을 기다리는 동안 피아노를 쳤다. 피아노를 배운 여자들은 넘치도록 많았고, 과잉 공급된 이 여성들은 음악계의 최하층 계급을 형성했다. 당시 피아노 교사는 비혼 여성에게 가장 좋은 직업이었다. 여성 프로 연주자가 없진 않았지만 "19세기의 여성 피아노 거장은 프랑켄슈타인 박사의 괴물이 낳은 끔찍한 후손"이었다고 로이드는 말한다. 클라라 슈만Clara Schumann(1819~1896)은 바로 그런 사람이었다.[2]

지금이라면 마르타 아르헤리치 급이었을까. 클라라 슈만은 "제왕적 풍모"를 가진 여성 피아니스트였다. 범접하기 힘든 아우라와 위엄을 지녀 슈만, 브람스, 리스트 같은 작곡가들이 그를 '여사제'라고 일컬었다. 당대 최고의 연주자였던 리스트, 루빈시테인과 동급으로 인정받은 그는 자신의 연주료를 요구하는 데 주저함이 없었으며 남성 음악가들과 동등한 위치를 원했다. 남편을 아무리 좋게 본 음악감독이라도 자신을 무시했다 싶으면 화를 참지 않았다. 남편이 죽은 뒤에도 40년 동안 클라라 슈만은 유럽 각지에서 뛰어난 음악가로 경력을 이어갔다.

클라라 슈만 탄생 200주년에 맞춰 2019년 한국어판으로 발간된 『클라라 슈만 평전』은 미국 음악학자 낸시 B. 라이히Nancy B. Reich가 쓴 『클라라 슈만: 더 아티스트 앤 더 우먼』(1985)의 2001년 개정판을 번역한 것이다. 미국에서 첫 출간된 뒤 풍부한 자료 조사와 드라마틱한 재현으로 학술적 가치를 인정받은 바 있다. 클라라 슈만은 그저 '슈만의 아내' 또는 '브람스가 흠모한 여인'으로 두 남성 음악가 사이에서 안타까운 사랑을 했던 가녀린 여성 피아니스트가 아니라 자신의 재능을 잘 알고 열정적으로 음악에 정진한 위대한 음악가였다는 점을 밝힌다.

클라라 슈만은 19세기 낭만주의 음악사와 피아니즘에 강한 흔적을 남긴 여성 음악가였다. 음악에 모든 것을 걸었고 엄숙했으며 진지하면서 성실했다. 일곱 아이의 어머니로, 1854년 남편이 죽을 때까지 거의 계속 임신 상태였지만 그 14년 동안 무려 139번이나 연주회를 치렀다. 서른일곱에 남편을 잃고 홀로 아이들을 건사해야 했던 그는 이후에도 꾸준히 곡을 썼고 죽는 날까지 연주 레퍼토리를 확장하면서 음악적 성장을 멈추지 않았다. 어린 시절부터 어머니와 헤어졌고 아버지의 폭압성에서 스스로를 지켜야만 했으며 남편과 자식들의 죽음 같은 비극적 사건을 연이어 겪으면서도 자신의 예술 활동을 절대 포기하지 않았던 생존자였다.

클라라 슈만은 1828년 아홉 살 때 오스트리아 라이프치히 게반트하우스에서 첫 공연을 성공적으로 마쳤다. 아버지 프리드리히 비크는 모차르트의 아버지처럼 '바짓바람'을 일으키던 야심가로, 신동의 연주 여행에 언제나 따라다녔다.[3] 어린 클라라는 사람들 앞에서 우수에 젖으면서도 조롱하는 듯 묘한 미소를 가끔 지었다는데, 폭군에 독재자였던 아버지 탓으로 짐작된다. 그럼에도 그의 연주 활동은 승승장구했다. 왕족이나 남성 작곡가들은 클라라를 추앙했으며, 출판업자들은 앞다퉈 그가 작곡한 곡을 출판하려 경쟁했다. 전문 연주자로서 클라라 슈만은 19세기 서양음악 연주의 역사와 떼놓고 생각할 수 없을 정도였다.[4]

열여덟 살에 클라라 슈만은 당대 최고 연주자 반열에 올랐다. 딸의 연애를 반대해 로베르트 슈만을 고소한 아버지와는 스무 살에 결별했다. 아버지가 결혼 지참금을 주지 않자 클라라는 연주 여행으로 돈을 벌었다. 슈만은 다정한 남편이었음에도 정서적으로 불안했다. 클라라는 남편 작품의 리허설을 감독했고, 편곡을 거들었으며, 남편의 피아노 곡들을 초연하면서 세상에 널리 알렸다. 클라라 없이는 슈만도 없었을 것이 거의 확실하다. 클라라는 자신의 연주 실력으로 남편의 작곡 능력을 증명했던 것이다.

클라라는 특별한 여성이었다. 당대 그와 동일한 반열에 오른 여성 피아니스트는 한 명도 없었다. 19세기 유럽 투어를 다닌 음악 신동들 상당수가 여자아이들이었는데, 이들은 결혼 뒤 연주 여행을 줄이고 학교에 취직하는 등 가정생활에 알맞은 형태로 경력을 다듬었다. 프로페셔널 여성 음악가들과, 전문적인 음악 교육을 받았지만 음악을 생계 수단으로 삼은 적이 없는 여성들은 달랐다. 부자와 결혼한 여성 음악가들은 18세기 귀족

오스트리아의 화가 안드레아스 슈파우브가 제작한 석판화, 클라라 슈만의 초상. 이 작품은 유럽연합의 탄생으로 화폐 통합이 되기 전 독일에서 100마르크 화폐에 새겨지기도 했다.

살롱의 전통을 살려 저택에 100여 명이 들어가는 대규모 음악실을 만드는 등 그 나름의 음악 활동을 이어갔다. 이들은 살롱을 운영하며 음악가들의 뮤즈 구실만 하던 이전 세대의 여성들과 달리 베토벤, 멘델스존, 브람스, 슈만의 작품을 연구하는 포럼을 만들거나 직접 노래하고 연주하기도 했다.[5]

낸시 B. 라이히는 클라라 슈만이 남자들과 동등한 경쟁을 했다고 보았지만, 사실은 같은 경쟁이 아니었다. 그는 남자보다 훨씬 노력했고 고단하게 자기 권리를 주장해야 했다. 열아홉 살 때 슈만에게 보낸 편지에서 클라라는 자신이 파리 콘서바토리에서 연주하고 싶지만 남자들의 단단한 계보 탓에 여성이 그 무대에 서기 어렵다고 말했다. 여성 작곡가를 향한 사회적 편견과 지나치게 엄격한 평가 때문에 작곡가로서 자존감에 큰 상처를 받기도 했다. 남자들의 텃세와 성차별이 실제 있었던 것이다.[6]

여성 연주자는 한둘 정도만 예외로 인정되는 가운데 서로 경쟁해야 했을 테니, 더 젊고 아름다운 후배가 등장해 '신진 여성 연주자'로 스포트라이트를 받았을 때는 마음을 졸이지 않았을까? 실제 젊은 여성 연주자들을 향한 질투가 없지 않았으나 그의 여성 제자와 후배 들이 무대에 등장했을 때 클라라 슈만은 전혀 밀리지 않았다고 한다. "클라라 슈만은 이미 그들과는 다른 존재가 되어 있었"기 때문이다. 남녀 불문, 그보다 더 자주

라이프치히의 유서 깊은 게반트하우스 무대에 오른 연주자가 없었다. 그는 남녀를 통틀어 최고의 연주자였고, 음악을 사랑한 연주자였다. "음악은 내 삶의 중심이기에 음악이 사라지면 나는 육체적·영적 탄력을 잃고 만다"고 그는 말했다.[7]

청년 브람스는 클라라를 격정적으로 사랑하는 가운데 슈만 일가를 살뜰하게 돌봤는데, 나이가 들수록 뒤로 물러섰다. 나중엔 무자비할 정도로 이성적 관계를 끊어내 클라라가 상처 받기도 했다. 하지만 로맨틱한 관계가 끝난 뒤에도 브람스는 클라라에게 작품에 대한 첨삭, 조언, 비판을 구했다고 한다. 작품 번호가 붙은 브람스의 곡 122편 가운데 적어도 82곡이 클라라의 조언을 받았다니 상당한 분량이다. 클라라가 죽을 때까지 브람스는 둘 사이의 우정을 지켰으며 평생 독신이었다. 그는 클라라가 죽고 열 달 뒤 세상을 떠났다.

클라라 슈만에 대한 관심이 폭증하고 그의 악보가 복원된 것은 20세기 페미니즘의 영향이었다. 하지만 낸시 B. 라이히는 그가 19세기 중반 시작된 여성의 권리 찾기에 관심이 없었으며 페미니스트가 아닌 프로 연주자로 스스로를 정의했다고 평가한다. 클라라는 여성의 음악 작품이 남성의 것보다 힘이 부족하다고 여겼으며 가부장적·남성 중심적 사회 통념에 따라 남편의 권위를 인정하는 전통적인 아내였다. 남편보다 훨씬 유명하고 돈을 잘 벌기 때문에 부부 갈등이 생길까 봐 노심초사했다는 해석도 있다. 하지만 그는 아내나 어머니 노릇보다는 전문 음악가로서 느끼는 성취감이 더 큰 사람이었다.

클라라 슈만의 삶이 워낙 중층적이어선지 『클라라 슈만 평전』의 역자 후기에서 공동 번역자인 피아니스트 강자연 숙명여대 교수와 영문학자 하인혜 인천대 교수도 각자 다른 입장을 밝히고 있다. 하 교수는 1980~90년대 이후 백인 남성 중심의 문학사 속에 잊힌 여성 작가들의 작품을 발굴하는 페미니즘 문학 연구자들의 '리커버리 프로젝트'와 최근 대두되는 여성주의적 의제를 연결해 평전의 의의를 높였다. 강 교수는 음악적 특권이나 보호막이 없는 가운데 출산과 양육, 생계유지를 수행해나가는 과정에서 정련된 음악을 탄생시킨 한 19세기 여성 전문 연주자의 치열한 투쟁에 방점을 찍었다. 어느 쪽이든 엄격한 자기 단련과 맹렬한 투지로 예술적 성취를 이룬 19세기 여성 음악 거장에게 바치는 헌사로 읽힌다.

클라라 슈만. 그는 진정 프랑켄슈타인 박사의 괴물이 낳은 후손으로 기이한 힘을 가진 위대한 피아니스트였고, 마르타 아르헤리치와 발렌티나 리시차 같은 수많은 여성 피아니스트 후손을 낳았다. 그가 낳고 키운 건 일곱 아이만이 아니었던 셈이다.

존재에 의미를 부여하는 역사가
우리에게도 있다

거다 러너

- 거다 러너, 『가부장제의 창조』, 강세영 옮김, 당대, 2004(*The Creation of Patriarchy*, 1986).
- 거다 러너, 『왜 여성사인가』, 강정하 옮김, 푸른역사, 2006(*Why History Matters*, 1997).

"여성의 역사는 여성 해방에 긴요하며 가장 중요하다. 25년 동안 연구와 저술 활동 그리고 여성의 역사를 가르친 후 나는 이론적이고 실천적인 토대 위에서 이러한 확신에 도달했다."[1]

여성사의 선구자이자 페미니스트 역사가 거다 러너^{Gerda Lerner} (1920~2013)는 『가부장제의 창조』 서문 첫머리부터 이렇게 선포한다. 그는 여성사를 독립된 학문 분야로 인정받도록 만든 인물이다. 학교 바깥에서는 페미니즘 제2물결을 이끈 전미여성조직 NOW 활동가들과 연대하는 한편, 강단에서는 여성사가 학계에서 정통성과 정당성을 갖도록 힘썼다.

여성들이 그렇게 오랫동안 남성들에게 지배받으면서도 왜 억압을 깨닫는 데 그다지도 오랜 시간이 걸렸는지 해명하려고 그는 8년 동안 연구에 몰입했다. 그리고 가부장제가 자연스럽거나 생물학적인 것이 아니라 기원전 3100경부터 기원전 600년 경까지 2500여 년의 기간 동안 형성된 역사적 창조물이라고 결론 내렸다.[2]

젊은 시절 그의 삶은 고난으로 가득했다. 유대계 오스트리아인인 그는 열여덟 살 때 나치 대학살을 피해 홀로 미국으로 망명했고, 영어를 잘하지 못해 구직에 번번이 실패했다. 미국 사회의 타자로서 그는 인종차별과 성차별을 동시에 겪는 흑인 여성들의 힘겨움에 공감했고 이 경험은 훗날 여성사 연구에 큰 영향을 끼쳤다. 1959년, 마흔을 앞둔 나이에 대학에 들어가겠다고 하자 남편은 그가 정신이 나갔다고 생각했다. 하지만 러너는 자신의 과거를 해명하기 위해, 역사 속에 지워진 여성들의 이야기를 복원하기 위해 여성사를 공부하기로 이미 마음먹은 터였다.

학부를 마치고 마흔세 살 때 대학원에 진학한 그는 몇몇 역사가들과 함께 여성사 사료를 정리하기로 하고 문서보관소들을 조사해 여성 관련 소장 자료들의 통합 목록을 구축한다. 이후 미국에서 여성사 분야의 논문, 에세이, 저서, 자료집 들이 나왔고, 각 대학에 석사 학위 과정이 생기는 등 여성사 연구자가 다수 배출되기 시작했다. 세라 로런스 칼리지에서 학생들을 가르치다가 1980년 위스콘신대학으로 자리를 옮긴 거다 러너는 이 대학에 여성사 박사 과정 프로그램을 개설했으며, 1991년 은퇴한 뒤에도 명예교수로 활약했다. 1981년엔 50년 만에 미국역사학회의 회장이 되기도 했다.[3]

유대인이었던 거다 러너는 자신을 이해하고 설명할 수 있는 방법으로써 역사를 중요하게 여겼다. 개인이나 집단이 자신의 정체성을 확립하고 존재에 의미를 부여할 때 과거사를 반드시 필요로 한다는 점을 그는 알고 있었다. 역사는 개인이나 집단의 미래까지 영향을 미친다는 점 또한 누구보다 잘 알고 있었다. 반나치 운동을 벌이다 감옥에 갇히기도 했던 그는 "역사 만들기에는 병리학적 치료 기능이라 이를 만한 측면이 있다"고 말했다.[4] 자신을 긍정적으로 재해석하면 어린 시절 폭행 피해나 부정적인 경험도 무시할 수 있게 되듯, 역사에는 성장과 치료의 개념이 포함돼 있다는 것이다. 그는 여성에게도 역사가 있으며, 여성이 역사에서 사라진 건 가부장제라는 억압 때문이라는 점을 보여주려 했다.

『가부장제의 창조』에서 거다 러너는 가부장제가 역사적으로 모습을 달리해왔다는 점을 열 개의 명제를 통해 밝힌다. 그의 연구를 종합하면, 가장 초기의 가부장적 형태는 고대국가였다. 여성의 재생산 능력과 성적 서비스는 서구 문명이 생기기 이전 이미 상품화되었다. 신석기 시대 농경 발달은 부족 간의 여성 교환을 촉진했다. 여성 교환은 전쟁을 피하기 위한 수단이었고 여성을 확보함으로써 부족은 더 많은 노동력을 얻을 수 있었다. 여성은 곧 자원이었으며 가족의 이익에 따라 그의 노동력과 섹슈얼리티는 사고팔고 교환되었다. 이방인 집단 여성들은 누구보다 먼저 노예가 되었다. "인종주의와 성차별주의가 결합된 여성의 노예화"는 계급이 형성되기 이전에 일어났다는 것이다. 그만큼 가부장제는 역사적으로 공고하며 가장 오래된 억압이었다.[5]

홀로코스트의 그늘이 드리운 유년 시절을 지나 낯선 나라에서 타자로 살다가 불혹의 나이를 앞두고 대학에 입학해 여성사 연구를 개척한 페미니스트, 거다 러너.

거다 러너는 역사와 문명의 창조에서 여성이 주변적이었다는 주장이 '신화'일 뿐이라는 점을 폭로하고 남성과 여성이 다양한 방식으로 교통하는 하나의 전체사holistic history가 인류에게 필요하다는 점을 강조했다.[6] 하지만 여성의 독립과 자율성을 재확인시켜줄 '전통'은 남성 중심의 '대문자 역사'에는 존재하지 않았다. 여성에겐 '그 역사'가 없었던 것이다. 선례가 없는 곳에서 사람들은 대안을 상상할 수 없다고 러너는 생각했다. 급진 페미니스트이자 신학자 메리 데일리의 말처럼 가부장적 사고의 그물에서 벗어나려 할 때 여성은 '실존적 없음'을 직면할 수밖에 없다는 것이다.[7]

거다 러너는 여성에게 가장 큰 피해를 주고 수천 년 동안 종속적 지위를 만든 것은 여성이 딛고 설 기반을 없애버리는 것, 여성의 존재를 설명해줄 조건을 없애버리는 남성적 헤게모니의 이런 측면이라고 보았다. 남성적 헤게모니는 여성의 역사를 부인함으로써 가부장제 이데올로기를 받아들이도록 하고 여성 개인의 자존감을 훼손했다. 게다가 가부장제가 형성되는 2500여 년 이상 교육에서 배제된 여성은 추상적 사고를 발달시킬 조건을 갖지 못했다. "아리스토텔레스의 노예들처럼" 여성은 파편화된 시간에 놓여 있어 공부하고 사유하는 여력을 갖지 못했다는 것이다.[8]

가부장적 사고는 여성의 월경, 모유수유 같은 경험을 비초월적인 '자연스러움'에 놓아두고 여성의 지식은 직관의 영역에, 여성의 이야기는 수다의 영역에 두었다. "그 특수한 것들이 자신의 소매를 당기는 동안 사실들을 일반 법칙으로 추론할 수 있는 사람이 있을까?"[9] 책을 읽노라면 거다 러너의 분노에 찬 목소리가 들려오는 듯하다.

여성은 자신에 관한 역사적 인식과 지식을 모두 거부당했다. 저항과 대립의 이야기는 지하 세계로 사라졌고, 구전으로 은밀히 전해졌다. 여성은 가부장제 이데올로기를 내면화했으며 그 규칙을 자녀들에게 전달해 그것을 유지하고 강화하는 과정에 동참했다. 유대인은 공동체가 파괴되고 심지어 20세기 가장 잔인한 집단 학살의 대상이 되었음에도 하나의 국가를 수립하기까지 했다. 하지만 인류의 절반인 여성은 여전히 종속된 채 2세기 전까지만 해도 조직적인 저항조차 할 수 없었노라고 거다 러너는 말한다.

새로운 여성사는 잃어버린 세계의 절반을 재건하고 여성을 능동적으로 사건의 중심부에 위치시키며 서로 다른 성별의 인간 본성을 균형감 있게 '역사'에 반영하는 일이라고 그는 생각했다. 여성사는 '차이'를 인정하고 존중하며, 전체론적 세계관을 추구하면서 선택적 망각을 교정해야 한다고 믿었다. 또한 가부장제가 역사 속에서 시작되고 구성된 만큼, 끝날 수도 있는 체제라고 확신했다.

"우리는 우리의 인생을 살아가며, 우리의 이야기를 들려준다. 죽은 자들은 우리가 들려주는 그들의 이야기 속에서 부활하며 삶을 이어간다."[10]

여성사와 여성학은 가부장적 사고의 바깥으로 가는 길이다. 이것은 늘 회의하는 것, 모든 가정과 서열 짓기, 정의와 가치에 대해 비판적이 되는 것이라고 이 위대한 역사가는 말했다. 여성에게 이 학문들이 소중한 건, 지금의 삶을 해명하고 다음 세대의 삶에 영향을 미치기 때문이다.

강간 이데올로기에 맞서는
여성들의 반격이 시작되었다

수전 브라운밀러

● 수전 브라운밀러, 『우리의 의지에 반하여: 남성, 여성 그리고 강간의 역사』, 박소영 옮김, 오월의봄, 2018(*Against Our Will: Men, Women, and Rape*, 1975).

"강간에 대한 사고방식을 바꾼 한 명의 여성으로서 나는 이 책을 썼다."

미국의 저널리스트이자 작가로 강간에 대한 기념비적인 책을 쓴 수전 브라운밀러Susan Brownmiller(1935~)는 뉴욕 패션가에서 의상 판매원으로 일하던 아버지와 폴란드 출신 어머니 사이 외동딸로 태어났다. 아버지는 딸의 교육을 뒷받침해줄 돈이 없었고(의지도 없었던 것 같다), 대학에 가는 것조차 원하지 않았다. 반대를 무릅쓰고 1952년 코넬대에 입학했지만 2년 만에 중퇴한 그는 젊은 여성을 주 독자층으로 하는 《고백 잡지》의 에디터로 일하며 경력을 쌓는다. 뉴욕의 유명한 대안 주간지이자 문화비평 잡지인 《빌리지 보이스》에서 기자로 일했고 텔레비전 네트워크 뉴스 프로그램 작가 등을 거치며 저널리스트로 성장했지만 남자들이 중심이 된 언론사에서 뿌리내리기란 쉽지 않은 일이었다. 1960년대, 재능 있고 젊은 다수의 여자들이 큰 성과를 거두고도 한순간에 나락으로 떨어지던 시기였다.[1]

1960년대 반인종차별 민권운동의 물결 속에서 수전 브라운밀러는 1964년 남부 미시시피에서 흑인의 실질적 투표권을 보장하기 위한 유권자 등록 운동을 벌였다. 그가 여성운동가이자 작가로 변신하게 된 건 1968년 '뉴욕 급진 페미니스트'의 일원으로 활동하면서부터였다. 1970년 어느 날 저녁, 그는 동료들이 강간에 대해 토론하는 것을 듣다가 충격에 빠진다. 자신의 바로 옆자리에 앉은 여성이 어떤 일을 겪었는지 조금씩 알게 되면서 강간에 대한 기존 관념이 무너지는 경험을 했기 때문이다. 평소 자신은 강간 피해와 무관한 사람이라고 생각했고 자신이 동일시해온 정치집단인 진보주의자들 속에서도 강간범으로 지목된 남자에게 연민과 지지를 보내왔던 터였다. 이듬해인 1971년 '뉴욕 급진 페미니스트 강간 말하기 대회'와 '강간에 관한 주말 학술대회'를 동료들과 함께 주최한 그는 분노와 환희 속에 완전히 새로운 세계를 만난다.

뉴욕 급진 페미니스트들이 진행한 의식 고양 모임에서 브라운밀러는 확실한 '페미니스트 세례'를 받게 된다. 당시 낙태는 불법이었고, 그 탓에 목숨을 잃을 뻔했던 자신의 비밀스럽고도 위험했던 낙태 경험을 솔직히 털어놓았던 것이다. 강간당하고, 살해당하고, 임신당하고, 죽을 각오로 임신을 중단하고, 경찰에게 피해를 알려봤자 오히려 범죄자 취급을 당했던 일들을 나누면서 그는 동료들과 더불어 의학적 치료보다 더 큰 치유의 힘을 느꼈다고 한다. 이것은 하나의 정치적 물결로 이어진다. 남성이 내리던 '강간'의 정의에서 벗어난 여성들이 스스로 성폭력을 정의하며 역사상 최초로 공개적인 집단 발언을 하고 나선 것이다.[2]

모임 참여자들의 이야기는 '여성들은 성관계에 동의하고도

(강간이라며) 허위 고발한다'는 그 시대 표준 서사와 정확히 반대쪽을 가리켰다.[3] 이후 수전 브라운밀러는 뉴욕공공도서관에 파묻혀 사서들의 도움에 힘입어 역사서, 재판 기록, 언론 기사, 문학 텍스트와 영화 등을 검토하면서 강간의 패턴과 규모를 대대적으로 조사한다. 이렇게 인류 역사 2000여 년 동안 벌어진 강간 사건의 역사와 강간의 핵심적 문제, 법적인 맹점, 그리고 이후 과제 등을 종합한 한 권의 책이 묶여 나왔고, 뉴욕공공도서관은 이 책을 20세기 가장 중요한 역할을 한 100권의 책 중 하나로 선정했다.

『우리의 의지에 반하여』는 성폭력이 남성의 성기나 성욕 때문에 벌어지는 자연스러운 것이 아니라 사회적 권력 때문에 발생하는 폭력이라는 사실을 밝혔다. 강간은 섹스가 아니라 권력의 문제라는 것이다. 한국에서는 1990년 『성, 성폭력, 성폭력의 역사』라는 제목으로 처음 발췌본이 나왔고, 《여/성이론》 편집위원을 지낸 박소영의 번역으로 2018년 2월 완역본이 새롭게 출간되었다. 그해 1월 서지현 검사가 안태근 전 법무부 검찰국장의 성추행을 폭로했고, 3월 김지은 씨가 안희정 전 충남도지사의 성폭력을 세상에 알린 바 있다. '미투' 운동(#MeToo) 한가운데 한국 사회 남성 권력 집단의 민낯이 드러나는 한편, '자신

의 의지에 반해 강간당하는 여성은 있을 수 없다'는 '강간 신화'
가 함께 맹위를 떨치던 중요하고도 절묘한 시기에 나온 번역서
였다.

이 책 가운데 가장 유명한 문장은 "모든 남성이 모든 여성을
공포에 사로잡힌 상태에 묶어두려고 하는 의식적인 협박 과정
이 바로 강간"이라는 것이다. 인류 초기 '남성 연대'가 처음 성립
한 이후 강간은 "남성의 특권" "남성이 여성에게 힘을 과시하는
기본 무기" "여성에게 두려움을 일으키며 남성의 의지를 관철
하려는 주요 동인"이었다.[4] 언제나 강간당할 수 있다는 공포는
여성 종속을 만든 최초의 원인이 되었다.

오늘날 여성의 입장에서 강간은 "한 여성이 어떤 남성과 성관
계를 하지 않기로 선택했는데 남성이 그녀의 의사에 반해 계속
하는 범죄 행위"다.[5] 하지만 미국 'FBI 범죄 총계 보고 프로그
램'이 공식적인 강간 정의를 '피해자의 동의' 여부를 따지는 것
으로 바꾼 것은 2014년에 와서였다.[6]

브라운밀러는 성경조차 강간 피해 여성이 겪었을 곤경에는
무관심했다는 점을 지적한다. 비난은 다른 민족이나 인종의 음
탕한 여성에게 돌아가기 일쑤다. 전시 강간은 이 책의 가장 주요
한 논의 가운데 하나인데, 브라운밀러는 전쟁이 승리한 남성들
에게 '강간 면허'를 부여한다고 보았다. 왕과 장군이 전시 강간

을 배척하게 된 중세 시대에도 평민 보병에게는 강간과 약탈이 보상이자 특권으로 주어졌다. "강간은 정복자의 행위"였던 것이다.[7]

제1·2차 세계대전 때 피해국은 강간 기록을 내부 통치에 활용했지만 전쟁이 끝난 뒤엔 강간 피해자의 진술을 너무나 간단하게 공식 부인하기도 했다. 1937년 '난징의 강간'은 한마디로 "대규모 성폭력의 도가니"였다고 한다. 점령 한 달간 일본군은 난징에서 2만여 건의 강간을 저질렀다. 이후 한국전쟁과 베트남전에서도 여성들이 강간과 폭행을 당했다. 미국이 베트남전에 개입한 8년보다 한국전쟁 참전 2년 동안 더 많은 강간과 강간을 의도한 폭행이 발생했다는 것을 분명히 밝힌 점도 눈에 띈다.[8]

노예제와 흑인에 의한 백인 강간 등 인종 문제를 다룬 7장 때문에 브라운밀러는 미국 내에서 논란에 휩싸이기도 했다. 책 출간 당시 일부 좌파들은 노발대발했고 "정치적으로 올바른 강간 분석"이 아니라며 반박 전단을 돌렸다고 한다. 반면에 한국 독자들은 이보다 8장 「권력과 성폭력」, 12장 「여성이 반격한다」에서 정치권과 문화계의 미투 사건을 떠올리며 기시감을 얻는 경우가 많았다. 브라운밀러는 "가해자가 일종의 문화적 우상인 경우" 피해자가 너무 늦은 시점에 곤경을 깨달을 수도 있다고 보

© Bettye Lane

1981년 하버드대 슐레진저 도서관에서 열린 포르노그래피 관련 토론회에서. 가운데에 수전 브라운밀러, 왼쪽에 1960년대 성혁명의 질적 전환에 불을 지핀 셰어 하이트, 연단에는 1980년대 포르노 논쟁에 본격 뛰어든 안드레아 드워킨이 있다.

았다.

'강간 신화'의 핵심 명제는 "모든 여성은 강간당하기를 원한다" "자신의 의지에 반해 강간당하는 여성은 있을 수 없다" "그녀가 원했다" 등이다. 이런 주장은 여성이 충분히 의사를 표한다면 강간 위협에서 얼마든지 빠져나갈 수 있다는 전제를 담고 있다. 이 때문에 강도나 폭행 사건과 달리 성폭력 피해자들은 본인이 동의하지 않았으며, 압도적 공포 때문에 저항의 의지가 꺾였다는 것을 스스로 증명해야 한다. 데이트 강간이나 지인에 의한 강간의 경우에도 가해자의 권위는 피해자가 단호히 저항하기 힘들게 만드는 요인이다. 관습과 사회적 제약 때문에 여성이 우아하게 요령껏 참거나 빠져나가야 한다는 압력을 받으며 사건 발생 후에만 현실과 직면할 수 있다는 점은 인정되지 않는다.[9]

마거릿 미드 등 원시사회의 인류학 연구를 보면, 강간은 고분고분하지 않은 여성을 통제하기 위한 기제였다. 다루기 힘든 아내, 이혼한 여자, 자주 다투고 욕을 잘하거나 주어진 성역할에서 벗어난 '나쁜 여자'를 복종하게 만들기 위해 '집단 강간'이 이뤄졌던 기록이 있다. 집단 폭력의 형태로 드러나는 '남성 연대'가 새로운 현상이 아니며 특정 민족, 특정 전통, 특정 상황, 특정 계급에만 한정되지도 않는다는 것이다.[10]

책을 보면, 남자들에게 '좋은 여자'는 '죽은 여자'이며 그녀가 바로 '성녀'다. '죽은 처녀 순교자들'은 많은 문화권과 신화, 역사에 등장한다. 가톨릭의 비극적인 '처녀들' 다수가 신앙과 '순결한' 상태를 지키기 위해 죽었다. 열두 살에 '매음굴'에 던져져 죽은 성 아그네스, 열한 살에 강간 미수 후 살해당하면서도 가해자를 용서해 '제2의 아그네스'라고 추앙받는 마리아 고레티, 17세기 중반 강간을 피해 다리 위에서 몸을 던지거나 학살당해버린 '아름다운 유대인 소녀들', 투르크군에 강간당하지 않기 위해 절벽에서 뛰어내린 그리스 마을 여성들……[11] 나아가 살해당하는 것이 야수가 아름다움을 승인하는 일이라는 문화적 각본도 있다.

브라운밀러는 성매매가 비밀스러운 통과의례나 특권으로 인식되면 그 순간 소년에게 강간 신화가 주입된다고 풀이한다. 종합하면 성매매, 포르노그래피 모두 그 바탕엔 강간 문화가 있다는 것이다.

"반격하라. 우리가 스스로의 힘으로 불균형을 바로잡고, 우리 자신과 남성들을 강간 이데올로기로부터 벗어나게 하고자 한다면, 우리 모두가 여러 층위에서 함께해야만 하는 일은 바로 맞서 싸우는 것이다."[12]

하지만 당연히도, 맞서 싸운 모두가 언제나 같은 생각을 한 것은 아니었던 것 같다. 1970년대 재능 있는 여성들은 서로를 공격하곤 했다. 수전 브라운밀러는 유명세를 얻기 위해 운동을 이용한다며 공개적인 비난을 받았다. 페미니즘 제2물결의 대표적인 운동가로 손꼽히는 글로리아 스타이넘도 페미니스트 모임에 조금 늦게 합류했고 아름다운 외모를 가꿔야 한다는 강박에서 벗어나지 못한다며 입방아에 올랐다. 혁명의 반역자라는 공격은 『성 정치학』의 저자 케이트 밀레트도, 정신분석학자이자 급진 페미니스트였던 필리스 체슬러도 피해갈 수 없었다.

'어머니도, 여성 선배도 없었다'는 이들은 자매들뿐이라며 연대했지만, 결국 내전이 벌어졌고 돌이킬 수 없는 상처를 받았다. 지금까지도 마찬가지다. 하지만 중요한 건, 내전 또한 기록이며 역사가 되었다는 것이다. 수전 브라운밀러의 역작이나 그와 친구들이 벌인 내전 또한 후세들이 딛고 설 언덕이라는 점은 분명할 것이다.

공공의 선을 위해
일어설 수 있는 사람이 되어야 한다

마사 누스바움

- 마사 누스바움, 『타인에 대한 연민』, 임현경 옮김, RHK, 2020(*The Monarchy of Fear*, 2018).

- 마사 누스바움, 『혐오와 수치심』, 조계원 옮김, 민음사, 2015(*Hiding from Humanity*, 2004).

- 마사 누스바움, 『정치적 감정』, 박용준 옮김, 글항아리, 2019(*Political Emotions*, 2013).

- 마사 누스바움, 『분노와 용서』, 강동혁 옮김, 뿌리와이파리, 2018(*Anger and Forgiveness*, 2016).

미국의 법철학자 마사 누스바움$^{Martha\ Nussbaum}$(1947~)은 '감정'을 다루지만 '여성적'이라며 재단되지 않는다. 민주주의와 자유, 인간 존엄을 철저히 추구하는 근대 고전적 휴머니즘의 흔들리지 않는 옹호자로서 그가 페미니즘과 탈식민주의의 혼종적인 통찰을 거부해온 것과도 무관하지 않을 것이다.[1]

그는 '감정 법철학자'라고 할 수 있을 정도로 오랫동안 혐오, 수치심, 분노, 용서 등 인간의 감정과 법 제도를 연결시켜왔다. 2018년작 『두려움의 군주제』는 한국에선 2020년 『타인에 대한 연민』이라는 다소 대중적인 제목으로 발간되었다.

이 책의 열쇳말은 말 그대로 '두려움'. 누스바움은 2016년 미국 대선 결과 도널드 트럼프 대통령의 당선이 확실해질 즈음, 영예로운 상을 받으러 간 교토에서 홀로 걱정과 불안에 휩싸여 밤잠을 설친다. 자신의 마음속에 두려움이 가득했고, 이런 두려움이 미국 사회 전체에 만연해 있다는 사실을 깨닫는다. 두려움이 분노, 혐오, 시기 같은 유해한 감정을 만나 공동체를 해치는 독기를 뿜어내며 화학 반응한다는 확신 속에 그는 부랴부랴 초안을 썼다.

『혐오와 수치심』『정치적 감정』『분노와 용서』 등을 거듭 집필하면서 누스바움은 자신이 왜 '감정' 연구에 집착하는지 설명한다. '감정'은 절대 자연스러운 것이 아니기 때문이다. 그는 "'사람들은 원래 그래요'라는 말로 책임을 회피해서는 안 된다"고 말한다. "혐오하는 감정들 중 불가피하거나 '자연스러운' 것은 결코 없다." '감정의 자연화'를 거부하는 데서 민주주의가 싹튼다는 것을 그는 오래 믿어왔다.[2]

누스바움의 아버지는 노동자 출신이었지만 성실함만을 무기로 지역 유명 로펌 파트너 자리에까지 올랐고 인종차별주의와 소수집단에 대한 강한 혐오를 갖고 있었다. 그런 아버지에게서 모순을 발견했지만 누스바움 자신도 그다지 투쟁적이지 않은 길을 선택했다. 서구 백인 지식인 여성인 자신이 피하지 못한 유일한 차별로 그는 "여성에 대한 차별"을 든다. 이것이 "하버드 종신 재직권을 받지 못한 이유" 가운데 하나였다는 것이다.[3] 그는 법학 박사 학위 없이 가부장적이고 부권적인 '법의 세계'에서 고투한 끝에 권위를 인정받은 원로 여성 교수가 되었다.

『타인에 대한 연민』은 고대 그리스 로마 사상과 근대 철학, 심리학, 역사, 과학과 예술 분야까지 아울러 '두려움'이란 감정을 해부한다. 나아가 두려움이 유발하는 유독한 감정인 '분노' '혐오' '시기'까지 진단한다. 아리스토텔레스는 두려움이 부정적 미래에 대한 괴로움과 그걸 물리칠 힘이 없다는 무력감의 결합 때문에 생긴다고 했다. "나쁜 일이 다가오고 있지만 나는 꼼짝할

수 없다"는 감정이라는 것이다.[4]

누스바움은 "민주주의는 우리가 두려움에 굴복할 때 무너진다"는 버락 오바마 대통령의 퇴임 연설이 정확하고도 예리했다고 말한다. 두려움은 '사회'를 파괴하는 원시적이고 이기적이고 경솔하며 지독한 자기애의 감정이자 전제 군주제의 감정이라고 그는 설명한다. 두려움은 "공격적인 타자화 전략"으로 이어지며 통제해줄 누군가의 보호 또는 독재적 지배자를 호출하기 때문이다. 민주주의는 "각자의 미래를 동료 시민의 손에 기꺼이 맡긴다는 뜻"의 신뢰와 관련이 있다. 이는 반대로 동료 시민과 국가, 그리고 법질서에 대한 신뢰가 없다면 두려움은 응보적 분노, 혐오로 이어진다는 뜻도 된다. 요점은, 민주주의를 위협하는 두려움을 극복하고 타인을 마음대로 하려는 유아적 나르시시즘에서도 벗어나야 한다는 것이다. '두려움'은 인간의 절대군주적 심성과 나르시시즘을 먹고 자란다.[5]

두려움이 유발한 '분노'에 관해서는 『분노와 용서』에서 이미 검토한바, 아이스킬로스의 『오레스테이아』 3부작을 다시 거론한다. 형법 제도의 탄생을 은유하는 이 비극엔 법질서의 도입 과정이 담겨 있다. 애초 인간의 죄를 심판한 것은 시끄러우며 역겹게 생긴 '복수의 여신들'이었는데, 나중엔 '법'이 자리를 대신한다. 이와 함께 분노에 차 있던 복수의 여신들은 '자비로운 여신들'(에우메니데스)로 거듭나게 된다.

누스바움은 여기서 본인이 전작 『분노와 용서』에서 빠뜨린 부분이 있다며 적는다. "바로 응보적 분노의 원인이자 공범이기도 한 두려움의 역할이다. 우리는 자기 안의 분노에 저항하고 정치 문화에 미치는 분노의 영향을 억제해야 한다." 그는 분노를 무력한 신체, 자기애, 유아기적 나르시시즘의 조합이라며 이에 기반한 '보복'에도 확실한 반기를 든다. "민주주의는 파괴적이고 헛된 보복 욕구를 포기하고 인간의 안녕과 사법 정의라는 미래를 향해 나아가야 한다."[6]

'혐오'를 얘기할 때는 "투사投射적 혐오"를 파고든다. 체액이나 배설물 등 신체 분비물에 대한 구역질 같은, 즉각적인 혐오를 취약한 집단에 투사하는 이 혐오는 (미국에서) 주로 유대인, 무슬림, 아프리카계 미국인, 아시아인, 아메리카 원주민, 게이, 레즈비언, 트랜스젠더 등을 대상으로 한다. 그들과 접촉하지 않는다면 서구 백인 이성애자 집단은 오염되지 않을 것이고 자신들은 '동물성'을 회피할 수 있다는 착각을 하기 때문이다. 트럼프가 여성을 비난하며 주로 사용했던 생리혈, 처진 살의 비유 또한 여성혐오의 일종이다.[7]

두려움과 연결된 '시기'는 분노의 보복적 측면과 비슷하다. 자신에겐 없지만 타인이 가진 것을 보며 비교하고 고통스러워하

© Jerry Bauer

오랫동안 인간의 감정과 법 제도를 연결시켜온 학자, 마사 누
스바움. 그는 가부장적인 '법의 세계'에서 법학 박사 학위라는
갑옷 없이 고투한 끝에 권위를 인정받은 원로 여성 교수이다.

는 이 감정은 적대감을 만든다. 지위에 민감하게 반응하여 타인의 성공에 예민해하고 집착하며 자신에게 없는 좋은 것을 상대가 갖고 있기 때문에 괴로워한다. 정치 영역에서는 여성, 이민자, 엘리트 들이 자주 시기의 대상이 된다. 시기는 파괴적인 적개심이라고 누스바움은 풀이한다.[8]

　이 책의 특징 중 하나가 '성차별주의와 여성혐오'를 정성 들여다룬다는 점이다. 누스바움은 여성혐오를 "견고한 이해관계를지키겠다는 남성들의 결심"이라 정의하고 그 뿌리에는 "잠재적상실에 대한 불안과 시기심"이 있다고 설명한다. '아낌없이 주는 나무'처럼 "섹스 상대로서의 의무"부터 제 자식 양육까지 전통적 구실을 거부하는 여성은 불안을 야기한다. 그런 여성은 남성이 '앉아'라고 명령해야 할 "날뛰는 개" 또는 "규칙 위반자"이기 때문이다. 여성이 남성의 경쟁자가 되어 성공하게 되면서 만연해진 시기심이 여성혐오의 본질이라고 누스바움은 분석한다. "두려움에 바탕한 시기로 인한 여성혐오"는 여성의 육체성을 강조한다. 구역질 나는 액체 덩어리를 배출하는 여성, 월경하고 출산하고 섹스하는 여성을 금기와 연결한다. 하지만 "여성혐오는순간의 위안일 뿐 아무것도 이뤄내지 못한다."[9]

　한국에서 벌어진 여러 사회적 이슈들을 분석하고 논의하는

데도 생각거리를 제공한다. 이를테면 법원의 낮은 성범죄 양형 기준에 반발하고 분노한 이들이 만든 것으로 추정되는 누리집 '디지털교도소'를 보자. 누스바움의 논지를 보면, 범죄자 신상을 임의로 공개하면서 고통에 대한 사적 해결을 도모하는 것은 민주주의를 심각하게 훼손하는 행위가 된다. 사회 지도층, 엘리트들의 행위에 쏟아지는 집단적 분노 또한 그 지위를 갖지 못한 자들의 시기심에서 비롯된다고 볼 수도 있다. 이 또한 민주주의의 저해 요소다.

누스바움이 사랑하는 공공의 선을 위해서는 행위와 행위자의 구분이 필요할지 모른다. 나와 의견이 다른 사람이라도 '동료 시민'으로 인정해야 하는 것이 공동체의 기본 합의이기는 하다. 그러나 민주적 법 절차와 제도의 허점을 이용한 '법꾸라지'들의 '합법적' 행위는 어떻게 볼 것인가? 관대한 성범죄 양형 기준은 여성혐오나 성차별적인 '감정'이 법 제도에까지 스민 것이 아닌가? 정당한 법적 절차로 다른 나라를 '보복 공격'하는 행위는 정당한가? 두려움은 민주주의를 저해하지만, 두려움 없이 타인을 배제하고 착취하는 것 또한 해악 아닌가?

이런 질문을 낳게 한 노련한 법철학자가 책 뒷부분에서 내놓는 대안이 다소 맥 빠지는 것은 사실이다. 그는 추상보다 작은 일상에서 감정의 자양분을 얻어야 한다며 "건설적인 노력과 화해라는 목표", "아름답고 선한 것들에 집중"하는 일의 중요성을 밝힌다.[10] '공동선'과 '인간의 진보'는 누스바움 법철학의 일관된 지향이다. '품위 있는 투쟁'을 강조하는 데서 보수적인 법철학자의 한계를 떠올리는 사람도 있을 것이다. 그럼에도 최소한의 인간적 권리를 위해 우리가 해야 할 일을 정확히 알려주는 열 가지 '핵심 역량'(생명, 건강, 관계, 인간 이외의 종, 놀이, 환경 통제 등)은 입법 원칙의 토대로 삼을 만한 제안이다.

정의를 위한 사랑, 희망, 화해 같은 오래된 가치를 말하는 노 교수는 당부한다. "우리는 공공의 선을 위해 노력해야 한다. 현실 경험이 없는 내성적이고 허약한 철학자가 아닌, 세계를 위해 일어설 수 있는 사람이 되어야 한다."[11]

당대 현장의 그림자,
그 삶의 진면목을 탐구한 과학자

바버라 에런라이크

- 바버라 에런라이크, 『노동의 배신』, 최희봉 옮김, 부키, 2012(*Nickel and Dimed*, 2001).
- 바버라 에런라이크·디어드러 잉글리시, 『200년 동안의 거짓말』, 강세영·신영희·임현희 옮김, 푸른길, 2017(*For Her Own Good*, 1978).
- 바버라 에런라이크, 『긍정의 배신』, 전미영 옮김, 부키, 2011(*Bright-Sided*, 2010).
- 바버라 에런라이크, 『건강의 배신』, 조영 옮김, 부키, 2019(*Natural Causes*, 2018).
- 바버라 에런라이크, 『신을 찾아서』, 전미영 옮김, 부키, 2015(*Living with a Wild God*, 2014).

사회 비평가, 작가인 바버라 에런라이크^{Barbara Ehrenreich}(1941~)의 글은 언론인, 연구자, 작가 모두에게 좋은 취재의 전범이 된다. 무엇보다 그의 책은 승자 독식형 신자유주의가 극단으로 치닫고 빈부 격차가 심화하던 시대상을 정확하게 보여주는 사례집이자 분석서로 인정할 만하다. 미국 이야기를 주로 썼지만 그가 보여준 노동과 빈곤, 의료 문화의 현장은 20세기 말부터 21세기 초 인류사에 드리운 거대한 그림자라 해도 손색이 없을 것이다.

에런라이크는 대표작 『노동의 배신』을 쓰기 위해 3년간 식당 웨이트리스, 호텔 객실 청소부, 월마트 매장 직원 등으로 일했다.[1] 최저임금으로 정말 생활할 수 있는지를 알아보려 한 것이다. 박사 학위를 딴 고학력자였지만, 일터에서 그는 노동 위계의 맨 아래에서 일하는 중년 여성노동자일 뿐이었다. 일할수록 가난해지는 '밑바닥 노동자'의 현실을 폭로한 그의 책은 미국에서만 150만 부 넘게 팔려나갔고 예일대 등 600여 개 대학의 필독서로 꼽혔으며 시의회와 주의회 의원들에게 보내져 생활임금 운동의 불쏘시개가 되기도 했다.[2]

노동과 빈곤, 건강의료 산업과 전문가주의의 함정, 긍정 이데올로기 등 약자들을 더욱 궁지로 몰아넣는 신자유주의적 기획과 불평등 구조를 분석하고 날카롭고 매섭게 비판한 그에게 미국 언론은 '베테랑 폭로자'라는 별명을 붙였다.

바버라 에런라이크는 1941년 미국 몬태나주에서 태어났다. 그의 몸에는 노동계급, 반골의 피가 흘렀다. 할아버지는 철도 노동자, 아버지는 광부 출신, 어머니는 청소부로 일했다. 친증조할머니는 종부성사를 하러 온 신부 앞에서 십자가를 패대기친 이성적인 무신론자였고, 아버지나 어머니 또한 삶에 열렬한 성격이었으나 냉소적이기는 비슷했다.

어린 시절은 위태로웠는데 특히 어머니에게는 거의 학대를 당했다. 지식인이었지만 알코올중독자였던 아버지의 편애와 세 번째 자살 시도에서 결국 뜻을 이뤘던 어머니가 가진 '암흑 에너지' 사이를 그는 탁구공처럼 오갔다. 분노와 경멸에 차 있던 부모가 책을 가까이하며 논쟁을 즐긴 덕에 "왜?"라는 질문만큼은 철저히 배울 수 있었다고 한다.

대학원에서 생물학을 공부했고 세포면역학으로 박사 학위를 받았다. 평생 공부와 반전 운동, 여성건강권 운동, 원고 집필, 출산, 육아, 심지어 페미니스트로서 어울리지 않아 보이는 '내조'까지 병행한 그는 두 번의 이혼, 중년 이후의 우울증과 유방암을 겪으면서 필사적으로 생존했다. 여러 대학에서 강의를 하다가 전업 작가가 된 건 1972년이었다. 도시 빈민의 건강권을 옹호하는 비정부기구^{NGO}에서 근무한 직후 사회 현실에 관심을 갖게 되었던 것 같다.

페미니즘 제2물결 속에서 여성건강권 운동의 물꼬가 트였을 때 에런라이크는 전국낙태권리행동연맹과 전국여성건강네트워크, 빈곤 방지 활동을 위한 여성위원회 등의 창립 또는 활동에 관여한다. 그리고 1978년 미국에서 여성건강권 운동이 활발하게 벌어지던 무렵 디어드러 잉글리시^{Deirdre English}와 함께 여성건강에 관한 기념비적인 책 『200년 동안의 거짓말』을 쓴다.[3] 율라 비스의 『면역에 관하여』나 브라이언 터너의 『몸과 사회』 등 건강과 신체에 관한 유명한 책들에서 이 책이 인용된다.

에런라이크는 여성 몸을 둘러싼 전문가 중심의 건강 담론과 의료화의 문제를 비판적으로 바라본다. 의사, 정신분석가, 심리학자, 육아 전문가, 사회복지사 등 근대 이후의 전문가들이 200여 년에 걸쳐 과학의 언어로 어떻게 여성의 몸을 규정하고 통제했는지 낱낱이 밝힌 것이다. 지은이들은 샬럿 퍼킨스 길먼, 마거릿 생어 등 페미니스트들이 집안에서 벗어나고 가부장제를 몰아내기 위해 과학과 의료 전문가의 목소리를 환영했고, 그들의 사회적 영향력을 증진시킨 측면이 분명히 있다고 분석했다. 여성과 새로운 전문가 사이의 '로맨스'가 있었다는 얘기다.

애초 남녀노소 모두를 돌보는 일반 의사는 여성이었다. 옥스퍼드대학에서 의학 박사 학위를 받은 에드워드 2세의 주치의가 치통 환자 턱에 "성부, 성자, 성신의 이름으로 아멘"이라고 쓸 때, 중세의 성녀 힐데가르트 폰 빙엔은 213종의 다양한 식물의 치료 성분을 목록으로 정리해 『기초 의학서』를 집필했다. '현대 의학의 아버지'라고 추앙받은 파라셀수스는 1572년 "내가 알고 있는 모든 것은 여자 마법사들에게 배운 것이었다"고 고백하기도 했다.[4]

치료사이자 약초 채집가이자 상담사였던 '현명한 여성들'은 그러나 중세 이후 침묵을 강요당하거나 잔혹하게 살해되었다. 15~16세기 독일, 이탈리아 등 유럽에서 벌어진 수천 건의 사형 집행은 대표적인 '마녀사냥' 사건이었다. 에런라이크와 잉글리시는 마녀사냥 훨씬 전부터 부유하고 박식한 여성 치료사들이 대학 교육을 받은 의사들과 도시에서 동일한 환자층을 두고 경쟁했다고 설명한다. 남성 의사들은 의료 전문직을 빼앗은 여성 치료사들의 장기 투옥을 요구하고 진료 금지를 탄원했으며 의료 전문직 운동을 벌인다. 14세기에 이르면 이 운동이 성공하여 남성 의사들은 확실한 진료 독점권을 획득한다. 이후 19세기 의료는 북미를 중심으로 남성의 사업이 되었고 정규 의사들은 도제로 훈련받았다. 과학과 의료 전문가의 주장은 점점 공공연한 여성혐오적 양상을 띠게 되었다.[5]

건강과 의료는 20세기 미국에서 여성의 진보가 가장 확실했던 분야였다. 1970년 첫 출간 뒤 많은 개정판이 나온 『우리 몸 우리 자신』은 여성 몸에 대한 인식 변화를 반영했다. 여성들은 "수동적인 환자"에서 당당한 고객이 됐다. 자기 건강관리의 주체로서 의료화 결정에 적극 참여하고 여성 질병의 국가 연구와 기본 계획에 압력을 행사했다.[6] 대학, 병원, 정부, 공익 기관에서 일하면서 위험한 약의 부작용을 폭로했으며, 의사들을 경유하지 않고 여성이 스스로 경구피임약의 복용을 결정할 수 있도록 미국 식품의약국FDA에 압력을 넣었다.

하지만 여성의 재생산 권리, 임신중단에 관한 권리는 1970년대 이후 격렬한 공격을 받았다. 과학과 의료 전문가들은 권위를 바탕 삼아 여성을 비난하고 나섰다. 문화 전쟁이 점점 복잡해지자, 여성들은 혼란에 빠졌고 전문가들은 각종 처방전을 제시하는 책을 앞다퉈 펴냈다. 그러한 책들은 직장에서 경쟁해서 승자 되기, 몸 만들기, 가정의 여신 되기, 자녀 키우기, 실연 회복하기, 불면증과 불안, 조울증에 대처하기 등을 다뤘다. '조언 시장'은 점점 커지고 '자기계발의 대중심리학'은 각자에게 타인의 지배를 용인하지 말라고 격려했다. 에런라이크와 잉글리시는 이 흐름이 1960~70년대 페미니즘과 유사한 것 같지만 절대적 개인주의를 선호하며 공동체 건설 사상을 너무 자주 무시한다고 보았다. "현재의 페미니즘은 불확실성 속에서 광범위한 개인의 자유라는 철학에 둘러싸인 것처럼 보인다." '여성 문제'는 모두가 함께 문명을 어떻게 관리할 것인가 하는 문제라고 책은 전한다.[7]

'전문가주의'의 함정을 맹렬하게 비판해온 바버라 에런라이크가 써낸 충격적이고 비평적인 또 하나의 책이 바로 『긍정의 배신』이다. 이 책은 긍정주의가 어떻게 세계를 지배하면서 불평등을 은폐하고 사회의 차별과 재앙, 리더십의 실패와 기업의 책임을 회피하도록 했는지, 그와 동시에 얼마나 개인에게 모든 불행의 원인을 전가했는지에 관해 살핀다. 유방암에 걸린 에런라이크는 웃음 띤 얼굴로 암을 인생의 선물처럼 수용하라는 충고를 접한다. 심각한 질병을 긍정적으로 받아들이라는 참견, 비판적이고 부정적인 사람들을 역겹게 바라보는 자기계발서의 매끈하면서 쉬운 이론('간절히 원하면 이뤄진다' 등), 긍정적 사고를 강조하는 웰빙 산업과 포용적인 마음가짐을 설파하는 긍정심리학 산업의 이면을 그는 보란 듯이 폭로한다.

긍정적인 마음가짐만으로 병을 고칠 수 있다는 주장으로 환자들을 현혹한 이런 산업은 종교의 기업화와 만난다. 마음의 힘이 당신에게 행복을 주리라는 '긍정 교리'는 대형 교회에도, 책

연구자이자 운동가로, 결혼과 출산과 이혼을 겪은 페미니스트로, 우울증과 유방암을 앓은 환자로, 또한 당대의 환부를 보여주는 전업 작가로, "왜?"라는 질문을 놓지 않으며 살아온 인간, 바버라 에런라이크.

에도, 불교 세미나에도, 명상 센터에도, 쇼핑몰에도, 심지어 기업 임원실에도 널리 퍼져 있다.[8] 인간은 자석과 같아서 생각하는 것을 끌어당긴다거나 마음이 기적적으로 암을 낫게 하리라는 주장은 끝없이 변주하면서 되풀이되는 건강과 종교의 기본적인 담론이다. 주술적 사고의 시대에 각자의 불행과 패배는 전적으로 개인의 책임이 된다. 이에 에런라이크는 "긍정 신학은 아름다움과 초월, 자비가 없는 세계를 완성하고 승인했다"고 말한다.[9]

『건강의 배신』은 의료화와 몸 관리, 자아와 신자유주의적 자기 관리 그리고 죽음에 이르는 에런라이크의 생애에 걸친 연구와 생각을 집대성한 책이라고 할 수 있다. 의료화, 운동, 과학이라는 허상, 마음챙김, 성공적 노화, 자아와 자아를 넘어선 진짜 세상에 대한 질문까지 그는 개인과 세상을 오가며 인간이 노력하고 실패하고 결국 추구해야 할 문제를 질문한다.

몸과 마음을 통제할 수 있다는 생각으로 현대인들은 건강을 추구하지만 결국 그것은 환상일 뿐이며, 과잉 진단과 건강 염려에 중독된 현실에서 의료 행위는 의례가 되었다는 점을 밝히는 것이 책의 앞부분을 이룬다. 도덕적 의무가 되다시피 한 건강관리와 마음챙김에 몰두하지만 모두가 자기 건강을 유지하는 데 성공할 수 없다. 현대의 자기 관리 담론을 보면, 좋은 음식만 먹지 않거나 정기적인 건강 검진을 받지 않고, 담배를 피우고 술을 마시거나 나쁜 생각으로 스트레스를 받는 모든 사람은 자살에 이르는 문을 여는 것이나 다름없다. 하지만 이렇게 질병의 개인 책임을 강조하는 피해자 책임 전가론이 활개를 치는 반면, 환경 발암물질이나 호르몬 대체요법의 위험에 대해서는 말하지 않는다.[10]

자기 생활을 잘 통제하고 관리만 잘하면 수명을 연장할 수 있다는 수많은 약속을 들으며 인간은 살아간다. 하지만 몸과 마음은 기름을 친다고 부드럽게 돌아가는 기계가 아니고, 전체의 유익을 위해 순순히 각 부분이 알아서 제 역할을 하지도 않는다. 가령 면역세포로 알려진 대식세포macrophages는 치명적인 암을 확산시키기도 한다.[11] 인간이 라이프스타일을 개선하고, 심신mindbody을 관리하는 웰니스 문화를 적용해 정교하게 자신의 몸과 마음을 돌본다 하더라도 결국 피할 수 없는 결과를 맞게 된다. 분명한 건, 인간의 몸과 자아는 지속적인 갈등 한가운데 놓여 있으며, 우리 스스로 몸과 마음을 통제할 수 있다는 신념 자체가 과학과 전문가들이 만들어놓은 근대적 환상이라는 것이다.

에런라이크는 인간의 삶이 "무한한 비존재 상태의 일시적 중단 상태"라고 본다. 우리의 생은 경이로움과 상호작용하는 아주

짧은 기회라는 것이다.[12] 그는 철저하게 객관적이고 의심하는 태도로 과학적 합리성과 심오한 진리 자체를 둘 다 받아들인다. 진실을 알고 싶어하며, 알게 된 뒤 수용하고자 한다. 『신을 찾아서』라는 전작에서도 확인할 수 있는바, 그는 객관적인 판단을 하도록 잘 훈련받은 생물학도 출신이자 자기 삶의 관찰자로서 현실을 외면하지 않는다. 주술적 신앙을 경계하고 유일신의 세계관을 비판하지만, 우주가 쉼 없이 흔들리고 요동치고 있다는 점을 믿고 인간 이외의 생명으로 들끓으며 무한한 가능성을 향해 열려 있는 '진짜 세상' 속에서 자신이 죽고 싶어한다는 점을 분명히 밝힌다.[13] 그를 폭로자라기보다 현장에서 삶의 진면목을 탐구하는 과학자라고 일컫는 편이 나아 보이는 까닭이다.

완벽하지 않아도 괜찮아,
그렇다고 과거로 돌아가진 않을 거야

록산 게이

- 록산 게이, 『나쁜 페미니스트』, 노지양 옮김, 사이행성, 2016(*Bad Feminist*, 2014).
- 록산 게이, 『헝거』, 노지양 옮김, 사이행성, 2018(*Hunger*, 2017).

2016년 페미니즘 도서 출간 붐이 막 일어날 때 한국에 소개된 『나쁜 페미니스트』는 록산 게이Roxane Gay(1974~)라는 새로운 작가를 발견하는 계기가 되었다. 아이티계 미국인으로 네브라스카에서 태어난 그는 소설가, 비평가로 활동하고 있으며 이스턴일리노이대학과 퍼듀대학 교수를 거쳐 2018년부터 예일대에서 학생들을 가르쳐왔다.

『나쁜 페미니스트』는 록산 게이의 가장 유명한 에세이로 미국 언론의 찬사를 받은 대표작이다. 그는 "페미니스트가 아예 아닌 것보다는 나쁜 페미니스트가 되는 편이 훨씬 낫다고 믿는다"고 말한다.[1] 단점이 많고 모든 면에서 정치적으로 올바르지 않더라도 '나쁜 페미니스트'는 될 수 있다는 선언은 많은 여성들을 안심시킨 동시에 운동에 동참하도록 했다. 2015년 2월 10일 트위터에서 시작한 '#나는_페미니스트입니다' 해시태그 운동과 맞닿은 내용 때문인지 책은 한국에서도 큰 인기를 얻어 4년 넘게 여성학 분야 판매 상위권을 지켰다.[2]

록산 게이는 분홍색을 좋아해도, 패션지를 읽어도, 모순이 많은 사람이라도 페미니스트가 될 수 있다고 주장한다. 그의 주장을 반영해 분홍색 표지를 두른 이 책이 나온 뒤 국내서나 번역서를 가리지 않고 페미니즘 신간들 상당수가 분홍색 표지를 선택했다. 페미니즘 도서가 분홍색인 것이 성정치적으로 올바르지 않다는 얘기도 있었지만, 분홍색 표지에 대한 찬성론도 만만찮았다. 여자들이 쓰지 못할 색깔은 없다는 생각이 널리 퍼졌기 때문이다.[3]

사실 이 책은 미국의 출판, 영화, 미디어 등에서 재현된 젠더와 섹슈얼리티 문제를 비평한 글이 중심을 이루고 있기 때문에 한국 독자들에게 쉽게 공감을 불러일으키긴 힘들어 보였다. 하지만 역시 이 책이 폭로하는 성차별과 불평등의 장면만은 만국 공통의 것이었다. "높은 페미니스트 왕좌"에 올라간 여성들이 "한두 번 대차게 말아먹으면" 사람들이 달려들어 가차 없이 끌어내린다거나, 정치인들이 '합법적 강간'이 있는 것처럼 흥분한다거나, 나이 어린 성폭력 피해자보다 가해 남성 열여덟 명의 장래를 우려하는 '기자 쓰레기'를 비판하는 내용은 왠지 낯설지 않다.[4]

코미디, 드라마, 문학, 영화에서 반복해 재현하는 성폭력, 성차별, 인종차별, 외모차별 에피소드에 그는 정색한다. 이 모두 일상을 반영하는 정치적 문제이기 때문이다. 책에는 이웃에 살던 한국 학생들이 다른 집으로 이사하자, 관리 직원이 오래 참았다는 듯 그에게 말하는 장면이 나온다. 아파트에 밴 "그 지독한 냄새"를 빼느라 직원이 너무 고생했다는 것이다. "그 사람들어떤지 아시잖아요." 김치와 된장을 먹는 '정상'적인 한국인들은, 미국으로 이동하면 냄새나는 유색인종이 된다. 이것이 인종 차별의 법칙이다. 여기에 성차별과 외모차별이 더해지면 차별의 강도가 더욱 높아진다.[5]

문화계의 일상적인 성폭력과 성차별을 지적하는 것도 빼놓지 않는다. 연인이던 가수 리한나를 사정없이 폭행한 크리스 브라운, 여성들에게 폭력을 일삼았던 찰리 쉰, 열세 살 미성년자에게 술과 약물을 먹이고 강간해 30년 이상 미국 입국이 금지되었지만 두 번이나 아카데미상을 받은 로만 폴란스키, 마돈나를 폭행하고도 비평가들의 극찬 속에 아카데미상을 두 번이나 받은 숀 펜 등을 거론한다.[6] (유명한) 남자가 여자를 함부로 대하고도 법적·직업적·개인적으로 아무 문제없이 살도록 내버려둔 사회가 문제라는 것이다. 남성 작가와 비평가 중심의 문학계에서 "여성 소설"이란 이름으로 여성 작가의 작품이 정당한 관심과 비평을 받지 못하는 것도 마찬가지 이유에서 문제가 된다.[7]

록산 게이 또한 10대 시절, 좋아하던 남자아이를 비롯한 여러 명의 남자아이들에게 끔찍한 집단 성폭력 피해를 입은 생존자다. 그는 아이티계 미국 이민자 가정에서 사랑이 넘치는 따뜻한 어린 시절을 보냈다. 하지만 성폭력 사건 이후 살기 위해 폭식을 이어가게 된다. "몸을 크게 만들 때마다 점점 더 안전하

불완전함과 두려움을 직면하며 나아간 페미니스트, 록산 게이. 2015년 캐나다 몬트리올에서 열린 『나쁜 페미니스트』 북 토크에서 시원하게 웃고 있다.

다고 느꼈다"고 그는 말한다. "내가 몇 년만 더 일찍 살을 찌웠더라면 이 육중한 몸뚱이에는 나쁜 일이 생기지 않았을 텐데. 내 생각이 완전히 틀린 것도 아니었다. 내 입장에서 폭식은 생존 본능이었다."[8]

　2014년작 『나쁜 페미니스트』로 대중의 폭발적 반응을 얻은 뒤엔 조금 더 솔직한 내면을 담은 자전 에세이이자 몸에 대한 고백록 『헝거』를 2017년 내놓았다. 이 책은 한마디로 '최악의 날들에 대한 기록'이다. 그는 190센티미터의 키에다가 가장 살이 쪘을 때 261킬로그램까지 나가는 거구였다. 그러나 열두 살 때 겪은 성폭력 현장을 돌이켜보자면, 그는 '없는 사람'이었다. "여자의 살과 여자의 뼈가 있는, 갖고 놀 수 있는 하나의 물건"일 뿐이었다. 자신이 좋아하던 남자아이가 자기 위에 올라왔을 때 그는 옷도 벗지 않은 상태였다. 오랫동안 그 장면은 기억에 남는다고, 어른이 된 록산 게이는 여전히 끔찍하게 돌아본다. 가족의 사랑을 듬뿍 받고 자란 착하고 공부 잘하던 가톨릭 소녀는 집으로 돌아와 아무 문제가 없는 큰딸로 돌아갔다. 그리고 비밀을 감춘 채 쉼 없이 음식을 먹으며 몸을 부풀리고 또 부풀렸다. 자신의 안전을 확보하기 위한 길이었다.
　이후 몸으로 하는 각종 실험을 했다. 20대 시절엔 연애와 우정 어느 하나 쉽지 않았다. 좋은 사람이 되어야만 인정받을 수 있고, 사랑받을 수 있다는 강박 때문이었다. "머릿속에서만 사는 법"을 통해 그는 숲속에서 겪은 남자아이들의 기억을 차단하거나, 과체중인 자신의 몸뚱이를 멀리서 바라보거나 했다.[9] 그렇지 않으면 살 수 없었다. 흑인이거나, 뚱뚱하거나, 여성이거나 셋 중 하나만이어도 위험한 삶에서 그는 셋을 모두 한 몸에 갖고 있었다. 뚱뚱한 몸으로 산다는 건, '공공 텍스트'가 된다는 것을 의미했다. 누구나 그 몸의 비평가가 되었다. 그는 너무 눈에 띄었고, 너무 눈에 띄지 않았다.

그는 스스로를 벌주기 위해 먹었고, 안전하기 위해 먹었다. 스스로를 비난하기 위해 먹었고, 먹으면서도 "나를 더 메스껍게 만들어서" 자신에게 경종을 울리려고 했다. 먹고 난 뒤엔 구토를 했기 때문에 만성적인 소화불량과 속쓰림으로 고생했다. 먹고 토하는 짓을 그만둔 건 몇 년 되지 않지만, 여전히 가끔 재발했고 이따금 자신의 신체를 텅 비우고 싶다는 생각에 사로잡힌다고 적었다. 그를 다이어트 캠프에 집어넣었던 아버지는 허기가 마음속에 있는 것이라고 말했지만 록산 게이는 아니라는 것을 알고 있다. 그는 "허기가 마음과 몸과 심장과 영혼 안에 모두 있다"고 말한다.[10]

커다란 몸은 그의 젠더를 지웠으며 여성이지만 여성으로 보이지 않게 했다. 가장 안전하고 싶었기에 거친 남자 같은 여자로서 '부치'의 정체성을 얻기도 했고, 그것 또한 불편해지자 부치 정체성을 털어버리기도 했다. 하지만 안전하게 몸속에 기거하고자 한 열망은 모두 실패했다. 몸은 요새가 아니었기 때문이다. 그럼에도 그의 몸은 그의 전부였다. 거대한 몸집으로는 공공장소에서 편하게 감자 칩 한 봉지 뜯어 먹을 수조차 없었고, 시시때때로 '자기혐오'라는 대가를 치러야 했다. 작가로 성공한 뒤에도 인터넷에 실린 그의 사진에 달린 "페미니스트는 이렇게 생김" "세계에서 가장 못생긴 여자 여기 있음"이란 댓글을 봐야 했다. 북 투어를 하던 뉴욕시의 한 서점에서는 배려 없는 각종 무대장치들 때문에 계속 극도의 긴장에 시달려야 했다. "수치심에 대해 내가 아는 건 수치심에는 바닥이 없다는 사실이다."[11]

하지만 이후 그는 더 잘하려고 녹초가 되도록 밀어붙였던 자신과 조금씩 화해하기 시작한 것으로 보인다. 그는 "치유란 그다지 거창한 것이 아니고, 먼저 내가 내 몸을 돌보고 나의 몸과 더 인간적인 관계를 맺는 법을 배우는 것"이라 적었다. "나는 부서졌었고 그 이후로 더 부서졌었다. 그리고 아직 치유되진 않았으나 어쩌면 언젠가는 치유될지도 모른다고 믿기 시작했다."[12]

이제 록산 게이는 최선의 정도까지 치유가 된 상태라고 한다. 하지만 아직도 플래시백에 시달린다고도 했다. 여전히 자신이 특별한 친밀감을 나누도록 선택하지 않은 사람들이 허그를 하겠다고 달려드는 것을 원하지 않으며, 자신의 몸을 만지는 일도 몸서리치도록 싫어한다. 그는 지금도 성폭행한 소년들을 용서하지 않았고, 앞으로도 절대 그들을 용서하지 않을 것이라고 한다.

중요한 것은 더 이상 과거로 돌아가지 않는다는 것이다. 무너졌던 자신을 되돌리기 위해 글을 쓰고 진실을 마주하는 용기를 냈기 때문에, 강렬한 허기의 심연을 탐구하면서 연약하고 상처받은 자신을 비로소 자유롭게 놓아주었기 때문에 가능한 일이었다.

죽어가는 이들의 삶을 들여다본
죽음의 여의사

엘리자베스 퀴블러 로스

- 엘리자베스 퀴블러 로스, 『죽음과 죽어감』, 이진 옮김, 청미, 2018(*On Death and Dying*, 1969).

- 엘리자베스 퀴블러 로스·데이비드 케슬러, 『인생 수업』, 류시화 옮김, 이레, 2006(*Life Lessons*, 2000).

스위스 출신의 엘리자베스 퀴블러 로스^{Elisabeth Kübler-Ross}(1926~ 2004)는 '죽음의 여의사'라고 일컬어졌다. 세쌍둥이 중 첫째로 태어난 그는 자신과 같은 모습을 한 두 명의 자매를 보며 어릴 때부터 자신의 정체성에 의문을 가졌고 '나는 어디서 와서 어디로 가는가'라는 질문을 평생 놓지 않았다. 열아홉 살 때는 폴란드 유대인 수용소에 자원봉사를 하러 갔다가 사람들이 수용소 벽에 나비 그림을 그려놓은 것을 보고 깊은 인상을 받았다. 그가 죽은 뒤 치른 장례식장에도 나비가 등장했다. 마지막 의례에서 두 자녀가 그의 관 앞에서 작은 상자를 열자 한 마리의 호랑나비가 날아올랐고, 참석자들이 미리 받은 종이봉투를 열었을 때도 나비들이 날갯짓을 하며 하늘로 날아올랐다는 이야기가 전한다.[1]

취리히대학에서 정신의학을 공부한 퀴블러 로스는 미국인 의사와 결혼해 뉴욕으로 이주한 뒤 여러 병원에서 임종을 앞둔 환자들을 만났다. 하지만 병원의 의료진이 환자의 호흡이나 심박수 등에만 관심을 가진다고 여겨 낯선 프로젝트를 기획하기에 이른다. 의사, 간호사, 의대생 들을 참여시켜 죽어가는 환자들의 이야기를 듣는 세미나를 연 것이다. 이 작업을 바탕으로 그는 호스피스 운동을 일으킨 선구자가 되었고, 미국 시사 주간지 《타임》이 선정한 20세기 100대 사상가 중 한 명이 된다.

1969년 초판이 나온 『죽음과 죽어감』은 시한부 삶을 선고받은 환자 200여 명을 2년 반 동안 인터뷰한 내용을 묶은 죽음학의 고전이다. 퀴블러 로스는 혐오의 대상이었던 죽음을 삶의 한 부분으로 인정해야 한다고 주장했다. 죽어가는 환자들을 그저 수치화·계량화되는 신체가 아니라 '인간'으로 재호명하며 그는 인터뷰를 요청했다. 인생의 한 단계로서 죽음을 바라보며 뒤이어 그 길을 가게 될 여러 사람들에게 배움을 주는 스승이 되어달라고 환자들에게 부탁한 것이다.

퀴블러 로스는 과학이 발달할수록 인간이 죽음의 진실을 부정하고 두려워하게 되었노라고 말한다. 의료 기술과 병원 시스템이 죽음과 삶을 분리하고, 죽음을 외롭고 기계적이며 비인간적인 과정으로 만들었기 때문이다. 호스피스 개념이 중요하게 인정받기 이전까지, 병원은 죽어가는 환자에게 적절한 쉼터가 되지 못했다. 환자가 아무리 휴식과 평화와 품위를 원할지라도 병원에서 가장 중요한 건 심박수, 심전도, 심폐 기능, 배설물 등이었다.

죽음의 다섯 단계를 그는 '부정과 고립-분노-협상-우울-수용'으로 나눈다. 처음 시한부 '선고'를 듣게 되는 이들은 '사실일 리 없어'라는 반응을 보인다. 일종의 완충 장치다. 그다음에 사람들은 '왜 하필 나야?'라는 질문을 던진다. 이때는 광기, 시기,

원한의 감정이 환자를 지배한다.[2] 협상의 단계에서 환자는 '하느님이 분노에 차서가 아니라 좀 더 공손하게 부탁하면 내 기도를 들어주실지도 몰라'라고 생각하게 된다. 여기엔 '선한 행동'에 대한 보상의 요구가 들어 있다. 더는 자신의 병을 부정할 수 없을 때, 환자는 우울한 감정을 느낀다. 자신이 사랑하는 모든 것을 잃게 될 것을 예감하는 우울의 단계야말로 시한부 환자들이 세상과 작별하려고 준비하는 시간이다. 이때는 밝은 쪽으로 생각하라는 주변의 격려는 큰 의미가 없다고 퀴블러 로스는 말한다. "곧 다가올 죽음에 대해 생각하지 말라는 의미이기 때문이다."[3] 이때는 말보다 무언의 위로가 중요하다. 손을 잡아주고, 머리를 쓰다듬어주고, 곁에 있어주는 것이다. 환자들은 다가올 일에 몰두하게 되기 때문에 기운을 북돋워주려는 문병객의 개입 또한 방해가 된다.

　마지막, 수용의 단계는 행복한 단계라기보다는 감정의 공백기에 가깝다. "먼 길을 떠나기 전에 마지막 휴식을 취하는" 시간이라는 것이다. 텔레비전은 꺼지고, 말수는 더욱 줄어든다. 환자는 손짓하며 주변 사람들에게 가까이 와 앉으라고 권한다. 이 침묵의 시간은 가장 의미 있는 소통의 시간이 될 수도 있다고 한다. "환자 주변의 중요한 문제들이 해결되고 영원히 눈을 감는 것이 오직 시간문제일 때, 아무 말 하지 않아도 괜찮다는 사

죽음을 앞둔 이들의 이야기에 기대어 죽음을 분석하고 준비하는 담론을 만들어낸 엘리자베스 퀴블러 로스. 그는 죽어가는 이들의 곁이 되어준 사람이면서, 인간이라면 누구나 그렇듯 죽음의 당사자이기도 했다.

실을 환자에게 알려줄 수도 있을 것이다."[4] 마지막까지 싸우려
는 환자들은 끝까지 희망을 버리지 않는다. 하지만 죽음을 피하
려 할수록 평화롭고 품위 있는 마지막 단계에 도달하기 어려워
진다.[5]

퀴블러 로스는 문화적 터부를 깨고 많은 사람들이 마지막에
관한 이야기를 나눌 때 각자 평화롭고 품위 있게 죽음을 맞이
할 권리 또한 가질 수 있다고 보았다. 환자 당사자뿐 아니라 가
족들도 죽음이라는 사건에서 주체가 된다. 그들 역시 죽어가는
사람과 마찬가지로 고통과 분노 그리고 두려움을 갖게 되기 때
문이다. 아이들도 죽음을 둘러싼 대화에서 소외되지 않도록 연
령에 맞춰 이야기를 나누고 돕는 것이 필요하다고 퀴블러 로스
는 조언한다. 유족들이 슬픔과 분노를 해소하도록 돕되, 원할
때 그들 곁에 있어주는 것이 좋다고도 덧붙인다.[6]

『죽음과 죽어감』은 '웰 다잉'을 고민하는 독자들에게 도움이
되는 '죽음 준비서'이자 지극히 사회적인 '죽음 분석서'이다. 환
자의 욕구에 귀 기울이지 않는 병원 시스템의 한계를 비판하며
그들의 이야기를 곁에 앉아 들어줄 수 있는 의사나 간호사의 존
재가 얼마나 중요한지, 죽음을 앞둔 환자가 보여주는 통찰과 깨
달음 그리고 용기가 얼마나 감동적인지 일깨운다. 사랑하는 사
람을 잃은 뒤 사회적 금기로 여겨지는 감정(이를테면 강력한 분노)

을 표출한다며 유가족들을 비난하는 사람들에 대해 퀴블러 로스는 이렇게 말한다. "슬픔과 수치심, 죄책감의 시기를 연장했다는 비난을 받아 마땅하다."[7] 제주 4·3, 광주 5·18, 세월호 참사나 가습기 살균제 참사 등 한국 사회를 떠들썩하게 한 수많은 죽음들, 그 시간 동안 유가족들을 향해 비난의 화살을 쏘았던 이들의 모습이 떠오른다.

제자 데이비드 케슬러David Kessler와 함께 쓴 퀴블러 로스의 마지막 책 『인생 수업』은 그의 저서 가운데 한국에서 가장 사랑받은 책으로 손꼽는다. 퀴블러 로스는 1995년 어버이날 뇌졸중을 일으켜 신체 일부가 마비되었는데, 자신의 상태를 마치 활주로에 대기하고 있는 비행기와 같았다고 표현했다. 멈춰버린 비행기는 이륙할 수도 없었고, 게이트로 돌아갈 수도 없었다. 주위의 모든 것에 화가 났고, 그렇게 화를 내자 수많은 이들이 그의 곁을 떠났다. 죽음에 관한 최고의 사상가라며 갈채를 보내던 언론은 그가 화를 내느라 '좋은 죽음'을 맞이하지 못할 것이라고 비난했다.

사람들은 '죽음의 다섯 단계'라는 그의 이론을 사랑하면서도 그 이론에 따라 죽어가는 그는 인정하지 않았다. 쓰러져서 병원에 입원했을 때는 간호사가 실수로 그의 팔꿈치 위에 앉아버려

순간적으로 너무 아프다고 소리 지르면서 팔로 치는 시늉을 했을 뿐인데도 병원에선 '호전적인 환자'라고 차트에 기록했다. 이를 두고 퀴블러 로스는 "의료계에서 너무나 흔한 일"이라며 "정상적인 반응을 보인 환자를 과장해서 기록하는 것"이라고 냉소적으로 적었다.[8]

죽음을 앞둔 환자는 솔직해지는 법, 화내는 법을 배워야 한다며 그는 어린아이처럼 솔직해지는 것, 그리고 충만하게 노는 것의 중요성을 힘주어 말한다. 삶의 마지막에 이른 사람들은 시골길에서 자전거를 타던 일, 바닷가에서의 산책, 자신의 아이들이 지었던 우스꽝스러운 표정 등을 회상하곤 했다. 더 열심히 일하지 않은 것을 후회하는 이는 없었다. 지난 삶을 돌아보며 사람들이 가장 많이 하는 후회는 '인생을 그렇게 심각하게 살지 않았어야 하는 건데'였다고 한다. 자기 자신에게 시간을 할애하고, 혼자 있을 때도 시간을 근사하게 쓸 방법을 강구하고, 즐거움을 되찾기 위한 노력을 하라고 그는 마지막 조언을 남겼다.

비행기 활주로에서 퀴블러 로스는 결국 게이트로 돌아가지 못했다. 쓰러져서 죽을 때까지, 10년 가까운 기간 동안 그는 좋아하던 정원 일을 할 수 없었고 "다만 존재하고 있을 뿐"이라는 상태로 살았다. 그의 책이 주는 신비주의적 인상 때문에 많은 이들이 그를 인류의 위대한 구루인 듯 여기지만, 사실 퀴블러 로스는 자기 안의 어두움을 완전히 몰아낼 수 있다고 믿지 않았다. 음과 양, 차가움과 뜨거움이 오가는 삶 속에 놓여 있는 것을 두려워하지도 않았다. 그는 세상사를 모두 이해하고 만물의 섭리를 깨친 도사가 아니었다. 많은 이들에게 커다란 위로를 주었지만 때로는 타인을 원망하며 불같은 분노를 터트리기도 했다.

퀴블러 로스는 한 인간이 모든 사람을 완전히 용서하는 것은 불가능하며 자신 또한 모든 것을 용서하지 못하고 죽더라도 상관없다고 말했다. 우리가 가장 많이 용서해야 하는 사람은 자기 자신이라는 것이다. "실수를 하고, 우연히 서로에게 상처를 주고, 때때로 길을 잃기도 하면서 우리는 이 생을 살아갑니다. 우리가 완벽하다면 여기에 있지 않을 것입니다. 그리고 우리 자신을 용서하는 법을 배울 수 있는 유일한 길은 실수를 하는 것입니다."⁹ 죽음과 용서를 이야기했지만 결코 성자가 되려 하지 않았던 퀴블러 로스. 그랬기에 그의 가르침이 더욱 현실적인 위로와 용기로 다가오는 건지도 모르겠다.

2장

어떤 여자들을 위하여:

말, 몸, 피, 신, 그리고 페미니즘

읽기와 쓰기,
몸과 마음을
관통하다

- 이덕희, 『전혜린: 사랑과 죽음의 교향시』, 나비꿈, 2012.
- 김용언, 『문학소녀』, 반비, 2017.
- 정희진, 『정희진처럼 읽기』, 교양인, 2014.
- 정희진, 『나쁜 사람에게 지지 않으려고 쓴다』, 교양인, 2020.
- 정희진, 『나를 알기 위해서 쓴다』, 교양인, 2020.
- 정희진, 『편협하게 읽고 치열하게 쓴다』, 교양인, 2021.
- 김혜순, 『피어라 돼지』, 문학과지성사, 2016.
- 김혜순, 『죽음의 자서전』, 문학실험실, 2016.
- 김혜순, 『여성이 글을 쓴다는 것은』, 문학동네, 2002.
- 오드리 로드, 『시스터 아웃사이더』, 주해연·박미선 옮김, 후마니타스, 2018 (*Sister Outsider*, 1984).

전혜린은 서른한 살에 죽었다. 1965년 1월 10일이었다. 가족들이 영원히 입을 닫았으므로 정확한 사인은 알려지지 않았지만 자살했다는 분석이 압도적이다. 전혜린의 소울메이트 이덕희는 2016년 8월 11일 새벽에 세상을 떴다. 향년 79. 사인은 영양실조로 인한 폐렴이었는데, 시인 정찬은 "전혜린이 선택한 죽음과 극단적으로 다른 형태의 죽음이었다"고 썼다.[1] 하지만 둘다 똑같이 극단적으로 비극적인 죽음이었다.

전혜린 평전[2]을 쓴 작가이자 평론가 겸 번역가였던 이덕희는 젊은 시절 잠시 《경향신문》과 《조선일보》에서 기자로 일한 뒤 오랫동안 자유기고가로 생활했다. 평소 "글을 쓰지 못하면 죽은목숨"이라고 할 정도로 글쓰기를 소중하게 여겼으며 실존적 고통에 오랫동안 시달렸다고 한다. 기억할 만한 문학인이었음에도 그의 문학적 성과를 진지하게 다룬 글을 찾기 쉽지 않고, 다만 그가 죽은 뒤 지인들이 매체에 남긴 몇 편의 추모 글을 발견할 수 있을 뿐이다. 남루한 방에서 홀로 죽어간 한 여성 문학인의 이야기를 기록한 후배들이 있었다는 사실이 그나마 독자의 부채감을 덜어준다.

작가 전혜린과 이덕희는 왜 충분히 기억되지 못했는가. 김용언 《미스테리아》 편집장은 『문학소녀』에서 전혜린을 비롯한 읽고 쓰는 여자에 대한 남성 지식인 사회의 조롱, 비평을 빙자한 불공정한 시선을 비판하며 여성 문인들이 '부르주아적 속물'로 평가절하되어온 역사를 설명한다. 전혜린과 이덕희가 가진 서구에 대한 동경, 이국적인 취향은 손쉽게 '소녀 감성'으로 치부되었다. 하지만 그들의 동경과 부러움은 1950~60년대 한국의 공론장에서 입 밖으로 꺼내어선 안 되는 '여성' 문제를 떼놓고 생각할 수 없는 것이기도 했다.[3]

가부장제를 비판하며 가족과 사회에서 '축출'되었던 나혜석의 사례에서 보다시피 근대의 1세대부터 '여류' 작가들은 '신여성' 또는 성적으로 자유분방한 '아프레걸'[4]로 입방아에 오르며 갖은 조롱과 희화화에 시달렸다. 나혜석의 친구이자 《신여자》 주간을 지내고 나중에 스님이 된 김일엽이나 근대 이후 첫 여성 소설가인 김명순 또한 스캔들의 대상으로 뜬소문과 거센 비난에 휩싸였다.

1920~30년대 이후 100년 가까이 여성 작가들의 글은 역사의식이나 교양이 없는 개인사적 감상주의에 머물며 나른하고 감정적이면서 유치하다는 평가를 받았다. 박정희 정권은 이른바 '문학소녀'를 대놓고 "공공의 적"이자 "국가 발전을 가로막는 적폐"로 취급하였다.[5] 오늘날에도 글 쓰는 여자들에 대한 속물적 이미지가 '된장녀' 같은 사치스러운 여성에 대한 멸칭과 만나 재생산되는 장면을 종종 목격하거니와, 옛 여성 문학인들의

작품과 성취에 대한 몰인정이 정당한지, 읽고 쓰는 여자에 대한 혐오적 시선이 개입된 것은 아니었는지 여전히 심문하지 않을 수 없다.

전혜린의 경우, 특히 아버지 전봉덕은 한국 근현대사 격변 속에 모습을 바꾸며 출세의 길을 따랐던 친일 경찰 경력의 관료이자 법학자였고, 그런 까닭에 전혜린에 대한 후세의 시선은 더욱 곱지 않았다. '소공녀 원피스'를 맞춰 입던 유복한 어린 시절을 거쳐 서울대 법대를 다니던 중 독일로 유학을 떠났다가 돌아와 기행을 일삼던 끝에 이혼하고, 젊은 나이에 새하얀 수면제를 삼키고 죽었다는 이야기에서 나타나는 그의 계급성과 삶의 행로는 '배운 중산층 여성'이라는 부정적 이미지와 맞닿는다.

반면 그가 아름다운 한국어 에세이를 썼다는 점과 뛰어난 번역가로서 한국에 알려지지 않았던 루이제 린저를 한국에 처음 소개한 인물이라는 점 등은 큰 의미를 얻지 못했다. 유학 시절 겪어야 했던 가난과 노동의 피로도 마찬가지다. 김용언이 풀이했듯, 앳된 만삭의 몸으로 고단한 가사노동을 이어가고 번역과 집필 노동을 쉬지 않았던 전혜린에게 '땀과 노동을 모른다'는 비판이야말로 젠더에 대한 몰이해와 여성노동에 대한 의도적 폄하에 기반한 얘기일 것이다. 여성이 제대로 읽고 쓰기 위해서는, 버지니아 울프의 말대로 '돈과 자기만의 방'뿐만 아니라 가

사와 돌봄으로부터의 해방 또한 반드시 필요한 것이었다.[6]

2015년을 전후해 불어닥친 '디지털 페미니즘' 물결 속에 전
혜린을 비롯한 많은 국내외 여성 작가들이 재발견된바, 이는
20~30대 여성 독자들이 책 출간과 독서 붐을 강력히 이끌었던
까닭이다. 온라인 서점들의 집계를 보면, 2016년 8월 이미 상반
기 '여성학/젠더' 분야 도서 판매량은 전년도 같은 기간에 견줘
100퍼센트를 훌쩍 넘었다. 출판계 역사상 전무후무한 일이었
으므로 업계에선 "폭발적 성장"이라고 입을 모았다.[7]

대한민국 독서사에 기록될 만한 페미니즘 독서 열풍의 시기
였다. 이 시기를 대표할 만한 여성 저자 중 한 사람으로 여성학
자 정희진을 빼놓을 수 없다. 그는 '페미니즘 리부트'[8] 훨씬 전부
터 페미니즘으로 세상을 인식하는 방법에 관해 써왔다. 치유할
수 없는 활자 중독자인 그는 "책이 온몸을 통과한다"고 말한다.
"책이 몸을 통과하면 고통스럽다. 그러나 고통을 해석하는 힘
이 생긴다."[9] 원인과 구조를 밝히려는 의지가 곧 '변신'의 시작이
다. 그의 설명을 빌리면, 책을 읽기 전의 '나'와 읽기를 통해 변화
한 '나'는 완전히 다른 사람이다. 그래서 모든 책은 자기계발서
가 된다. 정희진은 좋은 책을 만나면 여러 번 베껴 쓰고 거듭 읽
어서 완전히 자기 것을 만든다고 했다. 독서는 이처럼 끝없이 나

를 죽이고 죽여 부활하는 일, 갱신하고 변신하는 일이다.[10]

『정희진처럼 읽기』에 나오는 첫 독후감 역시 고통스러운 텍스트, 이청준의 「벌레 이야기」를 다룬다. 평화와 용서를 놓고 가해자와 피해자가 마구 뒤엉키는 영화 〈밀양〉의 원작인 이 소설을 두고 정희진은 "평화가 할 일은 그 짐을 제자리로 옮기는 고된 노력이지, 평화 자체를 섬기는 것이 아니다"라고 썼다.[11] 평화를 갈등 없는 상태로 보는 것은 '평화의 계급성'을 드러내는 '부르주아지들의 판타지'라는 것이다. 어떤 평화운동가, 구도자, 힐러 들이 말하는 평화는 "평화가 아니"라며 그는 분노하다시피 말했다. 이후 그는 『나쁜 사람에게 지지 않으려고 쓴다』 『나를 알기 위해서 쓴다』 『편협하게 읽고 치열하게 쓴다』 등 읽기와 쓰기에 관한 책을 펴냈다.

글을 쓴다는 것은 평생에 걸쳐 자신을 알아가는 일이며, 자신의 위치와 세계를 이동하고 변화시키는 일이라고 정희진은 말한다. 그의 글은 남에게 듣고 싶지 않은 말을 주로 들어야 하는 사람들, 설명하고 싶지 않은 이야기를 설명해달라고 거듭 요구받는 사람들과 주로 접속한다. 그의 글과 책을 통해 '의식화'하고 글을 쓰게 되었다는 많은 여자들이 이제는 책을 출간하는 작가가 되었고, 신문에 칼럼을 쓰고 있다. 여자들의 위치와 세계를 이동시키는 그의 책은 이들의 성장에 일조했던 셈이다.

페미니즘 리부트와 함께 재발견된 시인 김혜순 또한 기록해야 할 여성 작가다. 2017년 5·18기념재단에서 그의 시집 『피어라 돼지』를 5·18문학상 본상 수상작으로 선정하자 그의 시가 모더니즘 계열이라며 비판하는 목소리들이 터져 나왔다. 문학평론가 황현산, 김형중과 시인 김진경, 나희덕, 소설가 임철우가 참여한 심사위원단은 심사평에서 "고통과 재난으로 뒤덮인 작금의 세계에서 말이 어떻게 끙끙 앓는지를 최고의 수준에서 보여준 시집"이라 밝혔다. 하지만 페이스북을 중심으로 '5·18문학상마저 언어주의자에게 주어졌다'는 비난, '이 선정은 삶으로 문학하는 작가들에 대한 모욕'이라는 비판이 제기되었다.[12] 이 시집 내용이 구제역 살처분된 돼지의 고통과 피지배자인 민중의 억압받는 현실을 동격으로 놓았다며 '민중'이란 말을 모독했다는 질책도 이어졌다.

하지만 이 논란에서 아버지의 법을 거스른 시인의 세계관과 언어에 대한 문단의 저항감이 작동했던 것은 아닌지 하는 의구심도 적지 않았다. 이런 이야기가 강하게 표출될 수 없었던 것은 '그 공론장'에서는 직접 말해질 수 없는 부류의 이야기였기 때문일 것이다.[13]

애초 수상을 고사했다가 심사위원들의 설득에 마음을 돌려 상을 받기로 했던 김 시인은 문단 내 여론이 더욱 불거지자 끝내 수상을 사양하기로 결정했다. 문학이 지독하게 젠더화된 영역이라는 점, 시대의 기후를 고려하지 않은 채 문학의 이름으로 내리는 판결, '어떤 문학'은 삶으로 하는 것이 아니라는 틀에 박힌 인식 등을 생각하면, 새로울 것도 놀라울 것도 없는 이 소동은 그만큼 씁쓸한 뒷맛을 남겼다.

이후 시인은 2019년 『죽음의 자서전』으로 세계적 권위를 지닌 그리핀 시 문학상Griffin Poetry Prize을 받았다. 캐나다 그리핀 트러스트가 주관하는 국제 시 문학상으로, 김 시인의 수상은 아시아 여성 최초였다. 5·18문학상의 소동을 상쇄하는 소식이었지만 시인은 담담했다. 문학계에선 "아시아권 시인으로 노벨문학상에 가장 근접한 시인"이라는 평가가 나왔지만, 시인은 딱 잘라 "노벨상 얘기는 하지 말라"며 선을 그었다.[14]

그의 글쓰기 시론인 『여성이 글을 쓴다는 것은』은 오늘날 페미니스트들에게 강한 영감을 준다. '죽음' 속으로 버려진 바리데기 설화를 예로 들며 김혜순은 여성 시인들이 죽음의 균열, 세계의 벌어진 틈 앞에 독자들을 데려다 세운다고 설명한다. 글 쓰는 여성들은 "우리 안에 살아 있는 죽음 속으로 여행"하며 "실존적 경험"을 한다. 가부장제 구조 속에서 자신의 몸을 찾지 못한 여성들은 타자에게 가까이 갈수록 자신의 고유한 몸을 만난다. 그렇게 "가부장제에 중독된 사회구조"가 부과한 전형을

여성의 글쓰기는 죽었던 것들이 흔적을 그리며 흘러나오는 일, 타자의 목소리를 출산하는 일이다. 일종의 들림, 접신과 투신의 과정이다.

버리고 날마다 자신의 시의 궤적을 새로이 그리는 일이 여성 시의 상상력이 걷는 길이다. 여성의 글쓰기는 죽었던 것들이 흔적을 그리며 흘러나오는 일, 타자의 목소리를 출산하는 일이라는 것이다.[15]

여성이 글을 쓴다는 것은 일종의 들림, 접신과 투신의 과정임을 그는 드러낸다. 제사 지내는 여사제처럼, 시인은 갖은 무구를 동원하여 신을 불러낸다. "어디에 어머니가 있는가. 내 어머니는 내 안에서 이미 죽은 지 오래다." 거칠고 차가운 땅바닥에 드러누워 떼굴떼굴 구르고 발을 동동 구르면서 아파하고 안타까워하면서 그는 엄마, 엄마, 불러댄다. 하지만 어머니가 죽었다는 것을 알게 된 순간, 스스로 털고 일어나 길을 떠난다. 버려진 아이는 버려진 아이를 기른다. "여성 시인인 나는 이 어둠의 길 위에서, 끝나지 않는 텍스트의 길 위에서, 서천서역국을 헤매는 바리데기처럼 저기 저 내 안의 바깥에서 들리는 영감의 목소리를 따라간다." 어머니와 타자의 목소리는 서로의 맞물림 속에서 "단 하나의 진리, 단 하나의 담론이 생산되지 않도록 현실을 해체하고 구성한다."[16]

또 한 명의 '페미니스트 킬조이'Feminist Killjoys[17] 오드리 로드Audre Lorde는 최근 한국 사회가 재발견한 시인이다. 그는 영문도 모르게 억압당한 자들, 인류 역사 내내 제2 신분으로 살아온 자들의 등을 두드리며 손에 무기를 쥐여준다. "흑인 레즈비언 페미니스트이자 사회주의자이며, 딸과 아들을 키우는 어머니이고, 인종 경계를 넘어 백인 여성 배우자와 함께 살"았던 그는 타자이고 규범을 일탈한 자이고 '비정상'에 속하는 자다.[18] 그는 흑인 레즈비언으로서 백인 여성들의 인종차별적 시선과 흑인 여성들의 동성애 혐오를 동시에 받아 안은 사람이었다.

'억압의 교차성'을 밝힌 그의 '억압' 안에는 글쓰기 형식이 가진 위계도 포함돼 있다. 오드리 로드는 산문에 견줘 진지하고 엄밀하지 않다는 이유로 시를 게재하지 않겠다고 밝힌 어느 여성 잡지를 비판하며 "창작 활동에서 어떤 형식을 선택하느냐는 종종 계급 문제인 경우가 많다"고 썼다. "모든 예술형식 가운데 시가 가장 경제적"이라는 것이다.[19] 노동자가 근무 교대 시간 또는 이동 중에 짬짬이 쓸 수 있는 예술로서 시 쓰기는 산문 쓰기보다 가난한 사람들, 유색인종 여성이 목소리 내기에 적합한 글쓰기 양식이라고 그는 설명한다. 자기만의 '시간 경영'을 뜻대로 할 수 있고, 많은 책을 읽어야 하며, 고독하게 홀로 사유할 공간과 책상이 있어야만 쓸 수 있는 산문이 어떤 계급과 인종에게 잘 어울리는 글쓰기이겠는가. 시는 길고 논리정연하게 자신의 이야기를 펼칠 시간이나 물적 자본이 없는 여성에게 유일하게 허락된 장르였다. 여성이 쓸 수밖에 없는 문학이었다. 여성 시인은 "모든 언어의 고리 마디마디에 착색된 가부장성을 폭로"한다는 김혜순의 이야기와 맞닿는다.[20]

무엇보다 혁명적인 것은 오드리 로드가 '삶'을 풀어야 할 문제로 바라보는 서구의 유구한 철학 전통을 거스른다는 점이다. 그는 왜 태어났는가, 어떻게 살아야 하는가 질문하고 답한 백인 아버지들의 가르침을 던져버린다. 그리고 "우리가 삶을 오랜 역사를 지닌 비유럽적인 우리만의 방식으로 바라본다면, 그리하여 삶이 서로 소통하고 경험하는 것임을 점점 더 자각하게 된다면, 우리는 우리가 느끼는 감정을 소중히 여기고, 우리에게 숨겨진 힘의 원천을 존중하는 법을 점점 더 깨닫게 될 것"이라고 말한다.[21]

"백인 아버지들은 우리에게 이렇게 말한다. 나는 생각한다, 그러므로 나는 존재한다. 우리 안의 흑인 어머니—시인—는 우리의 꿈속에서 이렇게 속삭인다. 나는 느낀다, 그러므로 나는 자유롭다."[22] 이성과 감정, 백인과 유색인종, 남자와 여자를 나누어 위계화하는 사유와 억압적인 전통을 통쾌하게 벗어나고 뒤집는다.

인류가 쌓아 올린 논리적이고도 합리적인 이성을 잊지 말라는 백인 남성의 정전canon이자 인류 전체에게 끊임없이 전수되는 '지혜'류는 끝없이 반복된다. 여성적인 감정은 믿을 것이 되지 못하며, 느낌은 틀렸다는 것이다. 맞는 말이다. 감정과 느낌은 논리와 이성의 반대말이라기보다 권력의 문제이기 때문이다. 약자의 감정은 '내가 틀렸다'는 느낌을 먼저 갖게 한다. 누구에게 공감하느냐에 따라 감정과 느낌은 지극히 정치적인 것이 된다.

'인간' 백인 아버지들이 만든 세계의 바깥에서 '비인간' 타자들은 서로 만나고, 비언어적 소통과 접촉으로 또 다른 세계를 이룰 것이다. 그곳의 문법은 따로 있을 것이며, 읽고 쓰는 일은 여성 작가의 몫으로 남게 될 것이다. 그 타자들의 세계에는 성찰하고 공감하는 새로운 방식이 있을 뿐이다. 그리고 그 세계에서는 오드리 로드의 말이 새로운 정전이 될 것이다. "주인의 도구로는 결코 주인의 집을 무너뜨릴 수 없다."[23]

걷기,
움직이고 사색하고
저항하는 발걸음

- 로런 엘킨, 『도시를 걷는 여자들』, 홍한별 옮김, 반비, 2020(*Flâneuse*, 2016).
- 리베카 솔닛, 『걷기의 인문학』, 김정아 옮김, 반비, 2017(*Wanderlust: A History of Walking*, 2000).
- 비노바 바베, 『사랑의 힘이 세상을 지배할 것이다』, 김진 엮음, 구탐 바자이 사진, 조화로운삶, 2011.

걷기는 인류의 중요한 자산이다. 길을 만들었고 사랑과 물질, 문화와 바이러스도 함께 옮겼다. 걷기의 유용성 가운데 하나는 생각의 진전을 가져다준다는 것일 텐데, 매일 같은 시간 산책했던 칸트를 비롯한 철학자들이 유독 걷기를 좋아했다는 사실이 우연만은 아닐 것이다. 걷기가 두뇌를 자극하고 창조력을 높여준다는 사실이 과학적으로 입증되기 이전부터 인류는 걷기와 사유의 연관 관계를 경험적으로 막연하게나마 확신하고 있었던 것 같다.

길을 걸으면서 사람들은 생각과 마음을 나누었다. 공동체와 공동체 사이를 잇고 충돌하기도 했다. 민주주의를 향한 저항의 걸음이나 철학자의 사색의 걸음, 신앙인이 선택하는 고통스러운 순례는 어떤 측면에서는 모두가 서로를 연결하고 의미를 부여하는 정치적인 길이었다. 특히 여성이나 성소수자, 장애인이 거리를 활보하는 것은 위험을 넘어 위반의 행위가 되었다.

미국의 '라이징 스타 작가'이자 비평가인 로런 엘킨Lauren Elkin은 『도시를 걷는 여자들』을 통해 근대 여성 산책의 경험과 역사를 자세히 소개한다. 애초 '산보자'는 근대화의 시대적 상황 속에서 주체적으로 사유하고 철학하는 남성을 상징했다. 산보는 유한계급 남성만이 누릴 수 있는 배타적 문화였던 셈이다. 보들

레르를 비롯해 그의 계승자를 자처한 근대 유럽의 산보자들은 지성인, 과학자, 혁명가, 민주적 영웅이었다. 도심을 쏘다니며 자유롭게 걷는 행위 자체가 온전한 시민의 권리를 갖고 사유하는 능력을 상징하는 것이었다. 반면 거리를 활보하는 도시 여자들은 성폭력을 유발하는 철부지나 성매매 여성으로 낙인찍혔다. 엘킨은 지금까지 쓰인 '남성 작가–산보자의 정전 목록'을 비판적으로 평가하고 근대 도시의 이름들이 젠더 중립적이 아니었다는 점을 일깨운다.

근대 공간의 헤게모니를 장악한 권력은 문화 자본을 갖고 있지 않은 이들의 발걸음을 금지함으로써 위계를 만들고 힘을 과시했다. 버지니아 울프는 강연을 하러 들른 대학에서 남자 교수와 학생 들만 걸을 수 있는 잔디밭에서 쫓겨났고 도서관에도 혼자 들어갈 수 없었다며 분통을 터트렸다. 그의 여성 주인공이 거리를 걸으며 오감을 한껏 열어 주변의 공기와 정교하게 접속한 것은 근대의 산책자이자 단독자이고자 한 울프의 항변이었을 것이다. 울프의 책 『세월』을 예로 들며 지은이는 말한다. "거리는 자유를 선언하는 곳"이고, "자유를 제한하는 힘에 저항하는 곳"이라고.[1] 도시를 걷는 자유, 걸어서 안전하게 집으로 돌아갈 자유는 아직까지 달성하지 못한 여성들의 꿈이기도 하다.

책에 등장하는 또 한 명의 '여성 근대 산책자'는 조르주 상드

울프의 여성 주인공이 거리를 걸으며 오감을 한껏 열어 주변의 공기와 정교하게 접속한 것은 근대의 산책자이자 단독자이고자 한 그의 항변이었을 것이다.

다. 그는 페미니스트가 아니었지만, 남성복을 입고 거리를 활보하는 것으로 유명했다. 거리에서 남의 눈에 덜 띄도록 남성 복장을 했던 그의 크로스 드레싱은 역설적이게도 가장 개성적인 특징으로 남았다. 상드의 소설 속 여성 주인공 또한 남자처럼 옷을 입고 걷곤 했다. 글을 쓰는 것, 경계를 넘어 규칙을 위반하는 것이 모두 여성 작가에겐 일종의 크로스 드레싱이었다. 1800년 프랑스에서는 공공장소에서 여자가 바지를 입지 못하게 하는 법이 통과되기도 했다.

엘킨은 '남성 산보자'를 뜻하는 '플라뇌르'flâneur의 여성형인 '플라뇌즈'flâneuse라는 단어를 등재하며 도시를 걷는 여자들의 발걸음을 기록한다. 근대 초 뉴욕, 파리, 런던, 베네치아를 누빈 '플라뇌즈'의 이름은 조르주 상드, 버지니아 울프, 아녜스 바르다, 그리고 도미니카 태생 영국 작가인 탈식민주의 페미니즘 문학의 선구자 진 리스 등이었다. 한국에서 그들의 이름은 나혜석, 김일엽, 김명순 등이었을 것이다.

『남자들은 자꾸 나를 가르치려 든다』로 유명한 리베카 솔닛Rebecca Solnit이 2000년에 쓴 『걷기의 인문학』은 걷기와 사유, 혁명과 영성에 대한 이야기를 가득 담고 있다. 솔닛은 인간이 자신의 의지로 자기 몸을 다른 곳으로 옮길 때의 결단, 한 사람의 신체가 다른 이의 신체와 만나 벌이는 화학작용과 역동까지 예민하게 표현한다. 솔닛이 처음 걷기에 관심을 갖게 된 것은 핵무기 때문이었다고 한다. 1980년대 그는 반핵 활동가로 활동하면서 네바다 핵실험장에서 도보 행진을 했다. 이렇게 금지된 곳으로 걸어 들어가는 시민 저항운동의 대표적 인물로 솔닛은 헨리 데이비드 소로를 꼽는다. 월든 호숫가 숲에서 살아가던 소로는 자연과 사회가 하나라고 생각했고, 부자나 가난한 사람이나 동식물이 모두 하나의 울타리 안에 존재한다고 보았다. 그는 멕시코전쟁과 노예제도를 유지하는 데 쓰일 인두세 납부를 거부하며 거의 제 발로 걸어 들어가 하룻밤 옥중에 갇히기도 했다. '시민 정부'가 불의를 자행한다면 복종이 아니라 저항하는 것이 시민의 도덕적 의무라고 생각했던 소로는 간디의 비폭력 무저항운동에 영감을 주었다.[2]

간디의 제자이자 '걸어 다니는 성자' 비노바 바베Vinoba Bhave는 '새 사회 건설 운동'이라는 사회 개혁 캠페인과 수행의 방법으로 걷기를 택했다. 차나 기차를 타고 하는 빠른 속력의 여행은 마음을 혼란하게 하고, 그렇게 되면 평화의 사도로서 비폭력 사상을 펼칠 수 없다고 판단했기 때문이다. 더욱 놀라운 건, 그가 걸으면서 유산계급에게 땅을 헌납받았다는 사실이다. 1951년 4월, 인도의 텔랑가나 지역을 걷다가 그는 가난한 이들에게 나뉘줄 토지를 처음으로 헌납받았다. 전무후무한 평화로운 토지 헌납 운동인 '부단 운동'Bhoodan movement의 시작이었다. 13년 반 동안 인도 전역을 맨발로 걸으며 토지 헌납을 호소해 받은 땅이 총 500만 에이커. 2만 제곱킬로미터가 넘는 크기로 남한 영토 의 5분의 1에 해당한다.

움직이는 것보다 가만히 앉아서 명상하는 일을 선호했다는 비노바 바베는 "사회적 행동의 길을 따르는 사람들이 없다면 종 교는 진화하지 않는다"고 말했다.[3] 세상을 바꾸는 실천이 영성 의 토대가 됨을 밝히는 동시에, 가진 자에게 면죄부를 팔고 권 력과 손잡으며 타자를 배제하는 종교를 각성시키는 말이다. 토 지 헌납 운동이 끝난 뒤 그는 자신이 만든 여성 공동체 '브라마 비디야 만디르'Brahma Vidya Mandir(신에 대한 참다운 지식의 성전)에 머 물다가 세상을 떠났다.[4]

솔닛은 걷기의 저항 정신을 이은 여성 순례자로 '평화 순례 자'Peace Pilgrim라는 이름의 여성 이야기를 전한다. 본명은 밀드레 드 리셋 노먼. 1908년 태어난 노먼은 대가족 틈에서 자라나 결 혼한 뒤 불행한 생활을 해야 했다. 생애를 전면적으로 바꾸겠다 는 결심을 굳히고 1953년 1월 1일, 빗, 접는 칫솔, 볼펜, 쓰던 글 과 편지만 지닌 채 길을 떠났다. 그의 나이 마흔다섯 살 때였다. 군청색 바지와 셔츠를 입은 그의 등엔 '평화를 위한 2만 5000마일'이란 글귀가 적혀 있었다. 재산과 이름을 모두 버린 것도 모자라 화폐경제에서 벗어나기 위해 돈을 쓰지 않았고, 군축을 염원하며 세계 평화만을 목표로 발걸음을 옮겼다. 한국전쟁과 매카시즘에 저항하고 냉전에 반대하면서 하루 평균 40~80킬로미터를 걸었던 그는 9년 만에 목표한 4만 킬로미터 걷기를 마친 뒤에도 계속 평화 순례를 이어갔다. 하지만 1981년 7월 그는 어이없는 자동차 사고로 그만 세상을 떠나고 말았다.[5]

한국에서도 좀 더 나은 세상을 만들려는 저항적 발걸음이 적지 않았다. 여성들의 행진을 보면, 여성 단체들이 '밤길 되찾기 시위'를 벌인 것이 한 예다. 지난 1991년 성추행, 강간, 살해 위협에서 벗어나 안전하게 살 권리를 주장하며 한국성폭력상담소 주최로 처음 행사가 열렸다. 아홉 살 때 자신을 강간한 남자를 20년이 지난 뒤 찾아가 살해한 '김부남 사건'을 계기로 성폭력의 심각함을 알리고 관련 법 제정을 촉구하기 위한 것이었다. 1993년까지 매년 밤길 걷기 대회가 열렸다가 중단되었고, 이후 2004년 '달빛 시위'라는 명칭으로 여성이 안전하게 도시를 걸을 수 있도록 하는 권리 찾기 시위가 부활했다. 여성을 대상으로 한 연쇄살인 사건의 심각성을 알리고, 여성이 조심할 것을 당부한 언론에 항의하는 행사였다. 그 뒤 여성들이 신체가 드러나는 옷을 입고 행진하는 '슬럿워크'의 한국판인 '잡년행진'이 2011년 열려 신문에서 찬반 논쟁이 붙기도 했다.

무슨 옷을 입든, 여성의 걷기가 왜 찬반 논쟁에 붙여져야 할까. 솔닛은 여성을 성적 존재로 해석해온 사회에서 여성의 보행은 그저 단순한 걸음이 아니라 '공연'으로 취급된다고 분석한다. 열아홉 살 때 실비아 플라스는 "여자로 태어났다는 건 내 끔찍한 비극"이라며 "풍경의 일부가 되고 싶은데, 익명의 존재가 되고 싶은데, 경청하고 싶은데, 기록하고 싶은데, 다 망했다. 내가 어린 여자라서. (……) 밤에 마음껏 걸어 다녀도 되면 얼마나 좋을까"라고 적었다. 솔닛이 걷기의 부자유를 확실하게 느낀 것도 열아홉 살 때였다고 한다. 그는 말한다. "걷기가 기본적인 문화적 행위이자 인간의 중요한 존재 방식이라면, 발길 닿는 대로 걸어 다닐 가능성을 빼앗겨온 사람들은 단순히 운동이나 여가가 아니라 인간다운 삶을 크게 박탈당해온 사람들이다."[6]

분노,
그 미칠 듯한 데서 구원할 사람은
나 자신뿐

- 브래디 미카코, 『여자들의 테러』, 노수경 옮김, 사계절, 2021(女たちのテロル, 2019).
- 페멘, 『페멘 선언』, 길경선 옮김, 꿈꾼문고, 2019(*Femen: Manifeste*, 2015).
- 페멘, 『분노와 저항의 한 방식, 페멘』, 갈리아 아케르망 엮음, 김수진 옮김, 디오네, 2014(*Femen*, 2014).
- 경향신문 사회부 사건팀 기획, 『강남역 10번 출구, 1004개의 포스트잇』, 나무연필, 2016.
- 해리엇 러너, 『무엇이 여성을 분노하게 하는가』, 이화여자대학교출판부, 2011(*The Dance of Anger*, 1985).
- 릴리 댄시거 엮음, 『불태워라: 성난 여성들, 분노를 쓰다』, 송섬별 옮김, 돌베개, 2020(*Burn It Down: Women Writing about Anger*, 2019).

화난 여성들이 거리로 달려 나갈 때 사회의 공포는 극에 달한다. 오늘날 페미니스트 집회가 과격해졌다는 말은 사실이 아니다. 100년 전 영국의 전투파 여성참정권 운동가들은 상점 유리창을 깨고, 불을 질렀다.

에밀리 데이비슨Emily Davison은 서른네 살 때부터 줄곧 전투파 운동에 참여했다. 런던대에서 학사 학위를 받고 옥스퍼드대 영문과에서 우수한 성적을 거뒀지만 여성이라는 이유로 학위는 인정받지 못했다. 여성의 대의에 헌신하기로 마음먹은 뒤엔 방화와 폭탄 공격을 하고 아홉 번이나 감옥에 갇혔다. 단식투쟁을 시작하자 교도소에서는 치욕적인 강제 음식 주입을 연달아 시행했다. 의사가 감방에 못 들어오도록 문을 막자 인부들이 감방 문을 깨부수고 물대포를 퍼부어 거의 익사할 뻔하기도 했다.

데이비슨은 에멀린 팽크허스트와 그의 딸들 같은 다른 여성참정권 운동가들보다 더 과격했기에 살아생전 동료로 환영받지 못했다. 팽크허스트처럼 운 좋게 진보적인 부모나 여성참정권 운동을 지지하는 변호사 남편 같은 배우자는 더더욱 만날 수 없었다. 인간의 목숨이 희생되어야 양심이 깨어날 것이라 믿은 그는 1913년 6월 4일 런던 남부 엡섬 경기장에서 열린 133년 역사의 더비 경마대회에서 전속력으로 달려오던 국왕의 말 앞으로 걸어가 몸을 던졌다.

병원에 실려간 에밀리를 향해 신문들은 "광기" "광신도" 등의 비난을 쏟아냈고 온 나라 사람들이 "미친 여자"라고 일컬었다. 병상으로 남성들의 '헤이트 레터'까지 다수 도착했다. "너를 굶겨서 몸이 너덜너덜해질 때까지 패고 싶다." 데이비슨은 결국 깨어나지 못하고 6월 8일 숨을 거뒀다. 그리고 6일 뒤인 14일, 장례식이 거행됐다. 수천의 여성들이 흰옷을 입고 참석해 장례차를 따랐다.[1]

2008년 우크라이나의 여성 안나 훗솔, 인나 셰브첸코, 옥사나 샤츠코, 사샤 셰브첸코는 페미니즘 저항단체 페멘Femen을 만들었다. 이들은 머리에 화관을 쓰고 벌거벗은 가슴에 자신들의 주장을 쓴 기습시위로 이름을 알렸다. 우크라이나 섹스 관광에 반대하고 성매매 반대 시위를 벌이면서 페멘은 점점 강해졌다. 미스 우크라이나 선발대회 반대 기습시위를 했고 포르노사이트 검색 차단 캠페인을 펼쳤으며 남성 중심적인 종교 권력을 비판하고 여성 몸에 대한 가부장제 사회의 통제를 폭로했다.

이들의 활동이 위협이 되자 경찰은 난동죄를 적용해 체포하기 시작했다. 심지어 재판에서 거짓 증언을 만들어내면서 압력을 가하기까지 했다. 공권력에 저항하면서 페멘은 가슴팍에 "개 같은 인생 때문에 우리 가슴이 사나워진다"는 분노의 문구를 썼다. 벌거벗은 상반신엔 장식 담당 옥사나가 정성스럽게 만

페미니즘 저항단체 페멘은 공권력에 항의하면서 가슴팍에 "개 같은 인생 때문에 우리 가슴이 사나워진다"는 분노의 문구를 썼다. 사진은 2020년 프랑스 파리에서 가두시위를 하는 모습이다.

든 가시 철망을 조심스레 둘렀다. 2013년 경찰에 쫓긴 페멘은 프랑스로 근거지를 옮겨 활동을 이어갔다. 하지만 극단주의자라는 비난 속에 꾸준히 암살 위협을 받았고 거리에서 집단 린치를 당하기도 했다. 창립 멤버로 미술가를 꿈꾸었던 옥사나 샤츠코는 2018년 파리의 아파트에서 스스로 목숨을 끊었다.[2]

2016년 5월 17일 스물세 살의 여성이 서울 강남역 부근 화장실에서 살해당했다. 가해 남성은 여성들이 무시해서 범행을 저질렀다고 진술한 것으로 알려졌다. 다음 날부터 인근 강남역 10번 출구에서는 시민들의 자발적인 '포스트잇 추모'가 줄을 이었다. 비 예보가 있었던 23일, 포스트잇은 서울시청 지하 1층 시민청과 서울시여성가족재단으로 옮겨졌다.

《경향신문》 사회부 사건팀 기자들이 포스트잇 1004건을 하나하나 촬영해 텍스트로 옮겼다. 메모엔 여자들의 애도와 추모 그리고 소리 없는 분노가 넘실거렸다. "묻지 마 살인사건 아닙니다. (……) '여성혐오 살인사건'입니다." "여자라서 살해된 것이다. 만만해서 살해된 것이다." "잠재적 가해자라서 듣기 싫은가요. 나는 '잠재적 피해자'라서 무섭습니다." 그리고 많은 사람들이 이렇게 썼다. "운이 좋아 살아남았다." 낮은 목소리의 뜨겁고도 용맹한 분노였다.[3]

가족관계 치료로 유명한 미국의 심리치료사 해리엇 러너^{Harriet}

Lerner는 가족관계의 형태와 사회문화적 억압 때문에 여성들이 분노한다고 말한다. 문제의 근원을 개인적인 이유로 돌리는 것 자체가 구조적 폭력이라는 것이다. 그는 여성은 화를 낼 때 자주 스스로 의심한다고 했다. '과연 내 분노가 타당할까?' '내가 화낼 자격이 있을까?' '내가 화를 내봤자 무슨 소용이 있을까?' 자문하면서 입을 꾹 다물어버린다는 것이다.

『무엇이 여성을 분노하게 하는가』에서 그는 우리가 느끼는 모든 것에는 타당성이 있고, 분노도 예외일 수 없다고 말한다. "분노란 자신에 대해 더 잘 아는 전문가가 되고 동시에 다른 사람에 대해서는 관대해지고자 할 때 필요한, 변화를 아는 수단"이라는 것이다.[4] 결혼 문제건 전쟁 문제건 여성의 분노는 변화가 필요하다는 강력한 신호다.

러너의 분석을 보면, 화를 내는 여성들은 '잔소리꾼' '재수 없는 여자' 같은 말을 들으면서 무기력해진다. 이런 여성들은 이들을 혐오하는 남성들에게 확실하게 배제당하고, 화내지 않는 여성들을 대신해 희생양이 되기도 한다. 화가 나도 꾹꾹 눌러 참는 '요조숙녀형'은 화내는 여자들과 달리 사회의 보상을 받을 가능성이 크다. 하지만 화내지 못하는 여성 또한 열패감을 갖고 종속적이라는 느낌에 갇혀 악순환에 시달린다.[5] 여성 간의 분할과 갈등은 성정치의 결과로서 필연적이다.

억울한 건, 분노의 구조가 따로 있고 분노 유발자가 명백하더라도 그 분노를 해결해야 하는 사람은 자신뿐이라는 점이다. 내가 움직이지 않고는 나의 분노도, 나의 분노를 유발한 문제도 해결되지 않는다. 내가 아직 약하기 때문에, 또는 상황에 대처할 언어나 물리력이 없어 당장 분노할 조건이 되지 않아 참기를 선택하더라도 끓어오르는 감정을 터뜨리고 다른 사람에게 전달할 방법이 아예 없지 않다.

그중 하나가 글쓰기다. 스물두 명의 미국 여성 작가들이 쓴 『불태워라: 성난 여성들, 분노를 쓰다』는 분노하는 여성들의 글을 엮은 선집이다. 공포라는 감정밖에 허락받지 못한 흑인 여성이기 때문에, 아픈데도 고통을 들어주지 않는 사회 분위기 탓에(미국에서는 복통을 호소하는 남성이 진통제를 투여받기까지 평균 49분, 여성은 65분이 걸린다는 조사 결과가 있었다), 어릴 때 엄마의 애인이 성추행을 했는데도 엄마가 외면해서, 트랜스젠더인 나의 성별을 부인하는 사람들 때문에, 분노하는 아버지를 보면서 겁에 질려서, 배가 고파서, 강간을 당해서…… 이렇게 화낼 만한 이유가 명백할 때도 여성의 분노가 보일 때마다 사람들은 각종 딱지를 붙여왔는데, '비이성적인' '불안정한' '유해한' '무서운' '도움이 필

요한' '심리치료가 필요한' '미치광이' '히스테리 환자' '또라이' 등
이다.

컬럼비아대학에서 논픽션 쓰기를 가르치는 레슬리 제이미
슨Leslie Jamison은 스스로 "저는 화를 안 내요. 슬퍼하죠"라고 말
해왔음을 깨닫는다. 하지만 자신의 감정은 분명 분노였다는 것
이다. '슬픈 여자 대 미친 여자' '상처 받은 여자 대 악랄한 여자'
'순수한 희생자와 성내는 쌍년' '징징거리는 울보와 영웅적인 악
녀'를 나누는 구분은 사실 "똑같은 종이 인형에 옷만 달리 입힌
것"이다.⁶ 성난 쌍년뿐 아니라 상처 받은 울보 또한 절제를 아는
희생자가 아니므로 언제든 비판의 대상이 될 수 있다.

"나는 내 눈이 쏘아내는 불길로 나무를 태우고 싶다. (……) 복
수심으로 가득한 심장을 갖고 싶지만, 내가 가진 건 한 줌의 눈
물뿐이다."⁷ 대학생 및 미성년자 성범죄 생존자를 위한 공익변
호사로 일하고 있는 머리사 코블Marissa Korbel의 말이다. 미국 여
성 중 절반 이상이 화가 나서 울어본 경험이 있다고 한다. 일터
에서 우는 여자는 최악이다. 하지만 이런 경우 눈물은 슬픔이라
기보다는 억울함과 분노, 무력함의 표현이다. 충분히 인정받고
보상받지 못해서, 기대했던 것과 평가나 대가가 너무도 크게 어
긋나기 때문에 여자들은 눈물을 흘린다.

철학자 마사 누스바움의 혐오 이론에서 보듯 눈물이건 월경

혈이건 거식증 구토로 뿜어내는 토사물이건 동물적이고 원초적인 것을 환기시키는 물질을 내놓는 여성 신체는 혐오의 대상이 된다. 배고픔 또한 동물에 가까운 감각이다. 작가 로언 히사요 뷰캐넌Rowan Hisayo Buchanan은 "나는 항상 배고픈 사람, 행그리한 사람이었다"고 털어놓는다.[8] 헝그리hungry와 앵그리angry의 합성어인 '행그리'hangry는 2018년 옥스퍼드 영어 사전에 등재되었다.

거식증은 현대 여성의 질병으로 굳어졌고 미국에선 섭식장애로 62분에 한 명이 목숨을 잃는다. 그들 모두가 여성은 아닐 테지만, 분명한 건 행그리한 여성이 많다는 사실이다. 집단적 허기는 이 시대의 가장 뚜렷한 여성 현상이다. 행그리한 여성이 많은 건, 많은 여성들이 행그리한 상태에 놓여 있기 때문이다. 오스트레일리아의 페미니스트 저메인 그리어는 "우리에 갇힌 호랑이는 호랑이로 태어나서 불행한 것이 아니라 동물원 우리에 갇혀 있기 때문에 불행한 것이다. 마찬가지로 여성의 우울함은 여성으로 태어나서가 아니라 비인간적인 환경 때문이다"라고 말했다.[9]

분노하는가? 화가 나는가? 울고 싶은가? 배고픈가? 헛헛하고 막막해서 자꾸만 음식을 찾게 되는가? 음식을 먹고 싶어도 먹지 못하는 거식증에 고통받는가? 분노와 허기는 다르지 않다.

자해는 남을 해치지 못하는 분노와 적개심이 자신의 살갗으로 향하는 것이며, 폭식증은 거식증과 잘 구분되지 않는다.

구원을 찾아다닌 끝에 만난 위대한 구루가 이런 행그리한 상태를 진단하고 위로해줄 수는 있다. 하지만 그는 결코 행그리한 여성을 구원할 수 없다. 내 안의 배고프고 우울한 어린아이를 배불리 먹여 따뜻하게 감싸줄 사람은 세상에 오직 나뿐이다. 부디 당신의 몫이 만족스럽기를, 채워지기를, 흡족하기를! 다른 곳에 행그리한 여성들이 있다는 사실 또한 반드시 기억하기를!

말싸움,
공식을 배우고
기술을 익혀라

- 이민경, 『우리에겐 언어가 필요하다: 입이 트이는 페미니즘』, 봄알람, 2016.
- 하루카 요코, 『나의 페미니즘 공부법』, 지비원 옮김, 메멘토, 2016(東大で上野千鶴子にケンカを學ぶ, 2000, 개정판 2004).

"독자를 확보할 생각이 전혀 없습니다."[1]

책을 많이 팔 의도에서 쓴 것이 아니라고 지은이가 딱 잘라 밝혔지만, 『우리에겐 언어가 필요하다』는 2016년 여성 독자들의 뜨거운 지지를 받으며 '페미니즘 출판 시대'를 활짝 열었다. 『입트페』(부제인 '입이 트이는 페미니즘'을 줄인 말)라는 제목으로 더 유명한 이 책은 크라우드펀딩 플랫폼 텀블벅에서 20일 만에 무려 4300만 원이 넘는 후원 금액을 모아 당시 그 플랫폼 출판 분야 최고 목표 금액 기록을 세웠다. 『입트페』는 2016년 6월, 온라인 서점에 입고되자마자 사회과학 분야 베스트셀러에 진입했고 책이 나온 지 한 달여 만에 1만 권 가까이 판매됐다. 판권을 수출해 2018년 12월 일본어판이 나온 뒤 현지에서 "『82년생 김지영』이 질문이라면 『입트페』는 해답"이라는 호평을 받기도 했다.

이민경 작가와 그의 친구들은 2016년 강남역 살인사건을 계기로 페미니즘 책만을 출간한다는 원칙에 합의하고 두 달 만에 출판사 봄알람을 설립했다. 그들이 2020년 출간한 『김지은입니다: 안희정 성폭력 고발 554일간의 기록』은 그해 온라인 서점 알라딘 독자가 뽑은 올해의 책 TOP 10에 올랐다. 『입트페』는 『김지은입니다』, 『82년생 김지영』과 함께 2000년대 페미니즘 출판을 말할 때 빼놓기 힘든 책이다.

통역대학원에 다니던 이민경 작가는 1992년생. 외국어를 공부해온 자신의 경험을 살려 '성차별 토픽 일상회화 실전 대응 매뉴얼'로 『입트페』를 기획하고 썼다. 외국어 회화가 안 되면 문법을 공부하고 학원에 다니듯이 페미니즘도 실제 대화를 잘하기 위한 공부가 필요하다는 생각에서 기획한 것이다.

　이 작가는 강남역 살인사건을 계기로 "페미니즘을 피 터지게 독학하여" 단 9일 만에 책을 썼다.[2] 성차별 대응 매뉴얼 1번은 '당신에게는 대답할 의무가 없다'는 것이었다. 무례한 질문에 답하지 않는 것도 하나의 답이 될 수 있다는 이야기에 독자들은 환호했다. 인터뷰에서 이 작가는 "독자들이 이 책을 보고 '대답할 의무가 없다는 것을 처음 생각해봤다'고 했을 때 마음이 아팠다"며 "현실에서 여자들은 친절하지 않을 자유마저 없다"고 덧붙였다.[3]

　"좋게 말하는데 왜 이렇게 예민해?" "페미니즘보다 휴머니즘이 중요한 거 아니야?" "남자가 다 그런 건 아니잖아?" "너 혹시 페미니스트야?" 같은 질문은 사실 궁금해서 묻는 말이라기보다는 공격에 더 가깝다. 이런 '착하지 않은 질문'에는 나쁜 의도뿐만 아니라 얄팍한 논리가 마구 섞여 있기 일쑤라고 지은이는 설명한다. 무례하고 논리 없는 말에 친절하게 대응하다 보면 대화에 실패하고 자책으로 쉽게 이어진다는 점도 빼놓지 않는다.

사실 대화는 적잖은 에너지를 쏟아부어야 하는 일이고, 감정 노동을 필요로 한다. 관계를 망치지 않으려고 최대한 노력을 해봤자 차별이 존재하는 사회에서 페미니스트를 지향하는 초심자의 말은 힘이 약할 수밖에 없으므로 홀로 분투하고 나서 괴로움에 휩싸이는 것도 당연하다. 하지만 이럴 때, 상대방 앞에서 최대한 인내하고 친절하게 설명해주는 일 말고도 다른 선택지가 있음을 먼저 알아야 한다고 지은이는 말한다. 무례한 질문과 대화에 계속 휩쓸려 들어가기보다는 명확하게 대화를 종료하는 것도 하나의 방법이라는 것이다.

　　어렵게 꺼낸 차별의 이야기를 팔짱 낀 채 방어적으로 듣고 있는 상대를 보면서 상처 받은 경험이 있다면 그건 내 문제가 아니라 그 사람의 문제일 수 있다. 경험을 나누되 소진되지는 말자며 이 책은 독자를 위로한다. "상대의 반응이 예상과 달라 상처를 받는다면 당신이 덜 열심히 해서가 아니라 그냥 상대가 그런 사람이어서 그런 겁니다."[4] 굳이 대화를 계속하겠다면 반문하기, 지적하기, 가로채기, 선 긋기 등의 방법을 사용하도록 제안한다.

　　일본 연예인 하루카 요코遙洋子가 쓴 책 『동경대에서 우에노 교수에게 싸움을 배우다』(2000)는 현지에서만 20만 부가 넘게 팔린 초대형 베스트셀러다. 한국에서는 2000년 『싸우는 여자가 아름답다』라는 제목으로 먼저 번역되었고, 2016년 다시 『나의 페미니즘 공부법』이란 제목으로 재출간되었다.

"싸움을 선택하든 선택하지 않든 사람은 싸움을 피할 수 없다. (……) 살아가는 데는 돈과 말이 필요하다. 이것들이 없다면 지배에 예속될 수밖에 없다."[5]

지은이는 1986년부터 요미우리텔레비전 버라이어티 프로그램에서 사회를 보기 시작했다. 우리나라로 치면 아침이나 저녁에 방영하는 정보 프로그램이랄까. 재능 있는 여러 분야의 연예인들이 등장해 이른바 '말빨'로 자웅을 겨루는 전쟁터에서 잔뼈가 굵은 사람인 것이다.

1985년 일본이 유엔의 여성차별철폐협약을 비준한 뒤 대학에 여성학 프로그램이 도입됐을 때 하루카 요코 또한 그 '세례'를 받았다. 데뷔를 하고서 10여 년 뒤인 1997년, 그는 논쟁하는 법을 익히기 위해 "일본에서 가장 무서운 여자"라는 별명이 붙은 여성학자 우에노 지즈코 교수에게 배우기로 하고, 어렵게 대학원 입학을 허락받았다.

진지하고 긴 분량의 시사 프로그램이나 시시한 신변잡기 정보 프로그램이나, 그가 출연해온 토크쇼들 전체를 통틀어 난무하는 단 하나의 메시지는 저마다 인정과 사랑을 갈구하는 내용이었다. '나만 옳다' '모든 이에게 사랑받고 싶다' '나 귀엽죠?' 같은 욕망의 드라마가 생방송 내내 솟구쳤다. 자신을 한번이라도 더 쳐다봐달라는 인정 투쟁의 폭발, 그게 아니면 '여자는 입을 다물어라' 같은 차별적인 말을 듣고 지은이는 속이 부글부글 끓었다. 하지만 죽자고 싸우자며 덤벼들 수도 없었다.

　주제와 상관없이 언제 어디서나 튀어나오는 남성의 나르시시즘적 메시지 또는 여성혐오적 언사를 접할 때마다 불쾌감을 느끼면서도 지은이는 입을 다물었다. 하지만 방송은 사회적 영향력이 큰 매체였으니, 이건 자신만 참으면 끝나는 일이 아니라고 생각했다. 논쟁에서 단칼에 상대를 제압하고 확실하게 이기고 싶었던 지은이는 "보란 듯이 끊임없이 이기는" 방법을 찾으려 했다. 하지만 뜻밖에 우에노 교수는 '토론에서 상대방을 때려눕히려고 하면 안 된다'고 잘라 말했다. 그렇게 되면 그 세계에서 미움을 받게 된다는 것이다. 싸움의 목표는 미움을 받는 데 있지 않다. 상대를 때려눕히는 방법이 아니라, 상대를 갖고 노는 방법을 배워서 돌아가라는 스승 앞에 지은이는 단박에 무릎 꿇는다.

　화려한 화장과 옷차림으로 도쿄대에 용감무쌍하게 들어선 지은이는 '지성의 전당'에서 때로는 주눅 들고 때로는 상큼한 균열을 내면서 서서히 논쟁과 학문의 맛을 알아간다. 자신이 겪은 연예계와 학문 세계의 경험은 극단적으로 달랐다. 오사카 코미디언들의 파티는 술을 먹고 웃고 떠들며 취해 과격한 성희롱이 아슬아슬하게 펼쳐지지만 어쩐지 재미난 것이기도 했다. 반면 학자들의 파티는 바흐의 미사곡을 통째로 들은 뒤 엔카를 부르는 식이어서 이해하기가 힘들었다. 혼란스럽고 구토가 나올 정도로 방대한 양의 논문과 책을 3년 동안 읽으며 토론한 뒤 그는 싸움에 강한 사람이 되었다. 비로소 이길 수 있는 사람이 되었지만, 굳이 이기지 않는 방법도 있다는 것을 알게 되었다.

이 책은 일본 연예계나 지적 전통에 낯선 한국 독자들에게도 꽤 공감을 불러일으키는데, 대중 연예계에서 스스로를 페미니스트라고 일컫는 사람이 '괴물'로 취급된다는 점에서 특히 그렇다. '페미니즘을 비판하는 기술' 또한 양국 모두 비슷한 편이어서, "페미니즘은 뭐든 그런 방정식을 내놓는다" "페미니즘으로 교활한 장사를 하지 마라" 같은 소리를 지은이는 곧잘 듣곤 했다. 여자라고 늘 같은 편일까? 절대 그렇지 않았다. 텔레비전 토론 프로그램에서 지은이는 여자까지 합세한 적에게 집단적으로 공격을 당할 때도 있었고, 귀여운 여자와 순종적이지 않은 여자라는 파벌을 만들어 싸움을 붙이는 토크쇼의 구도 가운데 끼어 희생물로 난타당하기도 했다. "요괴는 남자로부터도, 여자로부터도 요괴 취급을 받는다."[6]

이 책의 주제는 어디까지나 '싸움의 기술'이다. 싸움의 열 가지 방법이 책의 핵심을 이룬다. 되받아치기, '모르겠다'면서 질문하기, '○○란 무엇인가'라고 질문하기, 질문을 다시 질문하기, 언어에 민감하기 등이다. 다리를 쩍 벌리고, 외모에 전혀 신경을 쓰지 않는 채 토론에만 집중하는 상대와 대적하기 위해선 온 신경을 곤두세우고 공격할 지점을 찾아야 한다.

'학문의 최전선'에 들어가 3년치 문헌을 다 읽고 나서 그가 깨달은 건 하나였다. 그렇게 많은 논의가 있다면, 세상은 한마디로 말할 수 없다는 것이었다. 패배다. 자포자기한 그의 말에 우에노 교수는 말했다.

"그걸 깨달았으면 된 거예요!"[7]

'피해자 탓하기'victim blaming가 난무하는 가운데 여성이 말을 하려면 단단한 마음가짐이 필요하다. 상대가 왜 저런 말과 생각을 하는지 이해하려고 노력하는 것보다는 반복된 화술 훈련이 자신감을 줄 때도 있다. 무엇보다 상대에게 친절하고 싶어서 부당한 대우를 기꺼이 감수하는 일을 중단해야 한다. 그리고 말싸움의 결과로 얻을 결실, '나'와 '연결'을 모두 포기하지 않는 용기가 필요하다. 치고받고 언쟁을 한 다음에는 나에 대한 비판을 받아들일 줄도, 상대와 기꺼이 화해할 줄도 알아야 한다. 화해 또한 용기와 엄청난 감정노동이 필요한 일이다.

"세계가 말로 이루어져 있다면, 말은 세계를 바꾼다"[8]는 문장을 비틀면, 이렇게도 쓸 수 있겠다. 나의 말은 나를 이루고, 적어도 나의 세계를 바꿀 수 있다. 말하기는 두려운 일이다. 하지만 말하지 않는다면 아무것도 바꿀 수 없다.

혐오 표현,
그 해석과 저항을 위한
여러 갈래 길들

- 윤보라·임옥희·정희진·시우·루인·나라, 『여성혐오가 어쨌다구?』, 현실문화, 2015.
- 홍성수, 『말이 칼이 될 때』, 어크로스, 2018.
- 주디스 버틀러, 『혐오 발언』, 유민석 옮김, 알렙, 2016(*Excitable Speech*, 1997).

2015년 8월, 인터넷 커뮤니티 '메갈리아'가 탄생했다. 메갈리아는 노르웨이 출신 작가 게르드 브란튼베르그의 소설 『이갈리아의 딸들』에 나오는 남녀의 성역할이 바뀐 가상 세계 '이갈리아'와 '메르스 갤러리'를 합한 말이다. 메르스 갤러리는 온라인 커뮤니티 포털 디시인사이드의 갤러리 가운데 하나로, 2015년 5월 29일 개설되었다. 20년 전 출간된 『이갈리아의 딸들』은 디지털 페미니즘의 붐을 탔고, 2015년 연말 두 달 동안에만 4000여 부가 팔려 나갔다.

메갈리아는 이명박 정권 때 촛불집회에 앞장서고 진보적인 신문사의 전면 광고를 사던, 보수 정권에 저항하면서 소비자 권리를 적극 행사한 '여초 카페'들과 성격이 달랐다. 2010년대 전후 소비자 정체성을 띠던 기존의 여초 카페 이용자들이 현실 정치에 깊은 관심을 갖고 활발하게 활동하다가 특정 정치인에 대한 일종의 팬덤을 이루기도 했다면, 메갈리안들은 여성이 겪어야 하는 성차별과 성폭력에 깊은 관심을 보이는 래디컬 페미니스트에 가까웠다. 가장 특별한 차이점은 메갈리안들이 여성혐오적인 언어에 대항해 집단적으로 '미러링'이라는 일종의 '반사하는 말'을 사용하기 시작했다는 것이다.

극우 성향의 온라인 커뮤니티 '일간베스트'(일베)는 된장녀뿐 아니라 보빨러(여성을 좋게 말하는 이), 낙태충(임신중단을 했거나 이를 옹호하는 이), 씹선비(여성혐오 담론을 경계하는 이), 보슬아치(여성임을 내세워 특권을 주장한다는 이), 삼일한(여성은 3일에 한 번씩 패야 한다는 말) 등 여성혐오적 언어들을 만들고 유통시켰다. 이에 메갈리아 사이트를 만들어 나온 여성들은 여성혐오적 언어에 대항하는 발화를 시작했다. '김치녀' '된장녀'를 미러링해 '김치남' '한남충' '한남'이라 일컬었고, '낙태충'에 대항해 '싸튀충'(자신의 아이를 임신한 여성을 두고 도망가는 이)이란 말을 만들었다. '천하제일 여혐 광고대회'를 열어 여성혐오 경험을 폭로하고 성범죄 사이트 소라넷 공론화 및 폐쇄에 나서기도 했다.

하지만 메갈리안들이 과격하고 정확하게 맞받아치는 발화를 거듭하자 혐오 표현에 대한 논란이 불거졌다. 여론은 '남혐'(남성혐오)이라며 양쪽 모두 혐오 표현을 하고 있다는 양비론을 펼치는 경우가 많았다. 2016년 5월 17일 강남역 여성 살해사건이 벌어진 뒤 여성들은 "나는 우연히 살아남았다" "여자라는 이유로 공포를 느껴야만 했다" "여자이기 때문에 죽었다"고 말했다.[1] 일베에서는 "한 인간쓰레기가 살인을 저질렀다고 온 남성들을 모욕하지 마라. 메갈들아" 등의 글이 올라오기도 했다.[2]

일베를 오랫동안 연구한 여성학 연구자 윤보라는 『여성혐오가 어쨌다구?』에서 1997년과 2008년의 경제 위기 당시 한국 사회가 겪은 좌절과 불안의 타격을 여성에게 집중시킨 데서 여성혐오 담론 형성의 원인을 찾는다. 2000년대 들어 '알파걸' '여 풍' '골드 미스' 담론이 나타나고 여성의 성취가 두드러졌으며 여 성이 소비자로 뚜렷한 정체성과 막강한 소비 능력을 갖게 되자 '된장녀' 담론이 휩쓸게 되었다는 것이다.

2005년 6월의 '개똥녀' 사건은 온라인 마녀사냥의 원형이면 서 여성혐오의 표적이 여성부나 페미니스트로 통칭되는 집단 이 아니라 여성 개인으로 옮아가는 징후적 사건이었다고 그는 분석한다.[3] 또한 '메갤'(메르스 갤러리)의 '드립력'을 보고 놀란 남 성 유저들의 반응에서 윤보라는 유머와 '드립력'이 온라인 공간 에서 우월성을 확보하고 권력을 분배하는 심급이었으므로 남 성들이 여성에게 이 권력이 배당되지 않도록 하려는 노력을 읽 어낸다.[4]

『말이 칼이 될 때』에서 홍성수 숙명여대 법학부 교수는 '여성 혐오' 발언과 관련해 분명한 입장을 보인다. '남혐'은 차별을 생 산하는 언어라고 보기 힘들다는 것이다. 혐오 표현은 차별을 조 장하고, 상처를 주고, 배제와 고립을 낳을 수 있는 표현을 가리 킨다. 이는 단순히 개인적인 불쾌감이 아니라 "구체적으로 입증 가능한 고통과 사회적 배제를 낳고 있으며, 혐오가 차별과 폭력 으로 이어졌던 역사적 경험"도 함께 있어야 한다.[5] 혐오 표현은 과거에도 차별적이었으며, 지금도 차별적이고, 앞으로도 그럴 가능성을 지니고 있어야 하는 것이다.

여성혐오에 맞선 응답으로 탄생한 메갈리아의 미러링은 단순히 '남성혐오적 단어'라고 보기 힘들다고 그는 풀이한다. 미러링의 전략적 목표는 여성혐오적 말들이 여성 차별을 재생산하고 악화시키는 것을 극적으로 보여주어 현실을 직시하게 하는 것이기 때문이다. 남자를 '한남충'이라고 한 번 발화하는 것은 끝없이 스스로 '김치녀'가 아님을 증명해야 하는 고단한 상황에서 벗어날 수 있는 전략적 선택 중 하나였다는 것이다. 여성혐오와 남성혐오가 모두 나쁘다는 양비론을 놓고 그는 "미러링의 취지를 오독"한 것이라며 "사회적 효과를 보면, 여성혐오와 남성혐오가 똑같은 문제를 낳고 있다고 보는 것은 무리"라고 설명한다.[6]

미러링 논란이 거듭되면서 주디스 버틀러Judith Butler 미국 캘리포니아 버클리대학 교수의 『혐오 발언』은 발간과 동시에 큰 주목을 받았다. 한국어판이 나온 2016년 8월 이전부터 이 책은 '혐오의 시대'를 맞은 한국 사회에서 뜨거운 비평적 담론을 촉발할 것으로 예견되었고, 실제 그러했다.

버틀러는 주저 『젠더 트러블』에서 사회적 성을 가리키는 '젠더'가 원본 없는 문화적 전략이며 반복, 모방이라는 주장을 폈다. 『혐오 발언』에서도 발화자가 말을 반복할 뿐, 원저자가 아님을 강조하며 말의 권력을 해체한다. 이 책에서 그는 다양한 형태의 '상처 주는 말'injurious speech을 설명하면서 혐오 발언 규제, 반포르노그래피 논증, 군대 내 동성애자의 자기 선언, 국가 검열 등의 논쟁을 검토한다.

'혐오 표현'hate speech은 책의 핵심을 이룬다. 이는 폭력적으로 침묵을 강요하며 차별을 실행하기 때문에 문제적이다. 예컨대 반포르노 활동을 펼친 미국의 페미니스트 법학자 캐서린 매키넌은 포르노그래피가 일종의 혐오 표현이며 여성을 종속적 위치에 두면서 사회적 현실을 만들어내기 때문에 국가가 개입해야 한다고 주장한다. 반면 버틀러는 "포르노그래피의 권력은 효력적이지 않다"고 본다.[7] 포르노그래피가 사회적 현실을 구성할 권력을 행사하지 못한다고 보는 것이다. 그는 차별·혐오적인 표현이 곧바로 상처가 되며 행위로 연결된다는 점을 받아들이지 않는다. 혐오 표현이 강자의 차별을 정당화하고 약자의 입을 막아 침묵시킨다(레이 랭턴)는 대부분의 주장을 비판하는 것이다.

왜일까. 먼저 버틀러는 인종차별주의자나 성차별주의자 등 상처 주는 말을 하는 이가 절대적이고 유일한 권력을 가졌다는 전제를 해체하려 한다. 말하는 자는 그 발언의 창시자가 아니며, 말은 항상 통제할 수 없다. 말의 의미는 끝없이 변화·탈선하고, 청자의 개입에 따라 발화자의 의도와 정반대의 효과를 낳을 수도 있기 때문이다. 버틀러는 혐오 표현이 고통을 야기한다는 점은 인정하지만 '상처 주는 말'이 '저항의 도구'로 바뀔 수 있는 가능성에 더욱 집중한다.[8]

혐오 표현에 대한 국가 개입과 법적 규제는 이 책에서 가장 논쟁적인 사안이다. 버틀러는 원칙적으로 혐오 표현에 대한 국가의 개입을 반대한다. 법의 호명에 신성한 권력, 마법 같은 효력이 존재하지 않는다는 것이다. 더군다나 혐오 표현의 법적 규제는 수신자가 민감하게 반응하며 부르르 맞받아치는 말도 함께 금지할 수 있다. 정치적 중립이 의심스러운 국가의 판결은 소수자에게 불리하기 때문이다. 법의 말, 국가의 발언, 공적 영역의 목소리는 주로 주류 쪽의 언어나 견해다. "(약자를 보호하려는) 입법 의도는 국가에 의해 불가피하게 오용된다"고 그는 말한다.[9]

그 대신 버틀러는 '맞대응'을 제안한다. 혐오적인 발언에 저항하는 정치적 실천으로서 맞받아치기, 전복하기, 해체하기 등이다. '퀴어'라는 욕설을 동성애자들이 해방적으로 바꿔버린 것이 한 예다(우리나라에서도 '잡년행진' 등의 사례가 있다). 주변화된 비주류는 말을 재맥락화하고 재구성해 혼돈을 만들고 개입하며 '기원'을 해체할 수 있다.

그럼에도 쉽사리 고개를 끄덕이기 힘들다. 혐오 집단의 위협은 개인의 안전과 생존을 위태롭게 할 수 있을 정도로 폭력적(마리 마츠다)일 수 있는 까닭이다. 언어를 재가공해서 저항하고 전복하는 일을 '민주적 해법'이라고 제안하는 버틀러의 사유가 엄혹한 현실에서는 너무 이상적으로 보이기도 한다.

이 책은 메갈리아의 미러링을 설명해주는 이론적 틀이 되기도 했지만 한쪽에서는 우려도 제기되었다. 배은경 서울대 교수(사회학·여성학)는 이 책을 두고 '혐오 표현'은 강자가 약자에게 하는 정치적 폭력, 언어폭력의 맥락을 갖고 있는데, 이를 약자가 그대로 되받아치는 모습을 볼 때 구경꾼들은 '상호 폭력'이라고 간주할 수 있다고 설명했다.[10] '일베'와 '메갈리안'을 똑같은 혐오 발화자라고 보는 이들의 시선이 단적인 예다.

버틀러가 쓴 이 책의 원제는 『익사이터블 스피치』*Excitable Speech*로 흥분하기 쉬운 말, 격분시키는 말, 자극적인 말 등으로 옮길 수 있지만 정확한 뉘앙스 전달이 힘들다. 출판사와 옮긴이가 긴 고민 끝에 한국어판 제목을 『혐오 발언』으로 결정했는데, 혐오 표현hate speech과 혐오 발언excitable speech을 구분하기 어렵다.[11]

버틀러의 책은 난해하기로 유명하다. 말을 비틀고 재창조하며 언어적 환상을 부수는 버틀러의 속셈을 책에서 발견하는 것도 그의 책을 읽는 맛이라면 맛이다. 그가 진정 하려는 말은 무엇이었을까? 그는 한국에서 벌어진 메갈리아의 미러링에 대해 어떻게 생각하고 있을까? 복잡한 그의 이론을 적극적으로 이해하고 현실에 적용하려 책을 펴드는 한국의 놀라운 여성 독자들에게, 어쩌면 버틀러가 내려주는 '정답'은 필요하지 않을지도 모른다는 생각을 나중에 하게 되었다.

사랑,
사고파는 영역으로 침투한
감정 혹은 노동

- 앨리 러셀 혹실드, 『나를 빌려드립니다』, 류현 옮김, 이매진, 2013(*The Outsourced Self*, 2012).

- 앨리 러셀 혹실드, 『가족은 잘 지내나요?』, 이계순 옮김, 이매진, 2016(*So How's the Family?*, 2013).

- 알렉산드리아 J. 래브넬, 『공유경제는 공유하지 않는다』, 김고명 옮김, 롤러코스터, 2020(*Hustle and Gig*, 2019).

사생활 서비스가 발달한 미국에는 가족을 위한 별별 서비스가 존재한다고 한다. 아이에게 무엇을 사 줄 것인지 가르쳐주는 '육아 설계사', 아이를 위한 안전한 문과 목에 휘감길 염려가 없는 줄 없는 블라인드를 설치해주는 '안전 점검 도우미', 아이 이름을 골라주는 '유아 작명가'(이건 한국이 전통에서도 앞선다), 아이의 배변 연습을 도와주는 '배변 훈련가', 아이의 여름 캠프를 골라주는 '캠프 상담사' 등. 전문가들은 가족이 당면한 어려운 과제를 능숙하게 해결하면서 의뢰인들의 사랑을 영속시킨다.

'감정노동'을 처음으로 이론화한 앨리 러셀 혹실드^{Arlie Russell Hochschild} 미국 캘리포니아 버클리대학 명예교수는 1960년대부터 공공성과 '사생활'을 연결시켜 사유해온 감정사회학자다.[1] 그는 "사회학의 가장 중심부에는 감정이 위치한다"고 보았다. '감정'과 '느낌'은 사회적인 것이며 중요하게 분석되어야 할 공공의 문제인 동시에 개인의 문제라는 것이다.[2] 혹실드는 『나를 빌려드립니다』에서 러브 코치, 웨딩 플래너, 대리모, 유모, 노인 돌보미, 문상객 서비스 등 감정이나 사생활을 외주화하는 '아웃소싱 자본주의'를 비판적으로 분석했다. 이듬해 출판된 『가족은 잘 지내나요?』에서는 한발 더 들어가 사적 감정과 가족관계의 시장화를 추궁한다. 인종, 역사, 문화의 맥락에 따라 사람의 감정이 어떻게 상품화하고 교환되는지 종합적으로 살핀 것이다.

외롭고 고통스러운 돌봄노동과 복잡하고 미묘한 사랑의 표현은 이제 간편하게 구매할 수 있는 서비스가 되었고, 그게 더 이상 이상한 일도 아니다. 가족의 일을 대신해주는 시장의 영역을 인정하는 '자유시장 가족관'이 널리 퍼진 까닭이다. 부부 친밀감과 최소한의 양육을 제외한 모든 것을 외주화하는 흐름은 이제 시대정신이 되었다.

자유시장주의자들은 "자유시장에 좋은 일은 가족에도 좋다"고 주장한다.[3] 그들의 말처럼 자유시장이 확대될수록 소비자 가족은 더 많은 어려운 일을 아웃소싱하며 더 손쉽게 행복해질 수 있다. 하지만 판매자 가족들은 그만큼 더 무거운 부담을 지게 된다. 빈곤 가정의 노약자들은 돌볼 사람이 없어 더욱 고통스러운 상황에 놓이기 때문이다. 국가의 도움을 받으면 좋겠지만, 시장화로 인한 규제 완화와 공공서비스 축소 탓에 이들은 돌봄의 혜택을 받지 못한다.

사생활의 시장화는 특히 요람에서 무덤까지, 가족이(주로 여성이) 수행해야 할 돌봄노동 영역에서 잘 나타난다. 미국에서 시장화한 가족관계의 한 가지 예가 '임대 엄마' 사업이다. 혹실드가 인터뷰했던 한 주부는 감사할 줄 모르는 남편에 질려 결혼 12년 만에 이혼한 뒤 사업을 시작했다. 집에서 공짜로 제공하던 가사·돌봄노동을 돈 받고 하기로 결정한 것이다. 임대 엄마는 집 청소, 옷 손질, 음식하기, 아이 보살피기, 정원 가꾸기 같은 가치에 시장 가격을 매겼다. 엄마의 '가치'를 시장의 '가격'으로 바꾼 것이다. 진짜 엄마는 임대 엄마와 사랑을 경쟁하지 않고, 아이가 임대 엄마와 잘 지낼수록 행복해한다.[4] '임대 엄마'라는 말만 없을 뿐, 한국이라고 다르지 않다.

기업 경영 컨설팅 회사는 (주로 돈 많고 시간 없는 남성) 고객이 가정에서 부모·배우자 노릇을 제대로 하는지 평가하고 보고서를 작성해준다. '가족관계 강화를 위한 발전 계획'을 세우고 고객이 가족에게 투입할 시간 전략도 짜준다. 가정 경영은 기업 경영과 정말 다를 바가 없어진 것이다.[5]

사랑에 목마른 이들을 위한 서비스를 보면, '러브 코치'라는 것이 있다. 이들은 소비자들의 안전한 데이트와 성생활을 설계하고 조언한다. 사랑 고백을 도와주는 대행업체나 친구 찾기 서비스 덕분에 사랑도 우정도 상품의 일부가 되었다. 혼자 사는 사람에게도 단란한 가정의 문화를 판매한다.

사적인 삶을 상품화한 시장에서 서비스 노동자들은 주로 여성이다. 2013년 초에 '상업 대리모'가 합법화한 인도에서는 예비 대리모들이 언제든 임신할 준비가 돼 있으며 임신 클리닉의 충고에 따라 자기 자궁을 '운반체'로 여기는 경우가 많았다.[6] 자신의 아이를 친족에게 맡기고 제1세계로 떠나온 제3세계 여성

1977년 국제 여성의 날 뉴욕에서 벌어진 여성들의 시위. 이들은 사랑의 노동, 즉 가사노동에 대한 임금을 달라는 주장을 펼쳤다. 물론 지금은 시대가 변해 혹실드의 분석처럼 그 노동이 상당 부분 외주화되어 새로운 상황이 펼쳐졌지만 말이다.

이주노동자, 대리모 들은 이런 구조적 비극 속에 큰 감정적 희생을 치른다. 친척 집에서 '눈칫밥' 먹는 아이들의 갈등이나 고통도 예외가 아니다. 2010년 세계은행이 공식 집계한 이주노동자의 송금액은 필리핀의 경우 국내총생산의 12퍼센트에 이른다.[7] 그러나 이 여성들의 송금은 일자리 창출이나 지역경제 투자 같은 일보다 그저 남은 가족을 겨우 먹여 살리는 데 쓰이는 것이 대부분이라고 혹실드는 분석했다. 불평등은 재생산되고, 상황이 개선되지 않는다면 그들의 아이들 역시 이주노동을 대물림해야 할지도 모른다.

거의 반백 년 동안 여성노동을 고민해온 혹실드는 돌봄노동, 감정노동이 전 지구적 문제로 인식되어야 할 중요한 의제라는 점을 빼놓지 않는다. 국경을 넘어 엄마들이 이동하지 않아도 되도록 남반구와 북반구의 경제적 차이를 줄이라고 요구하는 것, 세계은행·국제통화기금·북아메리카자유무역협정 등에 압력을 가하는 것도 필요하다고 조언한다. 그 전에 물론, 인식의 길잡이를 마련하는 일이 먼저다. "자유시장은 자유시장의 체제 자체를 영속하는 일 빼고는 다른 목적은 전혀 신경 쓰지 않는다."[8] 자유시장에 좋은 것이 가족에게 모두 좋을 리 없는 이유다.

2020년대인 지금은 2000년대 초 혹실드의 연구조차 옛것처럼 느껴질 정도로 상황이 변했다. 요즘 시장의 감정노동과 서비스를 보면 상황이 더욱 심각해졌다는 점을 알 수 있다. 모바일 기술의 발달로 공유경제 서비스가 확산되면서 초단기 임시직 일자리로 운용되는 '긱 경제'Gig Economy가 출현했기 때문이다.[9] 애플리케이션으로 간편하게 주문할 수 있는 형태의 이 일은 개 산책, 청소, 장보기, 운전 등 사생활의 상품화를 넘어 "불쾌한 일의 외주화"와 "노예 경제"를 심화했다.[10] 가난에서 벗어나려 발버둥치는 노동자들에게 긱 경제는 생존을 위한 최후의 수단이다. 일을 거절하기 힘든 사람들의 위험한 노동은 앱으로 간편하게 주문, 배달된다.

『공유경제는 공유하지 않는다』를 쓴 사회학자 알렉산드리아 J. 래브넬Alexandrea J. Ravenelle 노스캐롤라이나대 교수는 공유경제를 "착취가 횡행하던 시대로 노동자를 돌려보내는 퇴행 경제"라고 못 박는다.[11] 에어비앤비(숙박 공유), 우버(차량 공유), 태스크래빗(인력 공유), 키친서핑(전문 셰프 파견) 등 다양한 서비스에 등록된 20~56세 남녀 노동자 80여 명을 면담한 뒤 지은이는 초기 산업사회 이후 100여 년에 걸쳐 확립된 노동자 권리와 페미니즘 운동으로 얻어낸 성희롱 방지법 등이 속수무책 무너지고 있다고 말한다.

성희롱이 의심되는 제안이나 모욕적인 말, 추근대거나 불편한 상황에도 노동자들은 입을 조심한다(지은이는 이용자들의 '갑질' 속에는 노동자를 향한 경멸과 함께, 일자리를 포기할 만큼의 불쾌감을 느끼길 바라는 욕구가 깔려 있다고 본다). 1974년 성희롱이란 개념을 처음 사용한 페미니스트 저술가이자 저널리스트 린 팔리는 여성이 소수인 비전통 직군에서 성희롱의 목적은 '여성을 배척하는 것'이었고, 여성이 다수인 직군에서는 그 목적이 '여성을 억압하는 것'이라고 보았다. 놀랍게도 긱 경제 속의 노동자는 자신이 겪은 성희롱을 '성희롱'이라고 언어화조차 하지 못했다. 지은이는 자신이 만난 누구도 불쾌한 성적 제안이나 경험을 '성희롱'이라 규정하지 않았다며 이들이 "언어 상실 현상"을 보였다고 전한다. 가난과 부족한 일자리는 노동자를 보호하지 못하고, 이들을 자주 위험에 빠뜨렸다.[12]

마거릿 애트우드의 소설 『시녀 이야기』에서 우익 기독교 국가 길리아드는 가부장제와 성경을 섬긴다. 이 나라는 여성을 아이 낳는 시녀, 전업주부인 아내, 아주머니 등으로 나눠 통치한다. 가부장제는 제도로써 보호할 여성과 보호하지 않을 여성을 나눈다. 신자유주의 사회는 보호해야 할 노동자와 그렇지 않은 노동자를 정확하게 구분한다. 공유경제의 노동자는 감정을 판매하며 주류 경제 노동자들에게는 당연한 권리를 박탈당한 "노동계의 2등 시민"이다.[13] 가부장제와 신자유주의가 만난 이 디스

토피아의 '구조적 비극' 속에서 사랑을 파는 자가 될 것인가, 사는 자가 될 것인가. 진실은 이것이 사실 선택의 영역이 아니라는 점에 있을 것이다.

여성의 몸,
한국 사회 담론전의
최전선

- 수전 보르도, 『참을 수 없는 몸의 무거움』, 박오복 옮김, 또하나의문화, 2003 (*Unbearable Weight*, 1993).
- 이민경, 『탈코르셋: 도래한 상상』, 한겨레출판, 2019.
- 태희원, 『성형: 성형은 어떻게 끝없는 자기완성 프로젝트가 되었나?』, 이후, 2015.
- 배리나, 『나는 예쁘지 않습니다』, 북로그컴퍼니, 2018.
- 성과재생산포럼 기획, 『배틀그라운드: 낙태죄를 둘러싼 성과 재생산의 정치』, 후마니타스, 2018.
- 우유니게·이두루·이민경·정혜윤, 『유럽 낙태 여행』, 봄알람, 2018.
- 에리카 밀러, 『임신중지』, 이민경 옮김, 아르테, 2019 (*Happy Abortions*, 2017).
- 벤 바레스, 『벤 바레스: 어느 트랜스젠더 과학자의 자서전』, 조은영 옮김, 정원석 감수, 해나무, 2020 (*The Autobiography of a Transgender Scientist*, 2018).
- 수전 팔루디, 『다크룸: 영원한 이방인, 내 아버지의 닫힌 문 앞에서』, 손희정 옮김, 아르테, 2020 (*In the Darkroom*, 2016).
- 조녀선 앨런·크리스티나 산토스·아드리아나 슈파르, 『우리는 처녀성이 불편합니다』, 이혜경 옮김, 책세상, 2019 (*Virgin Envy*, 2016).

"여성혐오 사상들은 종종 여성을 몸 안에 봉쇄함으로써 여성의 부차적인 사회적 위치를 스스로 정당화하는 데 편리한 구실을 찾아냈다."(엘리자베스 그로스)[1]

플라톤 이후 서구 철학의 스승들은 여성을 결핍된 몸으로 환원시켰다.[2] 그들은 육체가 정신의 종속물이라고 생각했다. 인간을 인간답게 하는 것은 몸이 아니라 정신이었고, 인간다움의 대표 성별은 남성이었다. 몸은 정신보다 불확실하며 열등한 것, 특히 여성의 몸은 허약하고 불규칙적이며 예측 불가능한 것이었다. '인간'보다 '자연'에 가까운 존재, 이성과 논리보다 감정과 육체성이 앞서는 존재라며 여성을 온전한 인간으로 여기지 않았다. 그렇게 몸-정신 이원론은 여성이란 집단의 종속을 정당화하는 도구가 되었다.

아리스토텔레스는 생식이 표준에 따라 잘 진행되면 남자아이, 뭔가 잘못되면 여자아이가 생긴다고 보았다. "여성은 어떤 성질이 결여되어 있기 때문에 여성"이라고 그는 말했다. 『신학대전』을 쓴 토마스 아퀴나스는 여성을 "자신의 원천인 남자로부터 형성되었다"며 "우연에 의해 장애를 받은 사람"이라고 했다. 여성은 정신이 아닌 몸, 그것도 불완전한 몸이었다.[3]

보부아르가 『제2의 성』으로 "여성은 태어나는 것이 아니라 만들어진다"고 선포한 이후 페미니스트 학자들은 서구 철학의 남성 중심적 이원론 전통에 이의를 제기했다. 여성 이론가들은 여성 몸에 관한 지식과 담론이 얼마나 오랫동안 권력에 의해 왜곡되게 형성되어왔는지 연구했다. 서구 백인 남성 중심의 '인류'라는 관념 속에 그 밖의 사람들, 특히 여성은 변종, 비정상, 열등의 '괴물'로 전락한다는 점을 밝혔다.[4]

수전 보르도Susan Bordo는 『참을 수 없는 몸의 무거움』에서 서구 철학의 이원론이 젠더화된 몸의 재현을 낳고 성별에 따른 경험을 형성한다고 보았다. 피에르 부르디외와 미셸 푸코를 경유해 그는 여성의 몸을 사회적 통제와 문화적 규범이 실천되는 장으로 파악했다.[5] 식욕 장애, 생식권, 배고픔, 거식증, 다이어트 같은 문제에서 보듯, 여성은 자기 몸을 있는 그대로 수긍하지 못하고 늘 어딘가 부족하다고 여기게 된다. 스스로 자기 몸이 모자라거나 결함이 있다고 생각하며 좋지 않은 점을 확신한다는 것이다. 외모 강박증은 성별에 따른 권력관계를 바꾸려는 시도에 부정적인 영향을 미치며 기존 성별 위계를 더욱 공고히 한다.

여성의 외모를 강조하는 담론은 날씬하고 젊고 예쁜 '몸'에 높은 가치를 매기고 남성의 '시선'에 정당성을 부여하며 권력을 준다. 여성은 이 시선을 다시 내면화한다. 여성의 몸에 관한 효과적이고 정치적인 담론이 필요한 건 이 때문이다. 여성으로 하여금 외모 유지에 몰두하게 하고 성적 지배와 복종의 구도를 유지

시키는 관행, 제도, 기술의 그물망을 비판하면서 저항의 전복성을 가진 이론이 요구되는 것이다.[6]

　여성의 몸을 유순한 신체로 만드는 기획에 저항해온 페미니스트들의 '몸 담론'은 한국 여성들에게 큰 자극을 주었다. 외모 차별이 심하고 성형수술이 일반화한 한국의 사례는 외국 지식인들 사이에서도 종종 비판과 냉소의 대상이 되었다.[7] 하지만 2010년대 한국의 온라인 페미니스트들이 인터넷상의 여성혐오 담론에 '화력'을 동원해 맹렬한 저항으로 맞서고 '탈코르셋' 운동을 펼쳤다는 것을 알게 된다면 생각이 달라질지 모른다. 이 시기 한국의 10~20대 여성 다수가 고이 길러온 긴 머리를 반삭발로 자르고 화장품을 부수면서 '꾸밈노동'을 전면 거부하는 흐름에 동참하거나 이를 지지했다.[8] 이는 여성혐오적 사회 분위기 속에서 안전과 주체성을 획득하려는 긴박한 정치적 욕구에서 비롯한 것이었다.

　2010년대 '페미니즘 리부트' 시대에 나온 관련 도서 가운데 상당수가 여성의 몸에 관한 것이었고, 몸 담론은 이 시기 한국 사회의 가장 뜨거운 의제였다. 사회구조적 외모 강박이나 여성성 강요에 저항하고 자기 몸의 통제력을 회복하려는 탈코르셋 운동은 메갈리아와 강남역 살인사건 이후 10~20대 여성들이

만든 중요한 정치적 의제 중 하나다.[9]

『탈코르셋』의 이민경은 이 운동에 참여한 여성 상당수가 아이돌 '소녀시대' 데뷔 무렵 태어난 10대라는 점, 여자 아이돌 이미지에 둘러싸여 성인이 될 때까지 살아왔다는 점이 중요하다고 밝혔다. '탈코인'들은 작고 인형 옷 같은 여성복을 "사탕 껍질"이라 불렀다. 국내 영·유아 화장품 시장 규모가 2017년 한 해만 2000억 원 규모에 이르렀다는 점을 고려하면, 어릴 때부터 외모 강박이 젊은 여성들의 삶을 얼마나 심각하게 옥죄었는가를 알 수 있다.

이민경은 탈코르셋 운동을 "여성 몸이 만들어낸 지식이며 투쟁의 명맥을 잇는 엄연한 혁명"이라며 탈코르셋 실천으로 여성들이 '이성애 각본'에서 벗어나 비로소 "맞응시"countergaze를 하게 된다고 설명했다.[10] 이 운동은 '예쁜 여자'로 남성들의 파트너가 되어 사회적 지위를 얻는 일이 아니라 여성 스스로 경제력을 획득해 생존의 방법을 찾자는 일종의 여성 자립 운동으로까지 연결되었다.

또한 비슷한 시기에 여성의 신체 역량 강화 운동이 번져 나갔고, 다이어트 같은 외모 가꾸기가 아니라 자기 몸의 자유로움을 위하여 운동을 선택한 여자들의 에세이가 다수 발간되기도 했다. 이 책들은 '애플 힙' '황금 골반' 따위처럼 이성에게 매력적으로 보이도록 여성의 신체 만들기를 안내하는 실용서 또는 자기계발서와는 방향이 달랐다. 근골과 코어의 힘을 증강하고 마음을 단단하게 하는 법, 자기방어 훈련의 내용을 담은 책들이었기 때문이다.[11]

이런 책들은 피트니스센터에서 받는 불쾌한 시선과 성폭력 피해, 여성 스포츠인을 둘러싼 부당한 논리, 여성의 몸을 대상화하여 설계된 운동복 등을 비판했다. 몸을 튼튼하게 단련하는 과정에서 몸과 마음의 변화를 경험하고, 저항적인 몸 담론을 생산하기에 이른 것이다. 여성의 몸이 "개인의 역사와 가능성과 생동감, 삶의 역동성이 내재된 장소이자 그것이 구현되는 도구"가 될 수 있다는 점을 밝혔다는 점에서 의미가 작지 않았다.[12]

『성형』에서 여성학자 태희원은 한국 사회의 성형이 이미 "일상화·정상화"되었고 끝없는 자기 개조 회로를 통해 영역을 확장해나가고 있다고 밝혔다. 또 "자아의 실현과 계발에 몸이 핵심적인 지위를 차지한다는 신념"이 일반화한 가운데 몸을 변형하는 통제의 기술은 단지 일부 여성들만의 기획이 아니라는 점을 말한다.[13] 기상천외한 식이요법과 운동요법으로 자기 몸의 안팎을 관리하는 흐름 가운데 외모를 관리하는 미용 성형 시장은 가장 눈에 띄는 일부일 뿐이라는 것이다.

사실 자아실현을 위한 경쟁력을 갖추기 위해 화장하고 머리카락을 기르고 성형을 하는 여성과 운동하는 '탈코인' 여성은 완전히 다른 사람이 아니다. 유명 뷰티 유튜버 배리나가 화장을 지우고 탈코르셋 운동에 동참한 것도 마찬가지 맥락에서 이해할 수 있다. 『나는 예쁘지 않습니다』에서 배리나는 외모 때문에 비난받았던 어두운 어린 시절을 밝힌다. 이후 분장을 배워 뷰티 유튜버가 되고 사람들의 사랑을 받던 날들, 화장을 지운 뒤 탈코르셋을 통해 페미니스트가 된 자신의 모습을 돌아보며 이는 자신만의 이야기가 아니라 한국에서 살아가는 여성 모두의 이야기이기도 하다고 말한다.[14]

여성들의 탈코르셋 운동과 신체 단련 흐름은 갑자기 툭 튀어나온 것이라기보다 1990년대 말에서 2000년 초 영페미니스트들이 기획한 자기방어 훈련 등이 씨앗으로 작용해 대중적으로 뿌리내린 결과로 보인다. 한편으로는 미용 성형이나 다이어트 같은 적극적인 외모 가꾸기 실천과 정반대 방향으로 신체 역량을 강화하려는 신자유주의적 자기 개조 프로젝트의 일종으로 볼 수도 있다. 그러나 타인의 시선에 초점을 맞춘, 가냘프고 의존적이며 유순하면서 순종적인 '참한 몸'이 되라는 압력에서 벗어나려는 여성들의 '집단적 힘 기르기' 실천이라는 측면에서 이는 완전히 새로운 물결이었다.[15]

2010년대 후반기는 한국 형법 제27장 '낙태의 죄'를 둘러싼 찬반 논란이 벌어졌다. 2018년 발간된 『배틀그라운드』는 '생명권 대 선택권의 이분법'으로 임신중지 이슈를 바라보는 한계를 지적한다. 이 지점은 대단히 중요한데, 생명권 대 선택권의 관점을 유지하는 한 여성들은 언제나 생명이라는 절대적 가치 앞에 양보할 수밖에 없기 때문이다. 지은이들은 낙태죄가 단순히 여성의 임신중지를 규제한 법이 아니라 위계와 차별, 그리고 국가폭력에 관한 문제임을 밝힌다. 성과 재생산 권리는 국가사업과 인구정책에 종속될 수 없으며 각기 다른 몸과 서사를 가진 여성 삶의 문제라는 것이다.

　　유럽의 재생산권 운동가들을 만나 인터뷰한 『유럽 낙태 여행』도 이때 나온 책이다. 지은이들은 젊은 여성이 무분별한 성관계로 생긴 아이를 낙태한다는 인식과 달리 기혼자가 낙태를 더 많이 한다는 세계적 현실에 서로 공감하며 국경을 넘은 페미니스트 연대를 실감한다.[16]

　　2019년 4월 11일 헌법재판소에서 낙태죄 헌법불합치 결정이 나온 뒤 출간된 에리카 밀러Erica Millar의 『임신중지』는 한발 더 나아가 '선택'이라는 함정에 빠져 여성 각자의 임신중지 서사가 왜곡된다고 설명한다. 임신중지는 결코 수치스럽고, 슬프고, 끔찍하고, 애통한 모성의 경험만이 아니라는 것. 행복하고, 구원받은 듯하고, 감사하고, 후회 없는 임신중지 서사 또한 현실로 인정받아야 한다는 주장이다. 임신중지 비범죄화를 이룬 나라들에서 다시 임신중지 범죄화 움직임이 나타났다는 점 또한 잊지 않도록 일깨운다.

수전 브라운밀러가 1975년 쓴 성폭력 문제의 고전 『우리의 의지에 반하여』가 한국에서 43년 만에 완역돼 나온 2018년 전후 성폭력 피해 생존자 수기들이 다수 번역돼 소개된 것은 우연이 아니었다. 2000년대 디지털 페미니즘 운동에서 성폭력 이슈는 물러설 수 없는 싸움이고 의제였기 때문이다. 하지만 이때 발간된 외국의 성폭력 피해 생존자 수기들은 대체로 대중적인 성공을 거두지 못했는데, 한국과 상황이 다를 것이라는 고정관념과 구체적인 폭력 묘사의 불편함 때문으로 추정된다.[17]

번역서로 나온 수기와 회고록 가운데서는 『벤 바레스: 어느 트랜스젠더 과학자의 자서전』과 『백래시』의 저자 수전 팔루디 Susan Faludi가 쓴 『다크룸』이 눈길을 끌었다. 세계적인 뇌신경과학자이자 마흔세 살에 여성에서 남성으로 성전환(성확정)을 한 벤 바레스Ben Barres 스탠퍼드대 교수는 자신이 여성 과학자로 겪었던 수많은 경험이 성차별이었다는 사실을 깨닫고 학계의 성차별을 비판하고 나선다. 그는 "편견과 차별에 관한 한 우리 모두 괴물"이라면서도 사회의 진전이 없지 않다고 말한다. "보편적인

2016년 10월, 폴란드에서 낙태 전면금지 법안이 발의되자 많은 여성들이 안전하고 합법적인 임신중단 권리를 요구하며 거리로 나섰다. 한국 역시 이즈음에 보건복지부의 의료법 시행령 및 시행규칙 개정안이 발표되면서 산발적 시위가 이어졌다.

무지와 혐오의 시대"를 살아가면서 그 자신은 힘겹고 고통스러 웠지만 "덜 무지하고, 더 응원하고, 더 이해하는 미래의 세상"이 올 것이라는 희망을 전한 뒤 그는 2017년 췌장암으로 세상을 떠났다.[18]

『다크룸』을 쓴 수전 팔루디의 아버지는 폭력적인 가부장이 었으나 일흔여섯 살에 여자가 되기로 한다. 이런 유명인들의 놀라운 사적 고백이 가장 먼저 속물적인 호기심을 자극하는 것은 사실이다. 하지만 그 속에는 성소수자와 페미니스트를 적대적으로 배척해온 혐오의 정치사가 선명하게 드러나며, 그리하여 이 책들은 빠짐없이 "개인적인 것은 언제나 정치적인 것"임을 다시금 선포하는 가치를 지니게 되었다. 이 책의 번역자인 문화평론가 손희정의 말대로 "정치는 언제나 공사의 구분을 넘어 흐르고" 있는 것이다.[19]

중세 이후 여성의 몸을 둘러싼 문화적 강박으로서 '처녀성'을 분석한 책 『우리는 처녀성이 불편합니다』를 보면, 처녀성은 사실 신체 상태라기보다 '남성 되기' '여성 되기'라는 젠더 수행 방식과 관련한 것이었다. 종교재판에 넘겨진 '동정녀' 잔 다르크의 형사소송 절차에서 결정적 죄목은 복장 도착. 그러나 지배자들에게 가장 큰 골칫거리는 그의 처녀성과 군인으로서 명예였다. 처녀는 마녀가 될 수 없었고 그는 전장을 누비던 전사였다. 강간은 여성 정치범을 다루는 일반적인 방식이었으므로 반복되는 강간으로 처벌을 하자는 주장도 있었다. 강간은 가부장적 감시 규율을 수행하여 공적 영역에서 '여장부'를 제거하는 행위였던 것이다. 재판 끝에 잔 다르크는 여장에 동의한다면 종신형으로 감형할 수 있다는 선택권을 제안받았지만 끝내 거절했다. 여장을 거절한다는 것은 이교도라는 사실을 의미했고, 1431년 루앙에서 그에 대한 사형이 집행되었다.[20]

돌아볼 때, 몸과 관련한 페미니즘 출판 물결은 한국의 신여성과 몸 담론을 다룬 2000년대 초·중반 연구물들이 견인차 구실을 했음은 분명하다. 2005년 『신여성』(연구공간 수유+너머 근대매체연구팀), 2008년 『육체의 탄생』(이영아), 2011년 『예쁜 여자 만들기』(이영아) 등을 보면, 근대 초 신여성에게 쏟아진 여성혐오의 시선과 표현이 지금과 크게 다르지 않다는 점을 알게 된다.

치마를 짧게 입고, 머리를 잘라 고데나 파마를 하고, 굽이 높은 구두를 신는 일을 경박하고 몰상식하며 사치스럽고 허영에 들뜬 여성의 모습으로 여기던 시대나 지금이나 여성은 털끝도 다치지 않도록 보호해야 하는 깨끗한 '몸'이거나 보호할 필요가 없이 더러운 '몸'으로 나뉘어 간주돼 왔다. '안/예쁜 여자' '안/순결한 여자' '안/젊은 여자' '안/낳는 여자'와 '못/배운 여자'까지 여성을 향한 거의 모든 비난과 찬사의 중심에는 '몸'이 있었다. 여성이 그러하듯, 여성의 몸 또한 태어나는 것이 아니라 시대와 맥락에 따라 만들어져온 것이었다.

질병,
그것의 목소리와
이야기를 찾아서

- 아서 프랭크, 『아픈 몸을 살다』, 메이 옮김, 봄날의책, 2017(*At the Will of the Body: Reflections on Illness*, 1991).

- 아서 프랭크, 『몸의 증언』, 최은경 옮김, 갈무리, 2013(*The Wounded Storyteller*, 1995).

- 보스턴 여성건강서 공동체, 『우리 몸 우리 자신』, 또문몸살림터 옮김, 또하나의문화, 2005(*Our Bodies, Ourselves*, 1970).

도대체 얼마나 아파야 '아픈 것'으로 인정받는가? 환자들은 아플 때도, 회복했을 때도 아픈 경험 자체를 의심하는 시선에 시달린다. 전문가들도 마찬가지다. 고통을 호소하는 환자 앞에서 의료인들은 종종 훨씬 더 나쁜 상태에 있는 환자의 사례를 들어 설명하곤 한다. 환자 당사자의 고통은 병원이 세운 고통 측정 기준에 견줘 가치가 떨어지거나 올라간다.[1]

"힘든 순간에 필요한 것은 부정이 아니라 인정이다. 아픈 사람의 고통은 치료될 수 있든 없든 인정되어야 한다. (……) 다른 사람들이 내 고통을 인정할 뿐 아니라 내 고통에 연결되어 있다고 인정하길 원했다."[2]

의료사회학자인 아서 프랭크 Arthur Frank 캐나다 캘거리대 명예교수가 1991년 쓴 책 『아픈 몸을 살다』는 2017년 한국에 번역돼 나왔다. 원제는 『몸의 의지로: 질병에 관한 고찰』. 질병 경험에 대한 회고록이다. 아서 프랭크가 책을 쓴 1990년대 초엔 의료사회학이나 환자의 질병 경험에 대한 이야기가 지금처럼 일반화하지 않았다. 물론 그 이전에도 몸의 사회학 또는 건강사회학, 의료사회학 연구가 없진 않았지만 이 책은 환자 자신이 집필한 질병 서사로서 반향이 컸다. 환자가 스스로 자신의 몸과 질병에 관한 적극적인 해석을 할 수 있도록 예시하며 길을 열어젖혔기 때문이다. 이후 자기 경험을 바탕으로 병원 시스템이 삭제한 삶과 질병에 대한 이야기를 털어놓는 텍스트가 줄을 이었다.

서른아홉, 앞날이 창창한 사회학자였던 아서 프랭크는 달리기를 하다가 쓰러졌다. 바이러스 감염으로 인한 심장병이었다. 이듬해 완전히 회복되었다고 느꼈지만 어떤 증상이 나타났다. 검사 결과 고환암이었다. 그즈음 장모까지 몸져누우면서 그 자신이 암 환자이자 암 환자의 가족이 된다. 치료를 받으면서 아서 프랭크는 병원을 현장 연구하듯 바라보기 시작한다. 질병은 기존 삶의 모든 측면을 건드리는 것이었다. 진단과 치료, 진료비와 의료 시스템, 병과 낙인, 환자·의료진·보호자의 관계, 아픈 사람이 느끼는 절망감과 상실감을 섬세하게 밝히면서 그는 질병 자체가 "위험한 기회"일 수 있다고 말한다. 병원 시스템과 의료 담론이 규정하던 질병을 환자의 입장에서 재정의한 것이다.

질환disease이 몸을 의학적 언어로 측정하고 객관화하고 검사한 결과로 이뤄진 용어라면, 질병illness은 질환을 앓는 사람의 경험과 관련이 있다. 사회학자 탈코트 파슨스의 이론을 보면, 의료 전문직은 근대 이후 지배적 위치에서 권력을 쥐게 되었다. 질병은 '사회적 일탈 상태'로, 환자는 일탈에서 벗어나 자신의 건강을 회복하기 위해 노력해야 한다. 의사는 전문 지식과 기술, 권위를 갖고 질병을 통제하여 환자를 치료할 책임이 있다.[3]

질환을 다루는 의료 기술은 그동안 눈부시게 발전했지만, 개인이 병원에서 느끼는 무력감이나 무기력함은 그다지 변하지 않았다. 파슨스의 이론처럼 전문가의 의료 지식은 사회적 일탈 상태에 있는 환자에게 무미건조하고 권위적으로 전달된다. 예컨대 거대한 종양이 있다고 말하는 의사의 기계적인 음성을 들은 순간 아서 프랭크는 자신의 몸이 깊은 수렁 속으로 끝없이 가라앉는 느낌이었다고 표현한다. 그는 아픈 사람들이 경험한 모든 것을 인정하는 환자 중심의 질병 이야기가 필요하다는 점을 느꼈다.[4]

병원이라는 '치료 무대'에서 주인공을 맡은 의사들은 환자의 인생을 그다지 고려하지 않는다. 최선을 다해 살아온 한 사람의 인생 가운데 '아픈 몸'만 똑 떼어 기계적으로 대상화하는 의료 시스템, 병자를 위로하는 척하면서 비난하는 주변 사람들, '암을 부르는 성격'이 따로 있다며 감정이나 생활 방식을 잘 관리하지 못해서 심각한 병에 걸렸다고 손가락질하는 사회적 낙인도 환자의 고통을 더한다. 성적 억압 또는 방종 때문에 난소암에 걸린다는 연구 결과들, 어머니와의 관계 때문에 유방암에 걸린다는 따위의 무심코 던지는 무례한 말들, 환자의 통증을 인정하지 않는 시스템과 부주의함, 타인의 인생을 조금도 알지 못하면서 마음대로 판단하는 무례함은 환자를 더욱 아프게 한다.

그럼에도 암 환자들은 분노와 절망감을 억누르고, 용감하고 긍정적인 행동을 하도록 요구받는다. 왜 화를 내서는 안 되는가? 왜 아픈 사람은 미안해하고, 사력을 다해 명랑하게 보이려고 애써야 하는가? 아서 프랭크는 이런 환경과 조건이 환자가 주변의 도움을 받기 위해 치러야 하는 '거래'의 일종이라고 본다. 사람들은 돌봄과 도움의 대가로 환자에게 명랑함과 용감함을 바라기 때문이다. 중요한 건, 누구나 아플 수 있다는 점, 누구도 평생 건강할 수 없다는 생각을 공유하는 일이다. 질병이 일탈의 상태가 아니라 건전한 삶의 한 부분이라는 점을 인정하고, 환자에게 정당한 분노를 표출하는 것을 허용해야 한다고 아서 프랭크는 말한다. 병듦과 고통을 '비정상'으로 여기는 은유적 관념, 노화·질병·장애·죽음을 은폐하고 외면하는 사회적 시선에도 이의를 제기한다.

질병에 시달려본 사람은 자신도, 세계도 영원하지 않다는 점을 안다. 아서 프랭크 역시 아프면서 자신이 주변을 천천히 집중해서 보게 되었다고 말한다. 그는 격렬한 통증에 시달리면서도 때로 반짝이는 햇살을 느끼고 비를 맞으며 몸의 경이로움을 인식했다. 배우자의 돌봄에 감사함을 느끼고 자신의 곁을 지켜준 사람이 돌봄 때문에 잃어버린 것이 무엇인지 곰곰 되새겼다. 아픈 사람뿐만 아니라 아픈 사람을 돌보는 이들의 경험도 소중한 권리로 인정받아야 한다는 점을 힘주어 말하는 데서 질병이라는 것이 환자만의 경험이 아니라는 점을 깨달을 수 있다.

아서 프랭크는 다른 이들과 함께할 때 고통은 견딜 만한 것이 되고, 남의 인정을 받을 때 고통은 줄어든다고 말한다.[5] 아픈 사람과 돌보는 사람은 긴밀하게 얽혀 있다. 양쪽 모두 인생의 어떤 기회를 얻거나 잃어버릴 위험에 직면한다. 놀라운 점은 질병이 행복이나 불행이라는 한쪽 측면으로만 찾아오는 것이 아니라는 점이다. 아픈 사람과 돌보는 사람을 모두 죄책감 안에 가두는 일은 위험을 지속하는 일이며 돌봄의 핵심은 '너그러움'에 있다고 이 책은 말한다. 자신을 돌볼 때도 마찬가지다. 너그러움은 종교적 자비심과도 연결된다.

"빛이 사라지는 순간에 우리는 빛이 계속 타오르게 하는 일 자체가 중요함을 깨닫는다. 죽음은 삶의 적이 아니다. 죽음이 있기에 우리는 삶의 가치를 다시 확인한다. 또 질병을 계기로, 삶을 당연시하며 상실했던 균형 감각을 되찾는다. 무엇이 가치 있는지, 균형 잡힌 삶이 어떤 것인지 배우기 위해 우리는 질병을 존중해야 하며, 궁극적으로 죽음을 존중해야 한다."[6]

아서 프랭크가 자신의 질병 경험과 연관해 쓴 두 번째 책인 『몸의 증언』은 지은이가 1993년 딸을 낳은 뒤 정기검진으로 암의 재발 가능성을 듣고 절박감과 두려움 속에서 집필한 것이다.

이 책에서 지은이는 의료사회학자로서 자신에게 영향을 준 페미니스트 운동을 언급한다. 미국에서 질병이라는 개인적 경험이 공적 담론의 일부가 되기 시작한 때는 1970년대 초반이었다. "개인적인 것이 정치적인 것"이라는 페미니즘 슬로건이 대두하면서 의학적 몸이 아니라 개인적 몸의 이야기도 공적인 것으로 인정받게 된 것이다.

페미니즘 제2물결로 자기 몸의 통제권을 가져오려는 운동을 펼치던 여성들 가운데 가장 유명한 그룹인 '보스턴 여성건강서 공동체'는 1970년 『우리 몸 우리 자신』이라는 역사적인 책을 남겼다. 지은이들은 몸의 정치성에 관심을 기울이고 가부장제가 대상화하고 착취하는 여성의 몸을 다시 여성 자신의 것으로 가져오는 기획을 선보인다. 그들의 목표는 의학적 전문 지식을 자원 삼아 개인의 역량을 강화하는 것이었는데, 아서 프랭크는 여기서 영감을 얻었다. 환자가 자기 몸에 관한 담론의 주도성을 갖고 다양한 질병과 고통의 이야기를 만들어내는 것이 필요하다고 믿었던 그는 아픈 몸은 침묵하지 않으며, 이야기를 필요로 한다고 말한다.[7]

사회학자 브라이언 터너는 『몸과 사회』(1984)에서 "몸에 관한 연구를 하면서 나는 점점 더 몸이 무엇인지 알 수 없게 되었다"고 말한다.[8] 서구 백인 엘리트 남성 사회학자로서 그가 찾고 싶어했던 보편적인 몸 이론은 존재하지 않았다. 사회 각 영역에서 배제된 다양한 아픈 몸들에 대한 이야기는 더더욱 이해할 수 없었을 것이다. '몸'이란 개념은 구체적 분석 대상이지만, 환자들의 이야기는 의학적 몸이 아니라 '경험된 몸'lived body, '체현된 몸'embodied body에 관한 것이다.[9]

이런 접근은 몸에 대한 지식을 창출하는 권력의 문제를 생각하게 한다. 누구나 의사는 될 순 없지만, 누구나 환자가 되는 현실에서 '몸의 증언'을 기록하고 말하는 일은 지나치게 편중된 '의료 권력'을 좀 더 평등하게 재구조화하는 일로도 이어진다. '치료'가 빼앗아가는 자신의 이야기를 되찾기 위해 아픈 사람들은 누구나 스토리텔러가 될 필요가 있다고 아서 프랭크는 말한다. 아픈 사람들의 상처는 몸뿐 아니라 살아온 역사와 치료 과정 속에도 남아 있다. '상처 입은 스토리텔러'는 비슷한 경험을 가진 또 다른 사람을 치유의 길로 나아가게 하며 서로를 연결한다.

환자를 둘러싼 '회복 사회'remission society는 장애인, 질병과 폭력과 중독에서 회복 중인 사람들, 그리고 그들의 가족들을 포함하는 폭넓은 개념이다.[10] 파슨스의 이론에서 환자들은 의학과 의사에게 자신의 몸과 건강에 대한 결정권을 위임하고 자신은 오로지 낫는 것에만 책임이 있었다. 이 경우, 환자 역할은 아프기 전의 상태로 돌아가리라는 기대를 수반한다. 하지만 아서 프랭크의 회복 사회는 아픈 사람들이 그전에 수행하던 '정상적인 의무'로 되돌아갈 것을 전제하지 않는다. 이곳의 성원들에게 중요한 윤리는 의료적 판단이라기보다 "아픈 동안 어떻게 좋은 삶을 사는가"이다.[11] 아픈 사람은 환자라는 여권을 손에 쥔 채 자신과 돌봄인의 이야기를 쓰면서 주변과 새로운 관계를 맺어나가는 사람이다.

질병은 그저 일탈이나 비정상의 상태가 아니고 환자는 '사례'나 '조사 대상'이 아니다. 인간의 삶과 죽음 가운데 질병이 있고, 대다수의 사람들에게 아픈 몸으로 사는 시간은 생각보다 길다. "질병 이야기를 하는 것은, 몸의 질환을 통하여, 의학이 기술할 수 없는 경험에 목소리를 부여하는 것이다."[12] 상처 입은 스토리텔러들은 저항하고 고통을 쓸모 있는 것으로 만들며 치유할 수 있는 힘을 획득한다.[13] 목소리 없는 자들의 목소리가 새로운 철학과, 역사와, 이야기를 만든다. 이들의 이야기는 공명하며 새롭게 발명된다. 오랫동안 없는 것처럼 여겼던 다른 차원의 우주를 발견하는 순간이다.

투병,
겪는 이와 돌보는 이를 위한
약상자

- 김영옥·메이·이지은·전희경,『새벽 세 시의 몸들에게』, 생애문화연구소 옥희살롱 기획, 봄날의책, 2020.

제목부터 명치 부근이 뻐근해지는 책들이 있다. 이 책도 그렇다.

"새벽 세 시를 떠올려보라. 가장 아끼는 음악의 축복 속에서 몽상의 글귀를 암송하고 사유의 문자들에 공명하며, 그렇게 자기만의 우주를 누리던 저 숱한 새벽 세 시의 시간들은 이제 알 수 없는 미지의 세계로 몸이 우리를 데려가는 시간으로 바뀐다."[1]

이제 새벽 시간은 젊은 시절처럼 지성과 감성이 완벽한 합을 이루어 황홀경으로 치닫는 화산의 시간이 아니다. 소음이나 방해 세력의 핑계를 댈 수 없을 정도로 고요한 가운데서도 아무런 일을 하지 못하며 잠조차 잘 수 없기에 더욱 두려운 시간이다. 주위 사람들은 서로 누가 더 일찍 깨어 오래 잠들지 못했는지 경쟁하듯 이야기하며 불면의 고통을 다스리는 그 나름의 방법을 공유하곤 한다. 아픈 데가 많아지고 몸 구석구석이 삐걱댈 때, 지인의 부모상에 이어 지인의 본인상이 많아지기 시작할 때, 살아온 날보다 살아갈 날들이 적음이 명백할 때, 인생의 꺾임을 실감할 때, 사람들은 변화하는 자기 몸에 걸맞은 새로운 지식을 얻고 도움을 받으려고 책을 찾는다.

2010년대 후반 아픈 사람들의 투병기, 또는 아픈 사람들을 돌보는 사람들의 간병 체험기, 질병과 늙음에 관한 이야기가 다수 발간되었다. 1955년부터 1963년에 이르는 베이비부머 세대가 퇴직과 노후 준비를 본격화하는 시기였고 기후 변화와 재난, 질병에 대한 담론이 대중화했으며 페미니스트의 관점으로 나이 듦과 아픔을 분석하는 논의가 축적된 까닭으로 보인다. 이렇게 노화와 질병, 돌봄의 사유를 담은 책들 가운데서도 『새벽 세시의 몸들에게』는 맨 먼저 읽도록 추천하고 싶은 책이다.

이 책은 나이/듦, 질병, 노년, 세대, 시간, 죽음 등을 페미니스트 관점에서 의제화하는 '생애문화연구소 옥희살롱'의 기획으로 특히 40~50대 여성 독자 사이에서 널리 읽혔다. 지은이들 모두 젊은 시절 본인이 아팠거나, 친밀한 관계의 아픈 사람을 길게 돌보았거나, 돌봄의 현장에서 오래 연구한 이들이다. 이 때문인지 일반적인 '전문가'들의 차갑거나 위계적인 언어와도 다르고 개인적인 감상이나 느낌만을 천착하는 질병기나 간병 체험기와도 거리가 멀다. 나이 듦, 질병, 노년, 돌봄, 죽음에 관한 분석과 사유를 경유해 시민으로서 권리와 책임을 북돋우며 정치적 효능감까지 사유하도록 돕는 깊이 있는 질병 인문학 책이라고 설명하는 게 적절할 듯하다.

책에는 여섯 편의 글이 실렸다. 「시민으로서 돌보고 돌봄 받기」(전희경), 「'보호자'라는 자리」(전희경), 「'병자 클럽'의 독서」(메이), 「젊고 아픈 사람의 시간」(전희경), 「치매, 어떻게 준비하고 있습니까?」(이지은), 「시간과 노니는 몸들의 인생 이야기」(김영옥)까지다. 먼저, 지난 몇 년 동안 출간된 '간병 체험기' 책들의 저자는 여성보다 남성이 훨씬 많다고 전희경은 지적한다. 공적으로나 사적으로나 여성이 돌보는 경우가 압도적으로 많은 현실과 다른 것이다. 전희경은 이것이 "누구의 돌봄이 사회적으로 '인지'되고 중요한 지식, 경청할 만한 이야기로 인식되는가"를 보여준다고 말한다.[2] 남성의 돌봄이 드물지만 더욱 강하게 사회적으로 인지된다는 얘기일 텐데, 이 문제는 여성에게 돌봄을 전가해온 '젠더 부정의'不正義 구조를 빼놓고 설명할 수 없다.

전희경은 믿을 건 (여성) 가족밖에 없다는 관념과 현실, 돌봄의 '독박 구조'에서 벗어난 "시민적 돌봄"을 제안한다.[3] 인간은 모두 서로에게 의존적이며, 화장실에 제발로 갈 수 없는 상태가 된 사람이라도, 다른 이를 돌보느라 자신을 돌보지 못하여 고립감을 겪는 보호자라도 누구나 '시민'일 수 있다. "우리는 취약함을 극복할 수 있어서 시민인 것이 아니라, 반대로 취약함을 공유하기에 시민"이라는 것이다.[4] '시민적 돌봄'은 공공적 돌봄 담론에 누락된 신뢰, 우정 등에 대한 것을 포함한다. 잘 돌보는 법이나 잘 의존하는 법도 상당한 노력이 필요하며, 섬세하게 익히고 배워야 한다. 시민으로서 서로 돌보고 돌봄 받는 사회에서 우리는 서로 짐이기만 할 뿐 아니라 힘도 된다. "아픈 것이 '정상'

아픈 사람의 서가에는 치료와 섭생 정보, 성경과 불교 경전, 여러 통증 연구 결과물, 아팠던 사람의 투병기, 질병 이야기 들이 꽂힌다. 그림은 덴마크의 리얼리즘 화가 미카엘 안세르의 〈아픈 소녀〉 가운데 일부.

이고, 의존은 인간의 자연스러운 존재 조건이다."[5]

엮은이 메이는 '질병은 위험한 기회'라고 설명한 사회학자 아서 프랭크의 『아픈 몸을 살다』를 우리말로 옮겼다. 『새벽 세 시의 몸들에게』와 질병 이야기를 다루는 여러 책들에서 아서 프랭크의 책은 자주 인용된다. 메이는 그의 '회복 사회' 개념에서 출발해 '병자 클럽'이란 말을 떠올렸다며 아픈 사람의 독서를 설명한다.[6]

아픈 사람의 서가에는 치료와 섭생 정보, 성경과 불교 경전, 여러 통증 연구 결과물, 아팠던 사람의 투병기, 질병 이야기 들이 꽂힌다. "병과 씨름하며 혼자 배운 것들은 더욱 많이 이야기되고 유통되어야 하는 지식이고 관점"이라는 것이다. '아픈 나'는 고립되어 있지 않으며 나의 생각과 지식 그리고 삶은 자신만의 것이 아니라는 것을 확인하기 위해서 여러 책들이 필요하다. 혹독한 외로움에 시달리며 "이 괴물, 몸, 이 기적, 몸의 고통"이라는 버지니아 울프의 목소리를 함께 듣는 '병자 클럽'의 회원 겸 독자 들은 책을 읽으면서 아무도 모르고, 아무와도 공유할 수 없는 아픔과 시름을 깊이 위로받는다.[7] 아픈 이들의 질병 경험 또한 지식으로 연결되고 확장할 수 있다. 독자들은 이 글에 나오는 책들의 제목만으로도 훌륭한 독서 목록을 만들어갈 수 있을 것이다.

「치매, 어떻게 준비하고 있습니까?」(이지은)라는 도발적인 질문은 치매 투병 중인 아버지를 지켜보았던 알라나 샤이크의 테드TED 강연 제목('어떻게 나는 알츠하이머병에 걸릴 준비를 하고 있는가')에서 영감을 받았다고 한다. '치매'라는 용어가 인지장애에 대한 부정적 낙인을 강화한다는 비판에도 지은이는 '치매'라는 말에서 느끼는 두려움에 직면하고 동시에 다른 이야기를 해야 할 필요성을 제기하기 위해 이 용어를 사용한다고 설명한다.[8] 알라나 샤이크는 치매 예방을 실천하는 일이 완전히 치매를 막을 수 없다는 사실을 알고, 치매 이후를 준비하기 시작했다. "종이접기, 근력운동, 그리고 좀 더 관대하고 친절해지는 것"을 위해 노력하게 되었다는 것이다. 미국 인류학자 자넬 테일러는 치매를 앓는 어머니와 대화하면서 그것이 '의사소통'이기보다 서로 말을 '주고받는' 제스처라는 것을 깨닫는다. 누군가를 그 사람이게 하는 것은 인지능력이 아니라 그 사람과 내가 주고받는 제스처들, 관계와 돌봄의 제스처들이라는 얘기다.[9]

치매가 오더라도 자아의 일부를 구성하는 어떤 것들은 완전히 사라지지 않는다. 평생 몸에 박인 '습'이 치매 이후에도 남아있다는 얘기인데, 그렇다면 치매 환자는 이전의 삶을 잃어버린 사람들이 아니라 이전의 시간이 남긴 흔적을 고스란히 간직하고 있는 사람들이 된다. 그들의 몸은 "치매에 의해 손상된 뇌를 담는 그릇이 아니"며 그들은 여전히 사회적 상호작용 속에서 "관계의 동학"을 만들어 나간다. 치매는 실패나 불운이 아니라 이후에도 계속되는 사는 삶이며 돌봄과 관계 속에서 유지된다는 것이다.[10] 치매 환자와 이들을 돌보는 사람들이 서로의 제스처에서 의미를 찾기 위해서는 우선 돌봄이 '독박'이 되지 않아야 한다. 돌봄이 필요한 사람과 돌보는 사람 사이 거리와 여유가 필요한 것이다. 이것이야말로 정책적인 제도의 개입과 설계 이전에 세심하게 전제되어야 할 점이다.

책 마지막에 실린 글 「시간과 노니는 몸들의 인생 이야기」에서 김영옥은 폴 칼라니티의 『숨결이 바람 될 때』를 인용한다. 젊은 신경외과 의사로 생사를 가르는 전장에서 초월성을 발견하고자 했으나 바짝 다가온 자신의 죽음을 대면하면서 비로소 '죽음 없는 삶이란 없다'는 사실을 깨닫게 된 한 사람의 이야기다. 우리 자신의 뜻과 무관하게 세계로 내던져져서 삶을 시작하는 인간은 자신의 의지대로 능동적인 삶을 걸어가고자 하지만 결국 다시 찾아온 죽음이라는 "수동적 내던져짐의 상태"에 처하게 된다.[11]

치매 노인들은 몸이 간직하는 기억 속에 배회하고, 그들의 몸은 흔적으로 구성된다. 지은이는 몸을 "사회제도나 문화 관습, 개인의 성향과 습관, 그리고 이 모든 것과 연관된 정체성 등이 남긴 흔적들의 아카이브"라고 본다. 배회하는 치매 노인들의 이동 또한 위험하지 않은 환경에서라면 '위험한 배회'가 아니라 언제든 미묘한 '길 잃기'가 될 수 있다는 설명을 덧붙인다.[12]

"흰머리 휘날리며 배회의 자유를 누리고 싶은 모든 사람들의 연대가 필요하다. 반드시 맞이하게 될 '늙은 자기'의 자유로운 삶을 꿈꾸는 젊은이들의 연대가 필요하다."[13]

자본주의와 (신)가족주의, 인간중심주의를 넘어 연대의 힘을 강조하는 마지막 문장은 그저 낭만적인 은유가 아니다. 책을 덮을 땐, 늙음과 질병 때문에 슬픔과 상실밖엔 남아 있지 않을 것 같은 미래에 대한 생각도 다른 길을 찾게 된다. 아프고, 나이 들고, 누군가를 돌보다가, 누군가의 돌봄을 받다가 죽음에 이르는 인간의 모든 과정이 '충만하게 사는 것'과 연결된다는 점을 생각하게 된다. 늙고 죽는 것에 대한 두려움이 조금은 덜해진다.

월경,
생물학을 넘어선
문화정치학의 전쟁터

- 질 르포어, 『원더우먼 허스토리』, 윌리엄 몰튼 마스턴 원작, 박다솜 옮김, 월북, 2017(*The Secret History of Wonder Woman*, 2015).

- 엘리즈 티에보, 『이것은 나의 피』, 김자연 옮김, 클, 2018(*Ceci Est Mon Sang*, 2017).

- 글로리아 스타이넘, 『남자가 월경을 한다면』, 양이현정 옮김, 현실문화, 2002(*Outrageous Acts and Everyday Rebellions*, 1983).

- 박이은실, 『월경의 정치학』, 동녘, 2015.

- 애비 노먼, 『엄청나게 시끄럽고 지독하게 위태로운 나의 자궁』, 이은경 옮김, 메멘토, 2019(*Ask Me about My Uterus*, 2018).

- 로빈 스타일 델루카, 『호르몬의 거짓말』, 황금진 옮김, 동양북스, 2018(*The Hormone Myth*, 2017).

『원더우먼 허스토리』가 한국에 번역돼 나온 2017년 늦봄, 출판사의 도움을 받아 하버드대 역사학과 질 르포어Jill Lepore 교수와 이메일 인터뷰를 할 수 있었다. 때마침 시작된 세계적인 페미니즘 물결에 대해 질문하자 그는 잘라 말했다.

"세계적인 페미니즘 붐이 있다고 생각하지 않는다. 페미니즘에 대한 언론의 호들갑이 있을 뿐이다."

미국에서 미투 운동이 벌어지기 직전이었으니 과연 역사학자다운 냉정한 비평이기도 했고, 그래서 오히려 저자에 대한 신뢰를 갖는 계기가 되었다. 실제 언론의 호들갑이 없지는 않았기 때문이다.

미국 잡지 《뉴스위크》는 2016년 4월호에 「피가 있을 것이다」There will be blood라는 1면 기사를 통해 2015년이 '월경 혁명'의 해로 기억될 것이라고 내다봤다. 월경에 관한 여성들의 적극적 행동주의가 금기의 신화, 문화를 바꾸고 있다는 분석이었다.[1] 돌이켜보면 지나치게 과장되고 앞선 보도였다. 하지만 월경을 둘러싼 퍼포먼스와 출간이 이어진 그해, 월경하는 여성의 신체를 금기시하고 제약하는 문화와 정치적인 음모가 널리 재조명되기 시작한 것만은 사실이다. 그 흐름에 앞장선 건 원더우먼의 모델이자 여성들에게 피임법을 알려주던 여성운동가 마거릿 생어의 백인 후손들이 아니라 제3세계 출신 여성들이었다.[2]

인도 출신의 페미니스트 아티스트 겸 시인 루피 카우르[Rupi Kaur]는 2015년 3월 인스타그램에 한 장의 사진을 올렸다. 침대 위에 돌아누워 있는 여성의 회색 트레이닝복 엉덩이 부분에는 핏자국이 선명했고, 침대에도 검붉은 피가 묻어 있었다. 인스타그램은 규정을 위반했다며 여러 차례 사진을 삭제했다. 카우르는 여성을 대상화하는 다른 사진들은 그대로 놔두면서 월경혈 사진을 금지하는 인스타그램의 방침은 부당하다며 항의했다. 사실 이 핏자국은 진짜 피가 아니었고, 사진 게재는 캐나다 토론토대학 수업에서 수행한 프로젝트였다. 인스타그램은 사과했으며 사건은 월경에 관한 공공연한 금기의 시선을 공론화하는 계기가 됐다.

카우르의 퍼포먼스가 벌어진 한 달 뒤, 역시 인도계 미국인 뮤지션 키란 간디[Kiran Gandhi]가 생애 최초로 42.195킬로미터 마라톤을 완주했다. 월경 첫날이었는데도 그는 경기를 포기하지 않았을 뿐만 아니라 4시간 49분 11초 동안 탐폰이나 패드를 사용하지 않았다. 즉흥적 결정이었지만 커다란 도전이기도 했다. 숨 가쁘게 뛰고 있는 키란 간디의 허벅지 사이로 검붉은 피가 흘러내렸고, 그 모습을 찍은 사진이 사회관계망 서비스에 올랐다. 사람들은 '역겹다' '언레이디라이크[unladylike]하다'는 댓글을 달았다. 이듬해 키란 간디는 「낙인찍기」라는 글을 발표했다.

인도 출신의 페미니스트 아티스트 루피 카우르는 2015년 3월 인스타그램에 수업 프로젝트로 진행한 월경혈 관련 사진들을 올렸다. 인스타그램은 규정을 위반했다며 사진들을 삭제했는데, 카우르는 이에 항의해 결국 사과를 받아냈다.

"자신의 몸에 대해 이야기할 수 없는 것은 가장 효과적인 억압의 형태다. (……) 더 나쁜 경우, 그와 동시에 일어날 수 있는 의학적인 문제들을 다루지 못하게 막는다. 이는 일종의 문화를 형성한다."[3]

『이것은 나의 피』를 쓴 프랑스의 페미니스트 저널리스트 엘리즈 티에보Élise Thiébaut는 루피 카우르와 키란 간디가 월경을 무대 전면에 내세운 최초의 아티스트는 아닐지라도 그들의 퍼포먼스가 수백만 여성들의 마음을 움직였다고 밝힌다. "우리 중에 생리를 하면서 바지나 침대 시트에 한번도 피를 묻히지 않은 사람이 누가 있을까? 우리 중에 '생리 중'이어서 한번이라도 도전을 포기하지 않은 사람이 누가 있을까?"[4]

월경에 대한 여성주의적 텍스트로 가장 유명하고 오래된 것은 미국의 여성운동가 글로리아 스타이넘Gloria Steinem이 1978년 발표한 글 「남자가 월경을 한다면」이다. 남자가 월경을 한다면 연방정부는 생리대를 무료로 배포하고, 피 흘리는 자만이 신을 섬길 수 있는 증거가 된다는 것을 만방에 과시할 것이며, 신성한 월경을 하지도 않는 여자가 고위직이나 신부 또는 목사가 될 수 없다고 주장했을 것이라고 스타이넘은 말했다.[5] 하지만 21세기 한국에서는 여전히 월경이 여자가 신을 대리하기에 부족한 존재임을 입증하는 근거가 된다. 지난 2003년 11월, 한 개신교

목사가 대학 채플 시간에 여성이 목사 안수를 받아선 안 된다는 주장을 하면서 월경을 하는 여자들이 기저귀 차고 강단에 올라가선 안 된다는 얘기를 해 물의를 빚었다.[6]

1990년대 후반 한국의 영페미니스트들은 월경에 대한 인식을 바꾸려고 여러 이벤트를 벌였다. 1999년 9월 10일 정오부터 밤 9시까지 고려대학교 대운동장에서 여성문화기획단 '불턱'이 기획하고 진행한 '제1회 월경페스티벌: 유혈낭자'가 대표적인 행사다. '이갈리아의 딸들: 아빠가 월경을 한다면'이란 주제로 이화여대 연극팀이 공연했고 '초경하는 소녀부터 완경기 아줌마까지 세대를 뛰어넘는 월경의 경험'이란 내용으로 인터뷰 영상을 상영했다. '프리 스피치 존'에서 여성들은 월경을 이야기했다.[7] 생리통이 심할 경우 출석을 인정해주는 공결제 서명도 받았다.[8]

여성학자 박이은실이 2015년 쓴 『월경의 정치학』은 여성학, 문화인류학적 관점에서 월경을 다룬 국내 저작이다. 이 책은 한국, 중국, 인도, 이슬람 문화권 여성들의 인터뷰를 통해 각국의 월경 문화를 함께 살피며 성정치적인 점을 부각해 눈길을 끌었다. 사실 오랫동안 월경은 페미니즘의 주요한 연구 주제로 선택되지 못했고, 뉴에이지 여신 운동 또는 여성주의 문화운동의 차원에서만 직관적으로 접근하는 아쉬움이 있었다. 월경에 대한 터부와 지식을 검토하는 연구서로서 이 책은 읽기에 만만치 않은 텍스트였지만 페미니스트 문화정치학의 측면에서 월경을 재사유하도록 이끌어 젊은 여성 독자들의 반향을 불러일으켰다.

"여성의 몸은 덮이고(베일), 잠기고(정조대), 주물 틀에 넣어지고(코르셋), 뒤틀리고(전족), 조형되고(성형) 때로는 인간을 생산하기 위한 도구로 사용되어왔다(대리모)."[9]

책을 보면, 부족 사회와 유목 사회에서 경제 상태와 정치 상황이 불안정할 때 월경 중인 여성은 공동체에서 분리되었다. 가부장이 여성의 재생산에 대한 통제력을 가지려고 했기 때문이다. 종교 가부장 또한 성별 위계를 만들어 남성 성직자의 권위를 공고히 하고 이를 신자들에게 내면화하기 위해 여성의 몸을 통제하려 했다. 가임여성만이 하는 월경을 동물적인 것, 육체적인 것과 연관 짓는 문화적 관념은 특정 지역에만 국한되지 않았다. 월경은 여성 전체를 혐오스러운 하위 집단으로 낙인찍게 하는 빌미가 되었다. 반면 여성의 몸을 존중하고 보호해야 한다는 입장 또한 여성의 몸을 유순하게 만들기 위한 기획으로 분석된다. 여성은 남성과 달리 열등하므로 종속되어야 한다는 주장이나 여성이 가진 생식의 힘을 보호해야 한다는 주장 양쪽

모두 몸의 통제를 강화하려는 가부장 체제의 문화적 책략인 셈이다.[10]

미국의 과학 분야 작가 겸 편집자 애비 노먼Abby Norman은 자신이 겪은 자궁내막증과 만성질환의 경험담을 『엄청나게 시끄럽고 지독하게 위태로운 나의 자궁』이란 책에 담았다. 책 제목처럼 10대 이후 끝없이 시끄럽고 지독하게 이어지는 작가의 통증 경험이 꼬리에 꼬리를 물고 이어진다. 가학적인 부모한테서 열여섯 살 때 탈출한 지은이는 국가나 사회의 별다른 보호도 없이 홀로 고통을 겪는다. 통증 때문에 대학까지 자퇴한 그는 자기 손으로 질병의 진실을 찾아 나선다. 의학 도서관에서 책을 보며 의학의 성차별적 편견들을 발견하기 시작한 것이다. 그의 책이 단순한 '통증 회고록'pain memoirs을 넘어서는 순간이었다.

지은이는 자료를 종합해 역사적으로 윤리 의식이 부재한 의료 전문가들의 행태를 폭로한다. 1600년대 일부 남성 의사들은 자궁이 두꺼비 같아서 몸속에서 뛰어다닐 수 있다고 여겼다. 1800년대 중반 프랑스의 한 신경학자는 '난소 압축기'라는 기계로 여자의 난소를 짓눌러 히스테리가 일어나는지 보는 짓을 저질렀다. 유명한 여성 종교학자 카렌 암스트롱은 열일곱 살 때부터 실신하여 병원을 전전했지만 신경증으로 취급받아 15년 동안 간단한 검사조차 받지 못했다. 영국 소설가 힐러리 맨틀은 1970년대 자궁내막증 때문에 10년 넘게 끔찍한 통증에 시달렸는데 의사들은 지나친 의욕이 문제라고 말했다. 1980년대 미국의 여성 희극인 길다 래드너에게 의사들은 우울증 또는 신경증이라며 비타민, 소염제, 타이레놀, 건강 보충제를 처방했다. 사실은 난소암이었다. 치료 시기를 놓친 그는 죽기 직전 "몸이 아프다는 사실을 의사들에게 이해시키려 했던 끊임없는 시도"가 허사였다고 밝혔다.[11] 의료진, 가족, 동료도 아픈 환자의 죄를 묻는 판관이었다.

'히스테리' '신경증' '가임력' 같은 특정 의료 담론은 여성의 치료를 막는 주범이다. 자궁내막증이 일하느라 출산을 미루거나 아이를 낳지 않은 이기적인 커리어 우먼의 질병이 아니라 태아에게도 생길 수 있다는 점, 여성 생식기 질환이 아니라 혹스 유전자의 비정상적 분화와 관련이 있을 수도 있다는 가설 등을 설득력 있게 보여준다.

화제의 테드 강연 '생리전증후군에 관한 희소식'에서 출발한 책 『호르몬의 거짓말』은 여성이 분노하고 짜증을 내고 아픈 것은 사회적 불평등 때문이라고 말한다. 완경기 여성의 우울은 특히 심리적인 문제라기보다 사회 구조적인 결과라는 것이다. 남녀 임금 격차와 누적된 차이로 인해 말년으로 갈수록 여성이

빈곤에 처할 가능성이 높아진다는 점은 반드시 고려해야 할 경제적 요인이다.[12]

지은이는 "완경을 치료가 필요한 질병으로 보는 것은 여성의 젊음과 복종을 숭배하는 문화적 방식"이며 "호르몬 신화는 생물학적 본질주의의 한 가닥"이라고 말한다.[13] 여성이 분노하는 것은 호르몬 탓이 아니라 빈곤, 성차별과 불평등 같은 정말 화낼 만한 이유 때문이다. 젊음과 아름다움, 날씬함을 찬미하며 그렇지 않은 여성의 몸을 배제하는 문화적 관념은 생각보다 심각한 후유증을 남긴다. 완경 이후에도 끝없는 다이어트와 의료적 시술, 처치를 하도록 부추기기 때문이다. 월경하는 여성이 통증과 냄새 그리고 피의 양까지 예민하게 확인하며 자신의 몸 매무새를 관리해야 한다면, 월경을 끝낸 여성은 호르몬의 지배라는 또 다른 신화 속에서 끝없이 체중과 머릿결, 얼굴의 주름과 마음 관리까지 아름답고 빈틈없이 해내야 하는 복잡한 실천을 요구받게 되었다.

의료 행위가 실제 질환에 진지하게 대응하는 것이라기보다 특정 지식 권력의 효과이며 특수한 담론의 산물이라는 관점에서 볼 때, 여성 몸과 마음의 고통은 철저히 사회적인 성정치의 문제가 된다. 이 '월경 책'들은 건강과 질병의 책임을 환자에게 심문하는 의료/문화 담론의 문제를 다시금 깨닫게 한다. 그 거

미줄은 그저 여성의 몸을 옭아매는 차원에서 그치지 않을 것이다. 누가 이 촘촘한 그물망에서 빠져나갈 수 있으랴. 늙지 않고 죽지 않는 이가 세상에 있다면 또 모를까.

마음의 그림자,
잘 다뤄내야 할
중년의 과제

- 로버트 존슨, 『당신의 그림자가 울고 있다』, 고혜경 옮김, 에코의서재, 2007 *Owning Your Own Shadow*, 1991).

- 로버트 존슨·제리 룰, 『내 그림자에게 말 걸기』, 신선해 옮김, 가나출판사, 2020(*Living Your Unlived Life*, 2007).

- 고혜경, 『나의 꿈 사용법』, 한겨레출판, 2014.

- 태 켈러, 『호랑이를 덫에 가두면』, 강나은 옮김, 돌베개, 2021(*When You Trap a Tiger*, 2020).

제임스 매튜 배리의 소설 『피터 팬』을 보면, 그림자 에피소드가 나온다. 아이들 방 창문으로 들어온 피터 팬이 급하게 날아오르다가 그만 그림자를 놓쳐버린다. 시간이 흐른 뒤 몰래 되돌아온 피터가 서랍 안에서 접혀 있던 그림자를 찾아내고, 자기 몸에 가까이 댄다. 물방울이 서로 합쳐지듯 가까이 가면 몸과 그림자가 저절로 합체되리라고 생각했지만 그렇게 되지 않았다. 비누를 발라 보아도 그림자가 붙지 않자 피터는 주저앉아 울음을 터트리고 만다. 울고 있는 피터 곁으로 웬디가 다가가 달래주면서 그림자를 바늘과 실로 꿰매주자 그제야 피터는 신나게 펄쩍펄쩍 뛰며 환호성을 지른다.[1]

  영원히 어른이 되기를 거부하면서 아이로 살아가는 피터는 그림자가 없는 삶이 온전하지 않다는 것을 알고 있었다. 카를 융은 '아이다움'에는 '완벽한 자신'의 이미지가 있다고 했다. 문명화된 어른은 아이를 볼 때 어떤 갈망을 느낀다. 채우지 못한 욕구와 필요를 솔직하게 드러내는 아이에게서 그가 느끼는 묘한 감정은 성인이 가진 '페르소나', 곧 연극적인 가면에서 떨어져 나간 인격의 한 부분과 관련이 있다는 것이다.[2]

  "나는 선한 사람보다 온전한 사람이 되고 싶다." 융은 착하게 살기보다 전일성wholeness을 가진 삶이 중요하다고 말했다. 온전하게 살기 위해선 내면의 밝은 빛뿐 아니라 그 쌍둥이인 그림자 또한 인정하고 통합해야 한다는 것이다.[3] 그림자가 없는 사람은 없다. 그림자는 물건이나 사람을 소유하려는 탐욕, 잔인성, 분노, 시기, 질투, 욕정, 인색함 등 우리 의식으로 통합되지 않은 부분이자 스스로 멸시하는 부분이다. 융에게 영향을 받은 정신분석가, 심리학자 들은 그리스 신화 속 영웅이 어두움 속에서 오랫동안 모험을 감행하듯 누구나 결정적 시기에 지하 세계를 탐색하는 것이 필요하다고 본다. 그들의 이야기를 종합하면, 그림자는 '개인 내면 무의식의 모든 것', 우리 심연의 밑바닥에 가라앉아 커다란 부분을 이룬다.[4]

『당신의 그림자가 울고 있다』『내 그림자에게 말 걸기』를 쓴 로버트 존슨Robert Johnson은 스위스 취리히 융 연구소에서 융의 이론을 배운 미국 정신분석가이자 심리학자다. 한국에서는 『신화로 읽는 남성성 He』『신화로 읽는 여성성 She』를 비롯한 여러 책이 번역돼 있다.

존슨은 "의식화할 준비가 됐음에도 부정당하고 억압받는 무언가가 바로 악의 원인"이라고 썼다. 억압받고 인정받지 못하는 그림자는 무의식에서 의식으로 귀환한다.[5] 내 안의 그림자를 무시하면 그것이 문제의 씨앗이 되어 '나'를 권태와 낭패감, 실의에 빠뜨린다는 것이다. '빛에 대한 명상'이나 세속적 문제를 초월하려는 노력 또한 그림자를 돌보는 과정을 거치지 않고서는 실패할 수밖에 없다고 그는 설명한다.[6] 그림자를 돌보지 않을 경우에 갑작스러운 분노, 불안, 우울, 사고로 연결될 수 있지만, 그것의 존재와 가치를 인정하고 받아들일 때 훨씬 큰 세계의 초대를 받게 된다고도 덧붙인다.

그림자 이론을 보면, 특히 인생의 오전에서 오후로 넘어가는 시기가 중요하다. 융은 고대 그리스어를 통해 중년의 역행에 대해 설명했다. '에난티오드로미아'enantiodromia, '반대로'enantio '달린다'dromia는 뜻이다.[7] '가지 않은 길', 존슨의 표현대로라면 '살지 못한 삶'이 만든 그림자가 기승을 부리는 것이 중년의 시기다. 다른 것을 찾고 싶고 여태 '살지 못한 삶'이 고개를 내밀며 손짓하는 중년 이후의 시간이 바로 그림자를 집중적으로 탐구할 때다.

인간은 인생의 전반기에 자신을 단련하고 성장한다. 겁 없이 사랑하고 일하고 다음 세대를 낳아 기르기도 하면서 용맹하게 살아간다. 하지만 나이가 들면 능력이 예전 같지 않다는 느낌을 받게 된다. 에너지를 다 쥐어 짜낸 것 같고, 늙어간다는 위기감 속에서 죽음에 대해 좀 더 깊고 현실적인 생각을 하고, 허무감을 느끼며 살아보지 못한 삶을 아쉬워한다. 이때 그림자의 에너지는 어마어마하게 커진다. 사랑에 빠지거나 이혼을 하거나

스페인 출신의 초현실주의 여성 미술가 레메디오스 바로의
1962년작 〈현상〉. 그는 이 작품에서 융이 말한 그림자의 모
습을 예술로 형상화했다.

직장을 그만두기도 하며 극단으로 치닫는다. 중년기는 이렇게 서로 모순된 둘 사이의 긴장감이 커지고 충돌하는 시기라는 것이다.

중년의 위기는 균형을 찾고자 하는 영혼의 암시로 받아들여야 한다고 존슨은 말한다. "역설에 동의한다는 것은 고통을 받아들인다는 의미다. 이는 자아보다 훨씬 큰 세계를 의미한다. 이러한 체험은 우리가 더 이상 앞으로 나아갈 수 없다고 느끼는 지점, 해결책이라곤 전혀 없어 보이는 바로 그 지점에서 정확하게 일어난다. 이 순간은 자기 자신보다 훨씬 더 큰 곳으로부터 초대를 받은 순간이다."[8] 대립의 모순을 받아들여 역설을 수용할 때 비로소 통합의 열매를 얻게 된다는 것인데, 그것은 깨달음이나 종교적 체험과도 무관하지 않다.[9] 중년 이후 사람들이 종교를 찾는 이유도 이와 관련이 있을 것이다.

생각의 차이로 지그문트 프로이트와 결별한 뒤 융을 둘러쌌던 동지와 친구, 친지 들은 모두 등을 돌렸다. "사람들은 나의 책을 쓰레기라고 대놓고 말했다. 나는 신비주의자로 간주되었고, 이것으로 사태는 끝장을 보게 되었다"고 그는 말했다.[10] 신화를 해석할 때 문자주의와 성sex에 집착한 프로이트와 달리 융은 성의 정신적 측면과 함께 신성 체험적 의미를 탐구하려 했다. 신의 또 다른 얼굴, 즉 지하 세계의 어두운 영의 문제를 함께 고려

했던 것이다. 그는 밝음과 어둠의 균형, 빛이 그림자를 만든다는 점을 중요하게 여겼고, 이 점은 그의 가장 위대한 업적이라고 일컬어진다.

융은 친구들에게 종종 "최근에 끔찍한 성공을 거둔 적이 있어?"라고 묻곤 했다. 산이 높으면 골이 깊듯 사회에서 어떤 자리를 차지하는 것은 그림자의 대가를 치러야 하는 일이라고 보았기 때문이다. 빛과 그림자가 서로 떼려야 뗄 수 없듯, 시소의 반대편에도 동등한 무게가 요구된다는 얘긴데, 의심이 들다가도 '호사다마'好事多魔 '새옹지마'塞翁之馬 같은 한자 성어를 생각하면 납득이 간다.[11] 이 이론에 의하면, 의식적으로 남을 위한 일을 하거나 특별히 착한 행동을 했더라도 인격의 균형을 위해 내면의 어두운 기질이 올라올 수 있다. '나'는 다양한 측면이 결합한 존재이기 때문이다.

존슨은 어둠을 거부하고 부정할수록 내면 다른 곳에 어둠이 저장되고 축적된다고 말한다. 자신의 그림자를 타인에게 떠넘기지 않기 위해선 잠깐 쉬거나 의례를 갖는 것도 좋다고 한다. 까다로운 사람과 이야기를 끝냈을 때, 힘든 일을 마치고 어두움이 올라온다면 다른 사람에게 그림자를 내려놓지 않도록 잠시 시간을 두고 적극적인 명상을 하는 등 시간을 갖는다. 창조적인 일을 한 다음에도 마찬가지다.[12]

내면의 어두움을 통합하는 가장 대표적인 방법으로는 꿈 작업이 제안된다. 꿈은 콤플렉스로 인한 삶의 매듭을 푸는 데 힌트를 주고 창의력과 힘, 지혜의 원천이며 의식을 성숙시키는 통로라는 것이다. 융은 은유와 상징으로 가득한 꿈에 대해 우리가 충분하고 철저히 사유한다면 반드시 얻는 것이 있을 것이라고 말했다. 예컨대 꿈에 기차가 등장한다면 이는 실제 기차가 아니라 꿈꾸는 이의 기차 같은 부분을 상징한다. 폭풍처럼 질주하는 결단력, 또는 고삐 풀린 열정일 수도 있다. 죽음에 관한 꿈은 삶의 모순을 해결하는 것과 관련이 있으며 질서와 통합을 자주 보여준다고 한다.[13]

부모 자식 관계에서도 그림자가 자주 모습을 드러낸다. 융은 "자녀가 짊어져야 하는 가장 큰 짐은 부모 내면의 '살지 못한 삶'"이라고 했다. 최악은 부모가 자녀에게 자신이 해결하지 못한 그림자를 내려놓는 일이다. 이 자녀들은 사춘기에 다른 이들보다 훨씬 큰 전투를 벌여야 하며 그들의 자녀에게 다시 그림자를 전가할 수도 있다. 그림자의 대물림을 막으려면 부모는 자신이 '살지 못한 삶'을 깨달아 문제를 스스로 처리해야 한다.[14]

타인이 나를 향해 던지는 그림자는 어떻게 다뤄야 할까? 존슨은 "이 세상 그 누구도 타인에게 자기 그림자를 내려놓을 권리가 없으며 우리 모두 자기를 보호할 권리가 있다"고 말한다.

하지만 인간은 각자 그림자 교환 그물망에 속해 있기 때문에 이런 일이 자주, 쉽게 일어난다고도 덧붙인다. 다른 사람이 나를 자극하며 자신의 그림자를 내려놓을 때 내 안의 그림자도 덩달아 폭발한다. 적개심에 불타오르고 전면전이 불가피하다. 싸움을 벌인다면 누군가는 반드시 패배하게 된다. 그림자에게 잡아먹히는 순간이다.[15]

신화학자이자 꿈 분석가 고혜경은 『나의 꿈 사용법』에서 '행복법' '부의 비밀' '○가지 성공 습관' 등 자기 긍정과 희망만을 강조하는 자기계발 담론이 인간 정신을 지나치게 단순하게 보며, 고장 난 기계를 수리하듯 기능을 개선할 수 있다는 신념을 만든다고 풀이한다. 세상을 선과 악, 긍정과 부정, 낙관과 비관으로 선명하게 나누는 것은 순진한 발상이라는 것이다. 이렇게 단순한 관점을 극복하는 것이 성숙과 발달, 온전한 삶을 위한 깨달음의 길이 된다.

"진정한 성숙은 복잡다단함과 애매모호함, 그리고 모순과 역설을 견뎌내는 힘을 갖는 과정이다. 긍정과 희망, 밝음을 강조하는 심리학이나 자조 프로그램에는 삶의 모호함이나 복잡성을 수용할 여지가 거의 없다." 나만 바꾸면 무엇이든 이뤄진다는 표현들은 자기를 비대하게 한다고 그는 말한다. 나아가 초인적

노력을 한 자들이 세계를 결국 파국으로 몰고 간 사례도 적지 않다는 것이다.[16]

"인류 역사의 비극적 장은 모두 투사의 전시장"이다.[17] 남성은 여성에게, 백인은 유색인종에게, 그리스도교는 무슬림에게, 나치는 유대인에게 그림자 투사를 해왔고 비극적 참사가 발생했다는 풀이다. 그렇게 본다면 인류사 모든 갈등이 마찬가지다. 한국사의 어두운 장면을 쓴 전쟁과 각종 참사 또한 과욕이 낳은 그림자 투사의 결과라고 말할 수 있을 것이다.

참혹한 결과를 맞이한 과거의 역사들을 그림자 투사의 비극이라고 수긍하면 과거와 결별할 길이 열릴까? 인류는 과연 새로운 역사를 학습할 수 있을까? 자신에게 싸움을 걸어오는 타인의 그림자와 한판 붙지 않으려면, 나는 기꺼이 패배를 각오해야 하나? 나를 공격하는 자의 모습이 내 안의 그림자라는 것을 인식한다면 나는 위기를 피해갈 수 있을 것인가?

자기 내면의 진실을 만나는 일, 자신의 어두운 과거를 떠나보내는 일은 영웅 같은 용기를 필요로 한다.[18] 한국계 여성 작가 태 켈러Tae Keller의 작품으로, 2021년 뉴베리상 대상을 받은 소설 『호랑이를 덫에 가두면』은 한 소녀의 이야기가 중심을 이룬다. 병에 걸린 외할머니를 돌보려고 릴리와 엄마, 그리고 언니는 먼 곳으로 이사를 가게 된다. 할머니가 해주던 옛날이야기 속에서 금방이라도 뛰쳐나온 듯한 호랑이가 릴리의 눈앞에 나타나 제안을 한다. 옛날 너희 외할머니가 훔쳐간 것을 돌려주면 그의 병을 낫게 해주겠다고. '조용한 아시아 여자애'였던 릴리는 호랑이를 만나면서 마음 속 분노, 슬픔, 욕망의 응어리를 만나고 해결한다.[19] 그의 아픔을 치유한 것은 밝음이라기보다 커다란 어두움이었다. 지하로 내려가 호랑이를 잡을 수 있는 덫을 놓고, 호랑이와 마주선 릴리는 용기와 지혜를 유산으로 이어받은 동양의 여성 영웅이었다.

그림자를 만났을 때 도망치거나 잡아먹히지 않되 눈앞에 붙잡아두고 관찰하면서 의식적으로 관계 맺어야 한다는 융의 이론은, 실로 많은 질문과 대답을 낳는 어마어마한 이야기다. 그 이야기는 오늘도 꼬리에 꼬리를 물고 끝없이 이어지고 있다.

여신,
여성성을 뛰어넘어
우주와 맞닿은 세계

● 마리아 김부타스, 『여신의 언어』, 고혜경 옮김, 한겨레출판, 2016(*The Language of the Goddess*, 1989).

'태초에 여신이 있었다'는 여신 숭배 학설은 고고학계의 스캔들이었지만, 동시에 여성이 주체가 되는 역사로서 허스토리 herstory를 구성할 수 있다는 신념에 불을 지폈다. 이 학설은 선사시대 기나긴 시간 동안 인류에게 여신 숭배 문화가 있었고, 뒤이어 등장한 남성 중심의 문화가 이를 없애버렸다는 내용이 뼈대를 이룬다. 여신을 숭배하던 평화와 평등의 시대가 폭력으로 끝나고 남신을 앞세운 전쟁의 시대가 이어졌다는 분석인데, 이 주장은 많은 비판을 받았다. 여신과 여성은 무조건 선하고 남신과 남성은 무조건 악한 것이냐는 자동 반사적 반발부터 평화로운 여신 시대나 모계사회는 존재하지 않았다는 진지한 학술적 반박까지 여러 층위에서 논쟁이 이어졌다.

'여신 이론'을 주장한 대표적인 학자 중 하나인 마리야 김부타스 Marija Gimbutas는 구소련 리투아니아 출신의 미국 고고학자였다. 어려서부터 여성의 입으로 구전되는 여신 이야기를 듣고 자랐던 그는 1970년대 고대 유물 다수에 여신 숭배 사상이 담겨 있다는 연구 결과를 발표하며 학계를 놀라게 했다. 대표작 『여신의 언어』는 고고학, 비교신화학, 민담을 아우르는 고고신화학 archeomythology 책으로, 고대 유럽 유물에 나타나는 상징적 언어를 분석한 결과를 담았다. 초기 인류가 여러 기하학적 이미지와 동물 형식으로 '위대한 여신'Great Goddess을 숭배했다는 것이다.

김부타스는 1950~60년대 하버드대학과 로스앤젤레스 캘리포니아대학에서 일하면서 구소련과 동유럽의 고고학 자료를 연구했다. 하버드대의 유일한 여성 고고학자로 10년 넘게 유물을 분류하다가 온통 전쟁뿐인 사료에 실망하고 연구 분야를 인도-유럽의 신석기 이전 시대로 옮겼다. 기원전 6500~3500년경 유럽 유물 2000여 점을 분류한 그는 당시 인류가 남긴 여러 모양의 상징을 적극적으로 해석했다. 여신상, 부조, 조각, 토기, 무덤, 회화 등을 검토하면서 "일종의 메타언어"를 발굴하려 한 것이다. 고고학의 과학적 방법론을 따르지 않았다는 학계의 비판을 무시하듯 그는 "만일 비전이 없다면, 시인이나 아티스트가 아니라면 보이는 게 별로 없을 것"이라고 적었다.[1]

인류의 역사가 전쟁으로 얼룩졌다는 가설을 뒤엎고 전쟁 이전 시기에 평화로운 시대가 있었다는 학설을 수립한 그는 이에 해당하는 기원전 6500~3500년경 시기를 '올드 유럽'이라고 이름 붙였다. '쿠르간 가설'로 일컬어지는 그의 이론을 보면, 기원전 3500년경 호전적이며 가부장성 강하던 흑해 연안 쿠르간 Kurgan(러시아어로 봉분 있는 무덤이라는 뜻) 유목민들이 무기를 들고 서쪽으로 세력을 확장해 올드 유럽을 침탈했고, 그들은 인도-유럽 어족의 조상이 되었다. 그전까지 올드 유럽은 치명적 무기나 요새를 만드는 대신 무덤과 신전 그리고 사원을 건축했다.

빼어난 토기와 조각상을 빚었고 평화를 누리며 예술을 꽃피웠다. 김부타스는 "남신의 개입 없이 홀로 후손을 생산하던 여신의 시대가 인류사에서 가장 오래 지속되었던 특질"이라며 "유럽에서 여신은 구석기시대와 신석기시대를 지배했고 지중해에서는 청동기시대 대부분에 이르기까지 이 전통이 이어졌다"고 설명한다.[2]

그의 이론을 두고 당시 페미니스트들의 의견은 두 쪽으로 나뉘었다. 1970년대 페미니스트 영성가들은 그의 이론에 열광했지만, 역사학·인류학계의 반응은 냉랭했다. 고고학계는 거의 '사이비' 취급에 가까웠다. 미국에서 페미니즘 제2물결을 주도한 이들 중 하나였던 글로리아 스타이넘, 『우리 속에 있는 여신들』을 쓴 정신분석가 진 시노다 볼린은 김부타스의 이론에 찬탄을 금치 않았다. 페미니스트 역사학자 거다 러너는 고대에 다산과 풍요를 상징하는 '어머니 여신' 전통이 있었고 뒤이은 유일신 남신 중심 문화가 이를 대체했다고 하면서 일부 비슷한 이론을 전개했지만, '위대한 여신' 숭배 전통이 지배적이었다는 김부타스의 학설은 받아들이지 않았다(거다 러너 또한 고대 가부장제와 중세의 여성들에 대한 책을 쓴 뒤 인류학자와 중세학자 들에게 해당 분야의 전문가가 아니면서 잘못된 주장을 편다는 비판을 받았다). 저명한 미국

인류학자 미셸 로잘도와 루이스 램피어 역시 여신 전통 이론과 냉정하게 선을 그었다. 여신상이 곧 여성 중심 사회를 뜻하는 것은 아니며, 모권제가 지배적이었다는 상상은 여성들에게 인기 있을지 몰라도 실제 그런 문명이 있었다는 증거는 미미하다는 것이다.

『모권』의 지은이 요한 야코프 바흐오펜과 『가족, 사유재산, 국가의 기원』을 쓴 프리드리히 엥겔스처럼 모권제 사회가 존재했다는 주장에 대한 김부타스의 견해는 명확하지 않다.[3] 다만 김부타스가 여신 숭배의 전통을 곧장 모계사회의 존재를 인정하는 것으로 연결하지 않은 점은 분명하다. 그가 어리석게도 여신 문화와 모성 중심 사회를 일치시키는 실수를 저질렀다는 세간의 평가도 사실과 거리가 멀다. 실제 김부타스는 오히려 '어머니 여신'이란 단어가 부적절하다고 보았다. 여신 이미지는 다산·풍요·모성을 넘어선 개념이라며 "어머니라는 표현은 여신의 힘을 축소한다"고 밝히고 있기 때문이다.[4]

그가 발견한 여신 숭배 전통은 여성과 어머니 그 이상의 의미를 담고 있었다. 그 전통은 이타주의와 모성주의로 구성된 이른바 '여성성'을 뛰어넘는 거대하고 우주적인 세계와 연결된 것이라고 보는 편이 더 적절할 것이다. 김부타스는 탄생-죽음-재탄생으로 이어지는 통합적 사고로 세상을 바라보던 고대인들의

마리아 김부타스가 연구한 올드 유럽의 여신상 중에서. 터키 하실라르에서 발견된 유물로 가슴과 배 부위가 두드러지게 표현되었고 V자와 쐐기 문양이 몸 전체를 휘감고 있다.

정신 세계에 관심을 기울였다. 그는 직관적인 추리로 유물 분석을 한다는 비판을 감수하면서도 자신의 고집을 꺾지 않았다. 고고학 유물들이 말없이 웅변하고 있다며 올드 유럽 유물의 상징과 당시 사람들의 세계관, 신앙을 연관 지어 적극적이고도 끈질기게 해석했다. "나는 선사시대 예술과 종교의 의미는 결코 파악할 수 없다는 주장을 믿지 않는다"고 그는 말했다.[5]

김부타스의 열렬한 지지자였던 신화학자 조지프 캠벨도 힘을 보탰다. 찬사로 가득한 추천사에서 캠벨은 선사시대 실존하는 역사를 김부타스가 발굴했다고 썼다. 캠벨은 '꿈은 개인의 신화이고 신화는 집단의 꿈'이란 주장을 폈고, 김부타스 또한 여신 전통이 인류 역사의 무대 뒤로 사라졌지만 꿈이나 판타지 세계에서 여전히 살아 있다고 보았다.

책에 담긴 사진, 그림 자료 1000여 컷은 핵심은 탄생-죽음-재탄생의 순환이다. 올드 유럽의 유물에서는 생명을 부여하는 신도, 죽음을 부여하는 신도 여신이었다. 이들은 맹금류나 독수리, 올빼미, 까마귀로 모습을 드러내기도 했다. 뱀과 새 여신은 가족이나 부족의 수호신이었으며 역사시대에는 도시의 수호신이 되었다.

올드 유럽의 전통이 붕괴되고 신전이 파괴되면서 시각예술에서 신성한 이미지는 급격히 감소했다. 인도-유럽 어족의 새로운 지배계층이 숭상한 이념은 '인간중심주의'였기 때문이다. 여신 종교는 지하로 숨어들었고, 올드 유럽의 새 여신은 방패를 들고 헬멧을 쓴 군사적 아테나 여신상이 되었다. 맹금류 여신은 청동기시대에 이르러 암말로 변형된다. 혼자 자손을 생산하던 여신은 가부장제에 적응해 신부, 아내, 딸로 형상화하며 여신 이미지도 에로틱한 모습으로 바뀌었다.[6]

김부타스는 그러나 여신 숭배의 전통만은 지금까지 남아 있다고 밝힌다. 후대 그리스도교 시대에 이르러 여신은 성모 마리아 이미지와 뒤섞이고 유럽 신화 또는 민담에서도 유럽 여신의 잔재를 찾아볼 수 있다는 것이다. 중세 마녀사냥의 기간 동안 여신이나 여신 숭배의 신비를 구전으로 익혔던 여성들이 희생양이 되었고 여성들이 계승해오던 신앙을 박멸하려는 전쟁이 있었음에도 여신의 기억은 민담, 의례, 풍속, 언어에 흔적을 남겼다. 독일 그림 형제의 이야기엔 여신이 눈을 내리게 하고 날씨를 바꾸거나 동물의 모습으로 나타난다. 비둘기로 변신해 풍요를 확산하는 축복을 내리거나 개구리 모습으로 나와 지하의 샘에서 생명의 상징인 붉은 사과를 가져오는 식이다.[7]

자연과 인간이 분리되어 있지 않다는 고대의 상상력은 현대 예술과 상업 디자인에 영향을 주기도 했다. 여신의 입에서 나오는 삼선三線, 여신의 눈에서 시작해 온몸으로 흘러내리는 신성한 물, 곰 어머니, 곰 할머니, 재생의 힘을 표현하는 뱀 이미지 등 유적의 다양한 이야기들은 명품 패션 브랜드에서 재현되거나 미술 작품 또는 음악가들의 뮤직비디오 등에도 곧잘 활용된다. 위대한 여신 숭배가 있었다는 주장은 학술적으로는 논란을 낳았지만 다른 분야의 상상력을 자극하며 창조적인 변용을 해왔다. 그것 또한 인류의 자산이자 역사가 왜 아니겠는가.

신학,
그 남성 중심적 권위에
맞선 여성들

● 테레사 포르카데스 이 빌라, 『여성주의 신학의 선구자들』, 김항섭 옮김, 분
　도출판사, 2018(*La Teología Feminista en la Història*, 2007).

'페미니즘 물결'이란 표현에 알레르기를 느끼는 두 부류가 있다. 한쪽은 '페미니즘'에 수긍하지 못하고 반대쪽은 '물결'이 호들갑이라며 냉소적으로 평가한다. 하지만 오랫동안 여성에게 배타적이었던 신학, 종교학 분야에서 젠더 편향적 역사나 시각을 비판하며 새로 나온 책들을 보노라면 역시 2010년대 '페미니즘 물결'의 효과가 없지 않았다는 점을 다시금 확인하게 된다. 『여성주의 신학의 선구자들』 또한 그 흐름 위에서 한국에 소개된 책들 가운데 하나다.

스페인 몬세라트 베네딕토회 소속 테레사 포르카데스 이 빌라Teresa Forcades i Vila 수녀가 2007년 카탈루냐어로 펴낸 이 책은 2018년 교회 인가를 받아 한국어판으로 출간됐다. 여성으로 태어나 공부의 기회를 얻지 못하고 사유와 글쓰기가 어려운 가운데서도 믿음을 끈질기게, 그리고 체계적으로 성찰하려 한 역사 속 여성들의 삶과 성취를 복원하고자 한 노력이다. 여성의 지적 공헌이 교회에서 사라져간 배경을 설명하며 포르카데스는 10~17세기 남성 중심의 종교적 권위에 맞서 유럽에서 활동한 여성주의 신학자와 영성가 들을 발굴한다. 200쪽이 채 안 되는 얇고 작은 책이지만 꽤 많은 여성들이 등장하며 그들의 화끈한 활약상 또한 철학, 문학, 수학, 의학 등 다양한 분야에 걸쳐 있어 읽는 재미를 더한다.

철학자이자 신학자인 안나 마리아 판 스휘르만^{Anna Maria van}
Schurman의 사례는 대표적이다. 판 스휘르만은 '네덜란드의 미네
르바'라고 불린 17세기를 대표할 만한 지적인 여성이었다. 그의
높은 성취는 당시 유럽 지성사의 중요한 부분이었지만 신학의
역사는 그의 존재를 지웠다. 판 스휘르만은 희랍어, 라틴어, 독
일어, 네덜란드어, 영어, 스페인어, 프랑스어, 이탈리아어뿐 아니
라 히브리어, 아랍어, 시리아어, 에티오피아어를 구사했다. 여성
에게 교육의 기회를 부여하지 않는 당시 관습에 맞서 그는 "영
혼의 진정한 위대함으로 이끄는 모든 것은 그리스도교 여성에
게 적합하다"고 말했다. 모든 여성이 어떤 제약도 없이 학문을
할 수 있어야 하고, 재능을 발휘하는 것이 인간으로서 마땅한
의무이며 그리스도교의 의무라고 보았다.[1]

그가 1673년에 쓴 『좋은 선택』은 루카복음의 마리아-마르타
자매의 일화와 관련이 있는 제목으로 의미심장하다. 동생인 마
리아가 예수의 가르침을 듣느라 손님 시중과 집안일을 거들지
않자, 마르타가 불평하였고 그에게 예수가 "마리아는 좋은 몫을
선택했고 그것을 빼앗기지 않을 것"이라고 말한 에피소드에서
나온 것이었다. '좋은 몫'이 무엇인지 알 수 없지만 분명한 것은
집안일은 아니었다는 점이다.

이탈리아 베네치아 태생으로 유럽 최초의 여성 전업 작가가

된 크리스틴 드 피장Christine de Pisan은 열다섯 살에 결혼해 세 자녀를 두었고 20대에 남편을 잃었다. 할머니, 고모, 세 자식까지 건사하면서 문학에 전념해 마흔한 편의 작품을 썼는데, 마지막 작품이 잔 다르크에 바친 시집 『잔 다르크 이야기』(1429)이다. 글도 읽을 줄 모르는 열일곱 살의 여성 잔 다르크는 군복을 입고 프랑스 군대를 이끌어 영국군을 몰아냈지만 마녀로 몰려 화형당했다. 공식 죄목은 남자 옷을 입고 하느님이 원한 사회적·도덕적 질서를 어지럽힌 것이었다. 하지만 잔 다르크가 죽은 실제 이유는 영국 권력과 야합한 프랑스 귀족과 사제의 이해관계 때문이었다.

여성에게 규제를 가한 것은 권력을 쥔 남성들이지 하느님이 아니라는 점을 선명하게 주장한 피장은 남성들과의 공적 논쟁에 정기적으로 참여했고 문학, 정치, 신학을 논했다. 1405년 대표작 『부인들의 도시에 관한 책』을 통해 그는 당시 남성 지식인, 문사 들의 여성혐오론을 일일이 반박한다. 천상에서 온 '이성' '정직' '정의' 부인들이 아름다운 여성은 정숙하기 어렵다는 주장, 여성은 겁탈당하기 좋아한다는 주장, 여성은 지조가 없다는 주장, 여성은 남자들을 유혹한다는 주장에 반론을 제기하는 동시에 역사 속 억울한 여성들에 대한 변호를 펼치는 내용을 담았다.[2] 수백 년이 흐른 지금까지도 비슷하게 반복되는 여성혐오 담론을 비판한 최초의 저작이었다.

그보다 앞서 활동한 독일 빙엔의 힐데가르트^{Hildegard von Bingen}는 중세 최초이자 최고의 여성 철학자로 일컬어진다. "월경의 피가 여성을 부정한 존재로 만드는 것이 아니라 오히려 전쟁에서 쏟은 피가 전쟁에 책임 있는 자들을 부정한 존재로 만든다"며 종교적 금기에 맞선 기개 있는 성인이었다. 환자의 몸에 기도문을 써주던 남성 의사들이 활약하던 동시대에 힐데가르트는 식물과 광물의 약성을 발견하고 기록했다. 교회 음악을 작곡했고 영적 환시를 통해 여러 권의 책을 저술했다. 베네딕토 수도회에서 독립해 여성들만으로 이뤄진 역사상 첫 단독 수녀원을 세운 사람이기도 하다. 하지만 지은이인 포르카데스는 힐데가르트를 여성주의자로 간주하지 않는다. 여성주의자는 차별과 불의 때문에 발생한 모순되고 억압적인 '여성의 문제'를 구조적 사안으로 자각하고 여성의 예속에 반대하는 견해를 보여야 하기 때문이다.[3]

그런 의미에서 지은이가 손꼽는 가장 온전한 여성주의 신학자는 중세 카탈루냐 최초의 여성 문학인 이사벨 데 비예나^{Isabel de Villena} 수녀이다. 그는 성경의 전통과 스콜라 철학을 풍부하게 인용하면서 라틴어 지식을 곁들인 탁월한 '중세적 명상가'였다. 또한 여성혐오자들을 비판하고 여성의 지적·영성적 능력을 옹호했다. 공교롭게도 비예나가 있었던 수녀원의 의사 하우메 로이그는 여성혐오론자로 여성이 인색하고 이성적인 사고를 할 줄 모른다는 책을 썼는데, 이 책은 날개 돋친 듯 팔려 나갔다.[4] 당시 가톨릭교회의 공식 입장은 이사벨 데 비예나의 견해보다 하우메 로이그 쪽에 더 가까웠다.

문제의 책인 『마녀를 심판하는 망치』(1487)가 나온 것도 그즈음이었다. 도미니코회 이단 심문관인 하인리히 크라머와 야콥 슈프렝거가 쓴 이 책은 여성혐오의 결정판이었다. 이 책에서 인용한 사이비 어원론을 보면, '여성'이라는 말은 '믿음'과 '더 작은'의 조합이었다. 여성은 '믿음이 작은' 사람들이라는 얘기다. 『마녀를 심판하는 망치』가 밝힌 '마녀 표지' 중 하나는 신의 뜻에 반하여 토론에서 남자를 이기는 일이었다. 16~17세기에 이 책은 큰 인기를 끌었고 여성들이 쓴 많은 신학 책들이 저자들 손에 의해 혹은 고해 사제들의 주도로 불살라졌다.

이에 대해 포르카데스는 "우리가 우리의 의지를 거슬러 억누르는 것에 대해 어머니(여성)의 탓으로 돌리는 경향이 있다"며 시대에 따라 그 수가 다르지만 21세기 초에 추정한 집계를 보면 화형 당한 마녀 수가 2만 5000여 명에 이른다고 보았다. 프랑스, 네덜란드, 라인강 유역, 이탈리아 북부와 알프스 지역에서 마녀 처벌이 많았는데, 그 지역은 대체로 유럽에서도 부유하고 인구가 많고 지적으로 진보해 근대성이 태동하기 시작한 곳이었다. 주체가 상징적 질서를 세워야 하지만 한계에 부딪쳐 좌절감을 느낄 때 절망, 폭력, 반동적 열광으로 퇴행하는데, 당시 분열하고 권위가 심각한 위기에 빠진 가톨릭교회가 자신의 불안감과 두려움을 여성에게 투영했다는 것이다.[5]

역사상 가장 뛰어난 영성가 중 한 명이었던 아빌라의 성녀 데레사Teresa of Ávila는 개혁적인 수도원인 '맨발의 가르멜회'를 창설한 인물로 그가 죽고 난 뒤 1589년 『완덕의 길』이라는 책이 나왔다. 그가 쓴 책들은 오랫동안 출간되지 못했고 비판적 구절들은 사전 검열을 받았다. 포르카데스는 성녀 데레사의 글이 오늘날 여성주의가 정의하는 방식으로 '여성의 문제'를 자각했다고 밝힌다. 성녀 데레사는 사회적·문화적·종교적 체제가 여성이 공적 영역에 진출하는 것을 가로막는다는 것을 알고 있었고 하느님의 '공식적 지상 대리자들'이 아무리 설교하더라도 하느님은 좋아하지도 축복하지도 않을 것이라고 적었다. 1970년 그는 시에나의 성녀 카타리나와 함께 교회 박사로 선포되었지만, 50여 년이 지난 오늘날까지 교회는 박사의 전례가 아닌 동정녀의 전례만을 행하고 있다고 포르카데스는 비판한다.[6]

불교나 이슬람, 기독교의 전통에 커다란 지리적·문화적·종교적 차이가 있지만 명시적인 여성혐오의 표현이나 그것을 극복하려는 전략은 판에 박힌 듯 일치한다. 이 책을 종합하는 견해를 한 가지만 꼽는다면, 종교는 남성적인 것이 우월하며 더 영성적이라 전제한다는 것이다. 사도 바오로는 갈라티아 신자에게 보낸 서간에서 노예나 자유인이나 남자나 여자나 "모두 그리스도 예수 안에서 하나"임을 분명히 했다. 하지만 2~3세기 외경 마리아복음을 보면, 예수가 남자가 아닌 한 여자에게 계시했다고 여기면서 베드로가 화를 낸다. 마리아가 그에게 반발하자 레위가 개입해 베드로에게 말한다. "구원자께서 그녀에게 존엄성을 부여했는데 그녀를 거부하는 당신은 누구인가."

'여성의 문제'는 역사 속에서 형태를 달리하면서 이어졌다. 중세에서 근대로 넘어오면서 분석적·합리적 능력이 인간의 핵심 자질로 등장했고, 종교가 위상을 잃기 시작하자 여성은 비로소 남성보다 더 종교적인 존재로 간주되었다. 근대 이후, 자율성에 따라 행동하고 결정하는 것이 '인간다움'과 연결되자 여성은 '인간다움'에서 다시금 먼 존재가 되었던 것이다. 중세의 여성이 덜 영성적이고 덜 종교적이라고 간주되었다면, 근대의 여성은 덜 이성적이고 합리적이라며 공적 영역에서 배제되었다.[7]

『여성주의 신학의 선구자들』은 여성을 지적으로 열등한 존재로 못 박고 이들의 우선적 과업이 집안일이나 돌봄이라고 결정한 자는 '인간'이라는 점을 역사적으로 검토하는 데 중점을 둔다. 그리하여 여성주의 신학은 존엄, 지성, 사랑하는 능력 모두 평등하다는 생각과 실천으로 진리의 길을 여는 일이라고 지은이는 정리한다. 성 아우구스티누스의 말 "사랑하라, 그리고 그대가 원하는 것을 하라"는 문구를 되새기며 포르카데스는 결론 내린다.

"나는 많은 사랑을 갖고 있으므로 그만큼 많은 자유를 갖고 있다. 오늘날 세계의 변혁과, 우리의 역사에 의미를 부여하는 하느님 나라의 도래는 단지 이론적 선언만이 아니라, 무엇보다도 각각의 여자와 남자가 이러한 진리를 실천적으로 경험할 때 가능하다."[8]

불교,
상호연관성의 교리로
페미니즘과 만나다

● 리타 그로스, 『불교 페미니즘』, 옥복연 옮김, 동연출판사, 2020(*Buddhism After Patriarchy*, 1993).

미국 페미니스트 종교학자 리타 그로스Rita Gross는 시카고대학에서 종교학을 배우고 위스콘신대학 오클레어 캠퍼스에서 철학·종교학 교수로 일했다. 20년 넘게 불교와 기독교 간의 대화 프로그램에 참여했고 동양의 불교와 서양의 페미니즘을 연결하는 연구에 깊이 몰두했다. 삶 속의 수행자이기도 해서 초얌 찬파, 사티옹 팜 린포체, 칸드로 린포체까지 세 사람의 불교 스승에게 가르침을 받았으며 30년 동안 매일 한 시간 이상씩 참선을 했다. 2015년 뇌졸중으로 위스콘신 오클레어 자택에서 갑작스럽지만 평화롭게 세상을 떠난 그의 장례는 생전 가장 존경했던 스승 칸드로 린포체의 사원에서 치러졌고, 친구들은 히말라야와 갠지스강에 그의 유골을 나눠 뿌리기로 약속했다고 한다. 불교도다운 마지막이었다.

그로스의 연구는 한국에서도 큰 관심을 끌었다. 조계종 중심의 가부장적인 절집 전통이나 의례에 문제의식을 느낀 여성 불자, 수행자 들이 적지 않았기 때문이다. 2000년대 초 영성에 관심 있는 페미니스트와 여신 연구자 들이 늘어나면서 그의 이론은 점점 더 눈길을 끌었다. 이런 한국 독자들의 관심에 힘입어 그는 2004년 7월 초 경기도 김포의 중앙승가대학에서 열린 제8차 세계여성불자대회 참석차 첫 방한을 했다. 당시 그로스는 일본과 한국의 문화가 사뭇 다르다며 억압적인 현실일지라도 일단 수용하려는 흐름이 강한 일본인과 달리 한국인은 적극적이고 자기표현의 욕구가 무척 강한 것 같다며 놀라워했다.[1]

그로스의 법명인 '니종 라모'는 티베트어로 '경계를 넘어서는 신성한 여성'이라는 뜻이다. 종교사학자이자 페미니스트로서 그는 법명처럼 평생 종교와 페미니즘의 경계를 뛰어넘고자 했다. 욕망의 고통을 넘어서고 집착을 버려 해탈에 이르는 '고집멸도'苦集滅道 사성제四聖諦[2]를 현실에서 깨닫기 위해 그가 수행에 뛰어든 것이 1973년. 매일 수행을 거르지 않았고, 3개월 동안 안거에 들어가 생각에 휘말리지 않고 자신을 바라보며 '지금 여기'를 확연히 깨닫기도 했다. 그때 느꼈던 평화와 고요 속에서 자신이 다른 세계로 나아갈 수 있다는 변화의 확신도 갖게 됐다고 그로스는 말했다.

여성이 수행을 하더라도 깨달을 수 없다는 불교계의 고착된 관념에 그는 강력한 이의를 제기했다. 기독교인들이 바오로 서간을 인용하며 '그리스도 안에는 남자도 여자도 없다'고 하듯, 그 또한 깨달음의 길에 성별이 따로 있을 수 없다고 믿었다. 기존 종교가 여성들을 육아와 가사노동에 가두어 넓은 진리의 세계를 만날 수 없도록 억압했지만, 사실 여성들은 생활 속에서도 참된 영성을 향한 길을 멈추지 않았다는 것이다.

2020년 한국어로 번역돼 나온『불교 페미니즘』은 그의 생각을 좀더 분명히 알 수 있는 대표작이다. 책의 원제는『가부장제 이후의 불교』로, 페미니즘을 만나 더욱 실천적이고 근본적으로 변화한 불교를 가리킨다. 페미니즘 사상은 세계에 대한 우리의 인식이 얼마나 인종, 성별, 피부색, 계급에 의존하고 있는지 깨닫게 하며, 불교는 모든 존재가 동등하게 연관되어 있다는 평등주의를 지향한다고 그는 설명한다. 페미니즘 사상과 불교라는 종교가 만나 실천적으로 작용할 때 인간을 더욱 자유롭게 하는 세상의 변화를 이뤄낼 수 있다는 것이다. 아울러 불교의 가부장성을 극복하고 진리의 본뜻을 회복하는 것이 기독교의 "여성 교회" 또는 "여성 영성 운동"과 유사하다는 점도 밝힌다.[3]

불교의 가르침을 보면, 인간이 불행한 원인은 깨닫지 못한 데서 비롯한다. 하지만 고통에서 벗어나려고 대자유의 길에 오르려고 하는 데서부터 여성은 제약이 많았다. 2500년 전 북인도에서 태자 신분으로 태어난 고타마 싯다르타가 깨달은 자, 즉 붓다가 된 뒤 남성 수행자 집단인 비구 승단이 생겨났다. 붓다를 길러준 양모 마하파자파티와 그를 따르던 궁중의 수많은 여성들도 승려가 되고자 간청했지만 받아들여지지 않았다.

500여 명의 여성들이 인류 역사상 첫 걷기 시위를 일으키며 여러 차례 탄원한 끝에 겨우 붓다는 이를 허락했다. 하지만 그

조건으로 '팔경계'八敬戒라는 특별 계율을 내렸다. 보름마다 비구의 지도를 받고, 그 지도에 따라 안거하고, 안거 마지막 날 비구에게 허물을 말하고 훈계를 받아야 하며, 비구의 허물을 말하거나 비구를 꾸짖어선 안 되고, 수계한 지 100년이 지난 비구니라도 방금 수계한 비구에게 공손해야 한다는 등의 내용을 담았다. 치사해서 수행하지 않는 것이 낫겠다는 말이 목구멍에서 터져 나와도 시원찮을, 명백히 성차별적인 이 팔경계는 지금까지도 비구에게 비구니가 절대적인 복종을 해야 한다는 주장의 원천이 되고 있다.[4]

불경 곳곳에는 성차별적인 이야기가 적지 않다. 여성은 아버지, 남편, 아들에게 복종하는 삼종지도三從之道를 감수해야 하므로 부처가 될 수 없다는 논리가 폭넓게 깔려 있다. 여성으로 태어난 것은 전생의 업 때문이며, 여성은 유혹적이라 수행자에게 방해가 된다고 설명하는 불교 문학도 적지 않다. 어떤 경전에서는 붓다가 여성이 수행자로서의 최고 경지인 아라한이 되는 것은 불가능하다고 말했다는 내용도 나온다. '여인 불성불설'不成佛說, 여성의 몸으로 성불할 수 없다는 고정관념이 있는 것이다.

하지만 그로스는 다수의 비구니들이 해탈에 도달해 윤회를 멈추었다는 이야기가 있다는 점을 밝힌다. 그중 동남아시아에 전파된 상좌불교에서 경전의 일부로 간주되는 『테리가타』라는

시집이 유명한데, 거기엔 깨달음의 기쁨을 담은 비구니들의 후련한 게송이 남아 있다.[5]

> 오, 자유로워진 여성이여!
>
> 부엌일을 철저히 하지 않아도 되는 나는 얼마나 자유로운가!
>
> 얼룩이 지고 낡아 빠진 '내 요리용 냄비들',
>
> 내 잔인한 남편은 더욱 쓸모가 없었다.
>
> (……)
>
> 펼쳐진 나뭇가지 그늘 아래
>
> 편히 명상에 잠겨서 나는 살아간다.
>
> 이런 삶이 내게 얼마나 잘 어울리는가![6]

티베트 불교(금강승 불교) 까르마 까규 학교에서 훈련을 받고 그 방식의 수행을 주로 했던 그로스는 불교의 여러 분파 중에서도 티베트 불교가 페미니즘 관점에서 가장 해방적이란 견해를 갖고 있었다. 많은 여성 지도자들을 길러냈을 뿐만 아니라 수행법에서도 성별의 위계를 따지지 않으며 다양한 탱화나 불상 등 상징물에서도 여성 상징이 발달했다고 보기 때문이다.

그로스는 여성혐오와 가부장제를 뚜렷이 구분한다. 그는 가부장제를 "의식의 한 형태나 사고방식에서 남성 중심적으로 정

티베트 불교에서 관세음보살과 함께 대중적으로 잘 알려
진 타라 보살. 관세음보살의 눈물에서 태어났다고 알려져
있으며 이국적 여성의 모습으로 형상화된다.

보가 수집되고, 그런 세상의 구조 속에서 여성의 위치를 분류하는 방법"이라고 정의한다.[7] 여성혐오는 여성과 여성다움에 증오 또는 두려움을 보여주는 현상으로, 극단적 결과를 초래할 수 있기 때문에 가부장제와 남성 중심주의보다 훨씬 해롭다고 본다. 불교 교리 자체에 여성혐오적 내용은 없으나, 불교 전통을 공식화하고 기록한 이들의 가부장적이고 남성 중심적인 세계관 때문에 여성에 대한 억압이나 성차별적 내용이 전수되었다는 것이다. 불변의 진리를 가리키는 '담마'Dhamma, 法는 여자도 남자도 아니며, 모든 것이 변한다는 불교의 근본 가르침에 의하면 성별은 무관하거나 심지어 존재하지도 않는다. 우리는 여성적 또는 남성적으로 존재한다고 생각하지만 사실 성별도 현상도 고정되어 있지 않다는 얘기다.[8]

『불교 페미니즘』의 가장 중요한 성취는 페미니즘과 불교가 모두 내세가 아닌 '현실의 변화'를 중심에 두며 사회 참여적인 성격이 강하다고 밝힌 점이다. 이들 모두 '변하지 않는 것은 없다'는 인식론에서 맞닿은 지점이 있다. 불교는 모든 사물이 원인과 조건에 의존하기 때문에 고정불변의 영속적인 자아가 구체적 실체로 존재하지 않는다고 가르친다. 이 점에서 여성의 종속적 지위가 생물학적 운명이 아니라 사회문화적으로 구성된 결과라고 보는 페미니즘과 만날 수 있다.

　트랜스젠더 이슈에 대해서도 불교는 열려 있는 편이다. 불교의 경전을 보면 깨달은 이들이 자신의 성별을 자유자재로 바꾸었다는 이야기가 전해 내려온다. 인도 불교에서 남성으로 표현되는 아발로키테스바라 보살이 동아시아에서는 여성인 관세음보살로 발현된다는 점 등 불교의 사고와 상징에는 양성적인 방식이 적지 않게 나타난다. 모든 것이 변화한다면, 가부장제 또한 변화될 운명이다. 불교와 페미니즘은 끈질긴 탐구와 용기를 필요로 하며 관습적인 모든 것에서 존재가 해방되는 것을 목표로 한다는 점에서 또한 일치한다.[9] 이런 점들이 "불교는 페미니즘"이라고 그로스가 선언할 수 있었던 까닭이다.

　불교적 전통에서 많은 여성들이 여성으로 태어나 억압받는 현실을 자신의 업보라고 받아들이고 현실의 위계질서를 내면화했다. 현생의 고통을 전생의 댓가라며 수용했다. 그로스는 그런 가르침에서 벗어나 변화를 위해 행동해야 한다고 말한다. 불교적 명상과 사색은 강요된 억압을 유지하려는 시도를 중단하려고 실천하는 '사회적 행동주의'에도 도움이 된다는 것이다. '알아차림'으로 건강한 자아 감각을 가질 수 있기 때문이다. '무아'의 경지를 얻은 사람은 감정을 억누른 사람이 아니라, 자신 안에서 일어나는 모든 감정을 지켜보고 잘 수용할 수 있는 사람이다. 명상 훈련으로 가부장적 통제 아래 얻게 된 자기혐오와 분노 그리고 좌절감을 극복할 때 페미니스트 불자는 스스로 온전한 길을 열 수 있다. "온전한 정신이 되기 위해, 우리가 함께 지구와 공동체에서 살기 위해, 페미니즘과 (가부장제 이후의) 불교의 공동 목표는 세상 속에서 자유를 경험하는 것이다."[10]

세상 속 소풍을 끝낸 리타 그로스는 다른 세계의 어디쯤 가고 있을까. 그곳은 진정 자유로울까. 그의 새로운 거처가 어딘지는 모르겠지만 다시 또 이 풍파 많은 세상 속으로 돌아온 것만은 아니기를. 그리고 자기혐오와 좌절감에서 벗어난 더 많은 사람들이 성별의 억압을 떠나 맘껏 사랑하고 원하는 것을 하면서 현실에서도 대자유를 누리게 되기를 간절히 바라본다.

꿈, 그리고 흔들리는 것들의 연대

평일엔 회사에서 주말판 신문 개편을 했고, 주말엔 책을 마무리했다. 오랫동안 진행해온 이 두 프로젝트에 함께하기로 한 몇몇 여성들의 아버지가 편찮으시다는 소식을 들었다. 내게도 비슷한 경험이 있다. 아버지는 2000년 초 돌아가셨다. 중요한 취재를 하고 마감을 할 때마다 아버지가 위독하다는 소식이 들려왔고, 나는 매번 황급히 고향을 찾았다. 그때마다 아버지는 회복했다.

　집안에는 화가가 많았고, 아버지도 그쪽 계통이었다. 유화를 그리셨는데 붉은 계열의 색을 잘 쓰셨다. 예쁜 옷을 특히 좋아하셨다. 얼마 전 꿈에 나타난 아버지도 비슷했다. 멋진 색감의 정장을 한 벌 쫙 빼입은 아버지는 귀에 이어폰을 꽂고 집을 나갔다. 나는 어디 가시냐 소리를 지르다가 그만두고 혼잣말했다. '하긴, 결정적인 순간마다 집에 계시던 적이 없었지.' 그런 나에게 아버지는 "속도 조절"이라고 말한 것 같다. 그 꿈을 꾸고 며칠 뒤 회사의 프로젝트와 이 책의 마감일이 모두 연기되었다. 둘 다 피치 못할 사정들 때문이었지만 한결 마음이 편해졌고 조금은 더 세심하게 이것저것 매만질 수 있게 되었다.

책을 제안받은 시점은 아팠다가 몸이 회복되기 시작할 무렵이었다. 휴직과 복직을 거듭하는 가운데 울고불고 쓴 초창기 원고는 한글 파일의 비밀번호를 잊어버려 완전히 봉인돼버렸다. 그사이에 '하느님 아버지'를 거듭 부르는 오래된 종교의 세례를 받게 되었다. '아빠, 아빠, 이 개자식'이란 분노 섞인 저항과 '아버지 하느님'의 사랑을 갈구하는 기도 사이에서 수초처럼 흔들거릴 것이 명백한데도 아름다운 장소에 나를 놓아두는 시간을 갖고 싶었다. 그곳에 성모 마리아상이 있다는 것도 위안을 주었다.

또다시 꿈을 꾸었다. 이번엔 돌아가신 어머니가 나타났다. 화려한 화관을 머리에 쓰고 꽃무늬 치마에 푸근한 모습이었다. 멀리서 나를 부르는데 목소리가 카나리아처럼 예뻐서 '이 목소리를 꼭 기억해야지'라고 생각했다(실제 엄마는 절대 푸근하고 친절한 분이 아니었다). 나는 엄마 곁으로 빨리 가고 싶어서 코트 자락을 엉덩이에 깔고 계단을 미끄러져 내려갔다. 무채색의 내 옷을 보고 엄마는 "예쁜 옷 입었네"라고 말했다. 우리는 밥을 먹으러 식당으로 갔고, 엄마는 구석 자리가 아니라 가운데 앉는 것이 낫다고 말한 것 같다.

가운데 딸로 태어나 평생 모호한 정체성을 가졌다. 책을 마무리하면서 인류가 부르짖어온 '인간/혈통'의 시대가 흔들린다는 감각을 갖게 되었다. 비로소 타자의 연대, 흔들리는 것들의 연대, 비가시적인 것들의 혼종이 필요할 때가 왔다. 속도는 조절될 것이다. 그땐 화려한 색동옷을 입고 화관을 쓴 외로운 것들이 함께 모여 앉을 것이라는 생각을 하게 됐다.

1장 어떤 여자들에 대하여: 지성은 여성의 것

세상을 활보한 여자들, 그 용기에 대하여
_ 나혜석, 하야시 후미코, 버지니아 울프

1 나혜석, 「영미 부인 참정권 운동자 회견기」,《삼천리》, 1936년 1월호.
2 나혜석의 조카인 영문학자 나영균은 훗날 이 일을 회고하며 "같은 일을 저질렀어도 남자는 약간의 구설수만 겪고 지나갈 수 있는 데 비해 여자는 사회적 매장이라는 형벌이 기다리고 있다는 가혹한 사실을 고모가 전혀 예측 못 한 것은 아니겠으나 그렇다고 그것을 실감하지도 못했던 것 같다"고 말했다. 나영균, 『일제시대, 우리가족은』, 황소자리, 2004, 173쪽.
3 나혜석, 『나혜석의 말』, 조일동 엮음, 이다북스, 2020, 149, 195쪽.
4 나혜석, 「아아, 자유의 파리가 그리워」,《삼천리》, 1932년 1월호.
5 나혜석, 「신생활에 들면서」,《삼천리》, 1935년 2월호.
6 《삼천리》는 1929년 전후로는 가십에 주력했기에 나혜석의 글을 받아주었던 것으로 보인다. 이 잡지는 창간 초기엔 민족주의적 입장이었지만 1937년 중일전쟁 무렵부터 친일적 경향을 보여 일제의 침략 전쟁을 옹호하고 식민 지배를 합리화했다. 1942년 5월 제호를《대동아》로 바꾼 뒤 노골적인 친일 잡지가 되어 1943년 3월호까지 발행되었다. 정규웅, 『나혜석 평전』, 중앙M&B, 2003, 276~277쪽 참고.

7 나혜석기념사업회 유동균 회장 등 여러 뜻있는 이들의 힘으로 나혜석은 꾸준히 재조명되어 왔다. 하지만 화가와 문학가로서 그의 흔적은 아쉽게도 많은 부분 유실되었다. 나혜석의 조카 나영균은 고모 나혜석이 원고지에 쓴 글이 50센티미터 높이는 됐을 것인데 한국전쟁으로 원고 뭉치와 사진, 그리고 그림 들이 모두 없어져버렸다며 안타깝고 한스럽다고 적었다(『일제시대, 우리가족은』, 황소자리, 2003, 198~199쪽). 한편 나혜석이 숨진 뒤 1949년 1월 대한민국 제헌국회의 '반민특위'가 친일파를 검거하기 시작했는데, 가장 먼저 검거된 이들 가운데 최린과 김우영이 포함됐다(정규웅, 『나혜석 평전』, 314쪽).

8 하야시 후미코, 『방랑기』, 이애숙 옮김, 창비, 2015, 16쪽.

9 하야시 후미코, 『삼등여행기』, 안은미 옮김, 정은문고, 2017, 41쪽.

10 버지니아 울프, 『델러웨이 부인』, 나영균 옮김, 문예출판사, 2006, 5쪽.

11 버지니아 울프, 『런던 거리 헤매기』, 이미애 옮김, 민음사, 2019, 23쪽.

12 위의 책, 9쪽.

13 위의 책, 133쪽.

연단에 오를 권리를 위해 싸우다가 단두대에 오른 여자

_ 올랭프 드 구주

1 장 자크 루소, 『에밀』, 김중현 옮김, 한길사, 2003, 646, 658, 665, 668쪽.

2 드니 디드로, 『여성에 대하여: 성, 사랑, 결혼에 관한 3부작』, 주미사 옮김, 문학과지성사, 2021, 13, 18, 34쪽.

3 브누아트 그루, 『올랭프 드 구주가 있었다』, 백선희 옮김, 마음산책, 2014, 93~94쪽.

4 위의 책, 62~63쪽.

5 위의 책, 30쪽.

6 올랭프 드 구주, 『여성과 여성 시민의 권리 선언』, 박재연 옮김, 꿈꾼문고, 2019, 108쪽.

7 브누아트 그루, 『올랭프 드 구주가 있었다』, 34~35쪽.

8 올랭프 드 구주, 『여성과 여성 시민의 권리 선언』, 26~29쪽.

9 박의경, 『여성의 정치사상』, 책세상, 2014, 185~186쪽.

10 브누아트 그루, 『올랭프 드 구주가 있었다』, 58쪽. 유럽 전반의 계몽주의 물결 속에서 여성을 향한 혁명가, 정치인 들의 적의는 수그러들지 않았다. 프랑스혁명기에 여성참정권을 주장한 근대사상가이자 수학자 니콜라 드 콩도르세는 1790년 「여성의 시민권 인정에 대하여」라는 선언문을 발표했다. 종교, 피부색, 성별을 떠나 모든 개인이 동일한 권리를 가져야 한다고 주장한 그의 글은 입헌의회(국민제헌의회)의 미움을 샀고, 위험한 개혁주의자로 간주된 그는 자코뱅당에게 붙잡혀 사형을 언도받자 이를 피해 스스로 목숨을 끊었다.

11 1789년 전후 프랑스혁명 시기 여성들의 모습은 영화 〈원 네이션〉(2018)에도 잘 나타나 있다.

12 이세희, 『프랑스대혁명과 여성·여성운동』, 탑북스, 2012, 22~28쪽.

13 브누아트 그루, 『올랭프 드 구주가 있었다』, 61쪽.

14 2016년 말부터 2017년 초 이른바 '국정농단 사태' 당시 여러 언론의 칼럼에선 촛불시위를 정의로운 프랑스대혁명에 견주어 언급하는 경우가 많았는데, 혁명 이후 권력을 얻은 세력이 '동지'로 함께한 여성들의 권리를 억압했다는 내용만은 빠져 있었다. 촛불혁명 당시에도 대통령 박근혜의 성별을 문제 삼으며 여성혐오적 발언들이 쏟아졌고 페미니스트들에 대한 조롱도 적지 않았다. '강남 아줌마' '암탉' '병신년' '미스 박' 등 여성과 장애인을 겨냥한 혐오 발언과 패륜적이고 성폭력적인 그림도 다수 거리에 뿌려졌다. 이 가운데 페미니스트들은 2016년 11월 26일 서울 광화문 세종문화회관 대극장 앞에서 눈비가 흩날리는 가운데 집회를 열고

국정농단 비판 담론 속 여성혐오 현상을 규탄했다. 이들은 "이제 우리는 더 큰 싸움을 시작할 것"이라 선언하며 국정 파탄에 대한 책임을 묻는 동시에 여성 비하와 성차별, 성폭력에도 맞서겠다는 뜻을 분명히 했다.

15 올랭프 드 구주, 『여성과 여성 시민의 권리 선언』, 93쪽.

16 위의 책, 32쪽.

17 브누아트 그루, 『올랭프 드 구주가 있었다』, 88~89쪽.

18 올랭프 드 구주, 『여성과 여성 시민의 권리 선언』, 24쪽.

19 브누아트 그루, 『올랭프 드 구주가 있었다』, 23쪽.

악명 높은 고령의 여성 대법관, 시대의 아이콘 되다

_ 루스 베이더 긴즈버그

1 아이린 카먼·셔나 크니즈닉, 『노터리어스 RBG』, 정태영 옮김, 글항아리, 2016, 65~66쪽.

2 루스 베이더 긴즈버그·헬레나 헌트, 『긴즈버그의 말』, 오현아 옮김, 마음 산책, 2020, 150, 153쪽.

3 위의 책, 42쪽.

4 노터리어스 RBG라는 애칭은 전설적인 래퍼 노터리어스 BIG를 오마주 한 것이다.

5 아이린 카먼·셔나 크니즈닉, 『노터리어스 RBG』, 23~24쪽.

6 루스 베이더 긴즈버그·헬레나 헌트, 『긴즈버그의 말』, 48쪽.

7 아이린 카먼·셔나 크니즈닉, 『노터리어스 RBG』, 71쪽.

8 위의 책, 77~79쪽.

9 여성 대법관이 나올 경우 사임하겠다던 남성 대법관들은 어쩐 일인지 계속 자리를 지켰다고 한다. 위의 책, 36쪽.

10 위의 책, 226~228쪽.

11 루스 베이더 긴즈버그·헬레나 헌트, 『긴즈버그의 말』, 58쪽; 위의 책,
  156~157쪽.

12 루스 베이더 긴즈버그·헬레나 헌트, 『긴즈버그의 말』, 32쪽.

13 아이린 카먼·셔나 크니즈닉, 『노터리어스 RBG』, 234쪽.

14 위의 책, 120쪽.

부조리한 세계를 기꺼이 마주하되 아둔하리 만큼 원칙적인 삶

_ 시몬 베유

1 「노동해방에 불사른 짧은 삶의 감동: 시몬느 베이유, 불꽃의 여자」, 《한
  겨레》, 1992년 11월 18일 참고. 영문학자 강경화가 옮긴 이 책은 영어판
  을 번역한 것이었고 분량 또한 줄여서 출간되었다. 하지만 그 덕에 더욱
  대중적으로 베유의 일화가 알려지게 되었던 것도 사실이다. 기사에는
  책의 초판 발간이 1977년이라고 되어 있으나 실제론 1978년이었다. 기
  사는 "책이 처음 읽히던 때부터 흘러온 15년 동안 위장취업자란 이름의
  무수한 '시몬느 베이유'들이 생겨난 우리 현실도 『시몬느 베이유 불꽃의
  여자』의 현재성을 확보해주는 요인이었다"라고 평가하고 있다.

2 김은주, 『생각하는 여자는 괴물과 함께 잠을 잔다』, 봄알람, 2017, 121~
  122, 139~141쪽.

3 데보라 넬슨, 『터프 이너프』, 김선형 옮김, 책세상, 2019, 23쪽.

4 시몬 베유, 『신을 기다리며』, 이세진 옮김, 이제이북스, 2015, 8쪽.

5 케이트 커크패트릭, 『보부아르, 여성의 탄생』, 이세진 옮김, 교양인, 2021,
  85, 95쪽.

6 시몬 베유, 『시몬 베유 노동일지』, 박진희 옮김, 리즈앤북, 2012, 44쪽.

7 위의 책, 32쪽.

8 데보라 넬슨, 『터프 이너프』, 85~86쪽.

9 시몬 베유, 『시몬 베유 노동일지』, 38쪽.

10 데보라 넬슨, 『터프 이너프』, 63~64쪽.

11 시몬 베유, 『중력과 은총』, 윤진 옮김, 이제이북스, 30~31쪽.

12 데보라 넬슨, 『터프 이너프』, 61~63쪽.

13 시몬 베유, 『중력과 은총』, 155쪽. "그리스도의 수난, 그것은 어떤 가상도 섞여들지 않는 완전한 정의가 존재하는 것을 보여준다. 본질적으로 정의는 행동하지 않는다. 정의는 초월하거나 고통받아야 한다."

냉소적이고 열렬했으며 죽을 때까지 야망을 놓지 않았던 지식인
_ 수전 손택

1 수전 손택, 『다시 태어나다: 수전 손택의 일기와 노트 1947~1963』, 데이비드 리프 엮음, 김선형 옮김, 이후, 2013, 89쪽.

2 다니엘 슈라이버, 『수전 손택: 영혼과 매혹』, 한재호 옮김, 글항아리, 2020, 82쪽.

3 Benjamin Moser, *Sontag: Her Life*, New York: Ecco. 2019. 이 책은 현재 한국어판이 출간되지 않았다.

4 여성학자 정희진은 "글은 사회적 산물이지만 쓰는 일은 철저히 개인의 작업이다. 왜 부부, 연인 간 대필은 문제가 되지 않는가? 노력도 재능도 없는 사람이 남자라는 사실+약간의 간판+여성의 헌신으로 출세하고 잘난 척까지 하는 현실. 새삼스럽진 않다"고 썼다(정희진, 「이 남자들의 공통점」,《한겨레》, 2013년 9월 7일). 잉에 슈테판의 『천재를 키운 여자들』(박민정 옮김, 자음과모음, 2007)은 이 사안을 본격적으로 다룬 책으로 참조할 만하다.

5 다니엘 슈라이버, 『수전 손택: 영혼과 매혹』, 147쪽.

6 위의 책, 162~174쪽.

7 위의 책, 180쪽.

8 위의 책, 197쪽.

9 위의 책, 258~260쪽.

10 위의 책, 436쪽.

11 위의 책, 409쪽.

'아버지의 왕국'을 고발하며 피와 빵과 시를 노래한 작가

_ 에이드리언 리치

1 에이드리언 리치, 「가능성의 예술」, 『우리 죽은 자들이 깨어날 때』, 이주혜 옮김, 바다출판사, 2020, 471쪽.

2 에이드리언 리치, 「며느리의 스냅사진들」, 『문턱 너머 저편』, 한지희 옮김, 문학과지성사, 2011, 47쪽.

3 한지희, 『모성과 모성 경험에 관하여: 아드리안 리치의 삶과 페미니스트 비평의 이해』, 소명출판, 2017, 65, 220쪽.

4 에이드리언 리치, 「뿌리에서 갈라지다」, 『우리 죽은 자들이 깨어날 때』, 310쪽.

5 에이드리언 리치, 「어떤 생존자로부터」, 『문턱 너머 저편』, 227쪽.

6 에이드리언 리치, 「강제적 이성애와 레즈비언 존재」, 『우리 죽은 자들이 깨어날 때』, 245, 260쪽.

7 에이드리언 리치, 「가능성의 예술」, 『우리 죽은 자들이 깨어날 때』, 481쪽.

위대한 여성 피아니스트, 프랑켄슈타인의 괴물이 낳은 후손

_ 클라라 슈만

1 버지니아 로이드, 『피아노 앞의 여자들』, 정은지 옮김, 앨리스, 2019, 24~

26쪽.

2 위의 책, 212~213, 216~217쪽.

3 18~19세기 무대에서는 어린 자녀들의 연주 여행을 따라다니는 아버지들(stage father)이 있었을 뿐, 어머니들(stage mother)은 없었다고 한다. 낸시 B. 라이히, 『클라라 슈만 평전』, 강자연·하인혜 옮김, 경북대학교출판부, 2019, 537쪽.

4 위의 책, 490쪽.

5 위의 책, 536~538쪽.

6 위의 책, 540쪽.

7 1853년, 남편과는 별도로 자기만의 연습실을 갖게 된 뒤에 쓴 글. 위의 책, 540쪽.

존재에 의미를 부여하는 역사가 우리에게도 있다

_ 거다 러너

1 거다 러너, 『가부장제의 창조』, 강세영 옮김, 당대, 2004, 15쪽.

2 위의 책, 373쪽. "가부장이란 가족의 우두머리인 가장을 일컬으며 가부장제란 가족 성원에 대한 가장의 지배를 지지하는 체제를 뜻한다." 여성 억압의 원인을 설명하면서 성별 관계의 변화를 포착하기 위한 개념으로, 페미니즘 이론에서 핵심이 되는 용어다. (사)여성문화이론연구소, 『페미니즘의 개념들』, 동녘, 2015, 14쪽 참고.

3 기계형, 「서구 여성사의 위대한 개척자 거다 러너를 추모하며」, 《여성과 역사》 제19집, 2013, 331~341쪽.

4 거다 러너, 『왜 여성사인가』, 강정하 옮김, 푸른역사, 2006, 382쪽.

5 거다 러너, 『가부장제의 창조』, 374쪽.

6 거다 러너, 『왜 여성사인가』, 33쪽.

7 거다 러너, 『가부장제의 창조』, 394쪽.

8 위의 책, 387~388쪽.

9 위의 책, 390쪽.

10 거다 러너, 『왜 여성사인가』, 401쪽.

강간 이데올로기에 맞서는 여성들의 반격이 시작되었다
_ 수전 브라운밀러

1 미국 최초의 뉴스 프로그램 여성 앵커가 된 리사 하워드는 흐루시초 프, 케네디, 카스트로, 체 게바라를 인터뷰하며 승승장구했지만 1965년 ABC방송국에서 해고되고 10개월이 지나 자살했다. 그의 나이는 불과 서른아홉 살이었다. 필리스 체슬러는 1962년 서른여섯의 메릴린 먼로 가 스스로 목숨을 끊고 하워드도 너무 일찍 세상을 떠났다며 "페미니즘 이 확산되기 이전인 1960년대를 사는 여성에게 이런 일은 얼마든지 있 을 수 있었다"고 밝힌다. 필리스 체슬러, 『정치적으로 올바르지 않은 페 미니스트』, 박경선 옮김, 바다출판사, 2021, 44~45쪽.

2 위의 책, 114~116쪽.

3 수전 브라운밀러, 『우리의 의지에 반하여』, 박소영 옮김, 오월의봄, 2018, 13쪽.

4 위의 책, 25~26쪽.

5 위의 책, 30쪽.

6 위의 책, 「옮긴이의 말」, 679쪽 참고. 한국의 형법 제297조도 비슷하다. 2021년 현재 강간죄는 '폭행 또는 협박으로 사람을 강간한 자'를 처벌하 도록 하고 있는데, 폭행·협박의 판단 기준이 상대방의 반항을 불가능하 게 하거나 현저히 곤란하게 하는 정도를 가리키는 '최협의설'을 근거로 하고 있어 '강간죄' 개정을위한연대회의는 '폭행 또는 협박'을 '동의' 여

부로 바꾸도록 법 개정을 촉구해왔다. 여성의 관점을 반영한 강간죄 정의가 법에 적용되도록 지난한 과정을 거치고 있는 것이다.

7 위의 책, 55, 57쪽.

8 위의 책, 152쪽. 브라운밀러는 베트남전에서 강간 기소와 수사 및 군법회의가 더 느슨하게 진행되었다고 판단하지만, 한국전쟁에서의 강간 관련 데이터가 지금까지 잘 알려지지 않았다는 사실은 이때 미군의 강간에 대한 관심이 적었다는 점을 반증하는 일이기도 하다.

9 위의 책, 395, 484, 602쪽.

10 위의 책, 438~444쪽. 브라운밀러는 앤서니 버지스의 『시계태엽 오렌지』를 영화화한 감독 스탠리 큐브릭의 작품을 "강간 영웅신화"의 대표 사례로 꼽으며 문화적인 강간 신화를 비판하기도 한다. 한 작가가 보는 앞에서 부인을 강간하는 장면에서 여성의 존재 따위는 영화 속에도 관객석에도 없었다는 것이다. 위의 책, 466쪽 참고.

11 위의 책, 513, 516~517쪽.

12 위의 책, 632~633쪽.

공공의 선을 위해 일어설 수 있는 사람이 되어야 한다
_ 마사 누스바움

1 포스트휴먼의 정치학을 제시하는 여성 철학자 로지 브라이도티의 경우 보편적 휴머니즘의 이상과 진보적 자유주의 정치학을 주장하는 누스바움의 이론에 이의를 제기한다. 고전적 휴머니스트들에게 경계를 넘어선 혼종의 상상력은 설 자리가 없기 때문이다. '페미니즘보다 휴머니즘'이라는 이들에게 누스바움은 적절한 이론가가 아닐 수 없다. 로지 브라이도티, 『포스트휴먼』, 이경란 옮김, 아카넷, 2015, 54~55쪽 참고.

2 마사 누스바움, 『타인에 대한 연민』, 임현경 옮김, RHK, 2020, 40쪽.

3 위의 책, 19쪽.

4 위의 책, 55쪽.

5 위의 책, 28~33, 62~63쪽.

6 위의 책, 98~103, 127쪽.

7 위의 책, 148~153쪽.

8 위의 책, 177~180쪽.

9 위의 책, 222~243쪽.

10 위의 책, 251~257쪽.

11 위의 책, 294쪽.

당대 현장의 그림자, 그 삶의 진면목을 탐구한 과학자

_ 바버라 에런라이크

1 2001년 미국에서 발행된 이 책은 그다음 해에 『빈곤의 경제』(홍윤주 옮김, 청림출판, 2002)로 한국어판이 출간되었으며, 2012년 『노동의 배신』이라는 새로운 제목으로 재출간되었다. 이후 『긍정의 배신』(2011), 『희망의 배신』(2012), 『건강의 배신』(2019)과 함께 에런라이크의 '배신 4부작'으로 묶인다.

2 바버라 에런라이크 『지지 않기 위해 쓴다』, 김희정 옮김, 부키, 2021, 79쪽.

3 이 책의 원제는 『그녀 자신의 이익을 위하여: 여성에 대한 2세기에 걸친 전문가의 조언』For Her Own Good: Two Centuries of the Experts' Advice to Women이다. 한국에서는 페미니즘 출판 붐 속에서 번역본이 발간되었는데, 오랫동안 만날 수 없었던 귀한 책들을 볼 수 있는 기회가 열린 것은 2000년대 페미니즘 운동의 중요한 성과일 것이다.

4 바버라 에런라이크·디어드러 잉글리시, 『200년 동안의 거짓말』, 강세영·신영희·임현희 옮김, 푸른길, 2017, 73~75쪽.

5 예외적인 운동이 벌어지기도 했다. 1820~30년대 노동운동의 이론적 지
도자이자 페미니스트였던 페니 라이트는 "전문가 귀족"에서 벗어나자
며 "과학의 전당"을 열고 민중을 위한 생리학 대중 강좌를 진행했다. 비
슷한 시기 정규 의사의 과실로 어머니가 죽고 아내가 출산 후유증으로
고통받았던 새뮤얼 톰슨이라는 농부는 정규 의료를 대체하여 노동계급
과 페미니스트에게 진료실을 넘겨줘야 한다고 주장하며 사회운동을 벌
였다. 약초와 증기를 결합한 대체 의료, 아메리카 원주민의 민간 치료 지
식에서 유래한 치료법을 체계화한 건강개혁 운동(톰슨주의 운동)이었
다. 이 운동은 한창 때 미국 전체 인구 1700만여 명 중 지지자가 400만
여 명에 달할 정도로 폭넓은 지지를 받았다. 하지만 이 또한 시간이 흐르
면서 하나의 신앙처럼 변질하고 파벌이 생기면서 전문가주의와 유사하
게 변모하며 탈선했다. 위의 책, 93~95쪽.

6 위의 책, 435, 437~440쪽.

7 위의 책, 446~449, 452~453쪽.

8 1990년대 이후 미국 기업에 갖가지 영적 체험 프로그램이 꽃을 피웠고
대기업들이 앞다퉈 고급 관리자를 위한 영적 체험 프로그램을 시작했
다. 에런라이크는 이런 새로운 '영적' 기업 문화가 일종의 세계관을 만
든다고 보았다. 또 주식회사 미국의 '비즈니스 영성' 핵심에 신이 있다
면, 그 이름은 시바(Shiva), 파괴의 신이 될 것이라고 꼬집었다. 바버라
에런라이크, 『긍정의 배신』, 전미영 옮김, 부키, 2011, 160~162쪽.

9 위의 책, 97~98, 119, 205쪽. 이런 주장은 위기가 닥쳐올 때 더욱 맹위
를 떨치는데, 2010년대 중·후반부터 2020년까지 한국 사회를 떠들썩하
게 했던 자기계발서 상당수가 이런 부류였다. 논리적 근거가 심각하게
결여돼 있거나 비과학으로 가득 찬 책들도 베스트셀러가 되어 사람들을
놀라게 했다.

10 바버라 에런라이크, 『건강의 배신』, 조영 옮김, 부키, 2019, 133쪽. 운동

으로 자신의 몸을 가꾸는 노력도 마찬가지로 접근할 수 있다. 물론 여성들에게 자기 몸에 대한 통제는 진지한 정치적 목표가 될 수 있다. 하지만 운동은 동시에 "과시적 소비의 또 다른 형태"가 되기도 한다. '피트니스 문화'에는 성별이 대체로 평등하고, 다양한 피부색과 성적 지향을 가진 이들이 자유롭게 뒤섞여 남의 시선을 의식하지 않으면서 몸을 드러낼 수 있는 곳이라는 유토피아적인 공간에 대한 상상이 녹아 있다. 하지만 이는 운 좋은 일부에게만 허락된 공간이기도 하다.

11 위의 책, 12쪽. 어떤 조건에서 폐의 대식세포는 만성 폐쇄성 폐질환(COPD)이나 신종 코로나바이러스 감염증(코로나19)의 중증 호흡곤란 등을 유발하는 것으로 밝혀졌다. 「코로나19 중증 폐질환 일으키는 대식세포 따로 있다」,《연합뉴스》, 2021년 1월 2일.

12 위의 책, 17쪽.

13 『신을 찾아서』에서 에런라이크는 자신의 영적 경험을 솔직히 털어놓았다. 열네 살 무렵 나무를 보다가 세상이 지워지고 모든 단어와 의미가 사라지는 경험을 한 뒤 자신을 사로잡았던 고양감, 충만감 등을 떠올린다. 그의 이런 경험은 서구 사상의 근간인 유일신 사상, 그리고 전능한 유일신 이외의 모든 정령과 신성을 폐기해온 세계관을 비판하는 도전으로 이어진다.

완벽하지 않아도 괜찮아, 그렇다고 과거로 돌아가진 않을 거야

_ 록산 게이

1 록산 게이, 『나쁜 페미니스트』, 노지양 옮김, 사이행성, 2016, 375쪽.

2 이 책의 성공 이후 출판사가 록산 게이의 방한 계획을 세웠지만, 이후 책은 절판되었고 코로나19 등의 사정으로 그의 방한은 성사되지 않았다.

3 「페미니즘 도서는 왜 '분홍분홍'할까」,《여성신문》, 2017년 1월 7일.

4 위의 책, 14, 36쪽.

5 위의 책, 226쪽.

6 이런 그의 주장이 대중문화계의 아티스트들에게 자극을 주었던바, 마돈
나는 2016년 12월 9일 미국《빌보드》지가 주관하는 '우먼 인 뮤직' 시상
식에서 올해의 여성상을 받았을 때 "나는 나쁜 페미니스트"라며 역사에
남을 페미니스트 명연설을 하기도 했다.

7 위의 책, 47쪽.

8 위의 책, 99쪽.

9 록산 게이, 『헝거』, 노지양 옮김, 사이행성, 2018, 144쪽.

10 위의 책, 218~224쪽.

11 위의 책, 286~288, 293, 296~297쪽.

12 위의 책, 317쪽.

죽어가는 이들의 삶을 들여다본 죽음의 여의사

_ 엘리자베스 퀴블러 로스

1 엘리자베스 퀴블러 로스·데이비드 케슬러, 『인생 수업』, 류시화 옮김, 이
레, 2006, 13쪽, 「옮긴이의 글」 가운데.

2 퀴블러 로스는 모든 것을 통제하려 드는 VIP야말로 죽음을 맞이할 때
가장 불쌍한 사람이라고 말한다. 그의 삶을 안락하게 만들었던 모든 것
을 잃어야 하기 때문이라고. 엘리자베스 퀴블러 로스, 『죽음과 죽어감』,
이진 옮김, 청미, 2018, 105, 114쪽.

3 위의 책, 162, 164쪽.

4 위의 책, 202~203쪽.

5 위의 책, 204쪽. 퀴블러 로스가 이론화한 죽음의 다섯 단계가 알려지자
이 과정을 정형화된 진행으로 제시했다는 비난 또한 나왔다. 퀴블러 로

스는 이 단계가 마치 기계처럼 정확하게 단선적으로 진행되는 것이 아니라 각자의 감정 상태와 적응 기제에 따라 다양하게 나타난다는 점을 분명히 했다. 환자는 안팎의 복합적인 문제에 맞닥뜨리면서 끝없이 협상하고 끊임없이 씨름하며 때로는 돌파하고 때로는 포기하며 자신의 죽음으로 향한다. 위의 책, 20쪽, 아이라 바이오크의 「기념판 발간에 부치는 글」 가운데.

6 퀴블러 로스가 어렸을 때 아버지의 친구가 나무에서 떨어져 앓다 죽었는데, 그는 죽기 전 동네 이웃 아이들을 모아 가족들을 도와주라며 당부했고 이 경험은 어린 퀴블러 로스에게 큰 자부심이었다고 한다. 아마도 그때의 경험이 죽음 연구에 영향을 끼쳤던 것 같다.

7 위의 책, 300쪽.

8 엘리자베스 퀴블러 로스·데이비드 케슬러, 『인생 수업』, 180쪽.

9 위의 책, 235, 238쪽.

2장 어떤 여자들을 위하여: 말, 몸, 피, 신, 그리고 페미니즘

읽기와 쓰기, 몸과 마음을 관통하다

1 정찬, 「'전혜린과 이덕희, 아웃사이더의 죽음'」, 《한겨레》, 2016년 8월 26일.

2 전혜린 평전은 1982년 『그대 이름은 전혜린』이라는 제목으로 홍성사에서 초판이 출간되었고, 이후 제목과 출판사를 바꾼 개정판이 몇 차례 더 출간되었으며, 현재는 다음 책이 유통되고 있다. 이덕희, 『전혜린: 사랑과 죽음의 교향시』, 나비꿈, 2012.

3 비평가 김미정은 전혜린이 공적 아카데미아 또는 문학장이라는 공적 발화장에서 '여성'을 말하지 않고 중성화한 까닭을 밝힌다. 인류 정신의 보

고처럼 여겨져온 문학이라는 양식에 젠더 역학이 내재되어 있기 때문이라는 것이다. 전혜린이 죽고 난 뒤 발간된 유고 에세이에서 루이제 린저의 소설 『생의 한가운데』 주인공 니나가 '여성의 주체성'을 가진 인물로 설명되었고, 이에 한국 독자들이 열광한 것도 린저의 소설이 전하던 여성 자유와 해방의 메시지가 공론장 바깥의 비공식적 언어로 독자에게 닿은 것이라고 분석한다. 김미정, 「'한국-루이제 린저'라는 기호와 '여성교양 소설'의 불/가능성」, 『문학을 부수는 문학들』, 민음사, 2018, 244~245쪽.

4 '아프레걸'은 '전후파'라는 뜻의 프랑스어 아프레게르(apres-guerre)에서 '게르'를 '걸(girl)'로 대체한 신조어로, 봉건적 사회구조와 관습에 얽매이기 거부하며 주체적 역할을 고민했던 한국전쟁 이후의 여성상을 뜻한다. 하지만 문학 등 여러 텍스트에서 유한마담, 직업여성, 여대생 등 전통에서 벗어난 성적으로 방종하고 문란한 이미지의 여성을 가리키는 멸칭으로 자리 잡았다.

5 박정희 전 대통령은 1963년 『국가와 혁명과 나』를 통해 '고운 손으로 불란서 시집을 읽는 소녀'를 호명하며 "전체 국민 1퍼센트 내외의 저 특권 지배층의 손", 그 "보드라운 손결"이 "우리의 적"이라고 지목했다. 김용언, 『문학소녀』, 반비, 2017, 209쪽.

6 정은경, 「'돌봄'의 횡단과 아줌마 페미니즘을 위하여: 2010년대 여성 담론과 그 적들」, 『문학은 위험하다: 지금 여기의 페미니즘과 독자 시대의 한국문학』, 민음사, 2019, 170쪽.

7 「페미니즘 출판 전쟁!」, 《한겨레》, 2019년 8월 19일.

8 2015년 8월, 문화평론가이자 영화학 박사인 손희정은 한 지면을 빌려 "페미니즘이 리부트되었다"고 선포했다. 그는 2017년 『페미니즘 리부트』를 통해 2010년대 중·후반 페미니즘에 대한 분투의 기록을 제출한다. '#나는페미니스트입니다', 메갈리아, 강남역 페미사이드, 《시사인》 절독 사태, 넥슨 성우 계약 해지, 탁현민 등용 등의 사건들을 거치며 페미니즘

이 개입하고 발화해온 맥락을 살필 수 있다.

9 정희진, 『정희진처럼 읽기』, 교양인, 2014, 305쪽; 정희진 인터뷰, 「책이 몸을 통과하면 고통을 해석하는 힘이 생긴다」, 《한겨레》, 2014년 10월 24일.

10 정희진 인터뷰, 「책이 몸을 통과하면 고통을 해석하는 힘이 생긴다」, 《한겨레》, 2014년 10월 24일.

11 정희진, 『정희진처럼 읽기』, 45쪽.

12 「김혜순 시인 5·18문학상 끝내 받지 않기로」, 《중앙일보》 인터넷판, 2017년 5월 8일.

13 평론가 김미정은 "종합지나 문예지가 일종의 공론장이라면, 그 안에서 '말해져도 되는 것'과 '말해지면 안 되는 것'의 구분이 암묵적으로 존재한다. 공론장에서 모두가 동등하게 공적 발화에 참여할 수 있는 권리를 갖고 있다는 것은 일종의 상상적 믿음이자 이념(idea)일 따름이다"라고 말한다. 김미정, 「'한국-루이제 린저'라는 기호와 '여성교양소설'의 불/가능성」, 『문학을 부수는 문학들』, 239~240쪽.

14 「김혜순 "그리핀상 예상 못해… 노벨상 얘기는 하지 말라"」, 《연합뉴스》, 2019년 6월 25일.

15 김혜순, 『여성이 글을 쓴다는 것은』, 문학동네, 2002, 64~80쪽.

16 위의 책, 51~54, 87쪽.

17 사라 아메드가 그의 블로그 제목이자 『행복의 약속』(성정혜·이경란 옮김, 후마니타스, 2021)의 2장 제목으로 쓴 말로, 다른 이들이 좋아하는 것을 따르지 않아서 분위기를 깨는 페미니스트를 가리킨다.

18 오드리 로드, 『시스터 아웃사이더』, 주해연·박미선 옮김, 후마니타스, 2018, 193쪽.

19 위의 책, 197쪽.

20 김혜순, 『여성이 글을 쓴다는 것은』, 108쪽.

21 오드리 로드, 『시스터 아웃사이더』, 40쪽.

22 위의 책, 43쪽.

23 위의 책, 178쪽.

걷기, 움직이고 사색하고 저항하는 발걸음

1 로런 엘킨, 『도시를 걷는 여자들』, 홍한별 옮김, 반비, 2020, 144쪽.

2 소로의 비판적 저항 정신은 집안의 영향이 컸다. 어머니 신시아는 자유
주의 사상을 당당히 옹호하며 논쟁을 두려워하지 않아 인습적인 이웃의
노여움을 샀다고 한다. 이들이 거주하던 지역에 미국 최초이자 가장 활
동적인 반노예협회 중 하나인 콩코드 여성반노예제협회가 탄생하자 소
로 가문 여자들은 모두 그 운동에 열렬히 참여했다. 교회가 급진주의자
의 연설까지 금지하자 소로의 누나 헬렌은 이에 반발해 발길을 끊어버리
기도 했다. 로라 대소 월스, 『헨리 데이비드 소로』, 김한영 옮김, 돌베개,
2020 참고.

3 비노바 바베, 『사랑의 힘이 세상을 지배할 것이다』, 김진 엮음, 구탐 바자
이 사진, 조화로운삶, 2011, 274쪽.

4 비노바 바베는 여성이 영적으로 수행할 수 있는 단독자임을 의심치 않
았지만, 리더가 되는 것을 바라지는 않은 것 같다. 그는 여성이 '행위자
아닌 행위자'임을 경험해야 한다고 못 박았다. 무슨 뜻일까. 그는 "만약
여성들이 행위자라고 생각하게 되면 그들은 지휘관이 되려고 할 것이고,
그러면 브라마 비디야(신에 대한 참다운 지식)에서 멀어지게 된다"고 말
했다. 그가 말한 '행위자'가 무엇을 뜻하는지 명확하진 않지만, 주체 또
는 리더에 가까운 말로 짐작된다. 지휘관이 되려 할 때 신에 대한 참다운
지식에서 멀어진다면, 남성도 마찬가지여야 한다. 비노바 바베 또한 그
시대가 낳은 남성 지도자였음을 고려한다면, 그는 제한적이나마 여성의
영적 수행을 지지한 인물이었다고 평가할 수 있겠다.

5 리베카 솔닛,『걷기의 인문학』, 김정아 옮김, 반비, 2017, 98~101쪽.

6 위의 책, 374~395쪽.

분노, 그 미칠 듯한 데서 구원할 사람은 나 자신뿐

1 브래디 미카코,『여자들의 테러』, 노수경 옮김, 사계절, 2021, '에밀리 데이비슨' 부분 참고.

2 페멘,『페멘 선언』, 길경선 옮김, 꿈꾼문고, 2019; 페멘,『분노와 저항의 한 방식, 페멘』, 갈리아 아케르망 엮음, 김수진 옮김, 디오네, 2014 참고.

3 경향신문 사회부 사건팀 기획,『강남역 10번 출구, 1004개의 포스트잇』, 나무연필, 2016 참고.

4 해리엇 골드허 러너,『무엇이 여성을 분노하게 하는가』, 김태련·이명선 옮김, 이화여자대학교출판부, 1998, 99쪽.

5 위의 책, 19~21쪽.

6 레슬리 제이미슨, 「분노로 가득 찬 허파」, 『불태워라』, 릴리 댄시거 엮음, 송섬별 옮김, 돌베개, 2020, 13, 27쪽.

7 머리사 코블, 「우리가 화날 때 우는 이유」, 『불태워라』, 88쪽.

8 로언 히사요 뷰캐넌, 「행그리한 여성들」, 『불태워라』, 128쪽.

9 저메인 그리어,『완전한 여성』, 박여진 옮김, 텍스트, 2017, 251쪽.

말싸움, 공식을 배우고 기술을 익혀라

1 이민경,『우리에겐 언어가 필요하다』, 봄알람, 2016, 10쪽.

2 위의 책, 7~9쪽.

3 이민경 인터뷰, 「페미니즘 회화서 읽고 입 트였으면」, 《한겨레》, 2016년 8월 19일.

4 위의 책, 31쪽.

5 하루카 요코, 『나의 페미니즘 공부법』, 지비원 옮김, 메멘토, 2016, 271쪽.

6 위의 책, 89쪽.

7 위의 책, 63~64쪽.

8 위의 책, 273쪽에서 재인용. 노구치 유지의 『내러티브테라피의 세계』에서 인용한 말이다.

혐오 표현, 그 해석과 저항을 위한 여러 갈래 길들

1 경향신문 사회부 사건팀 기획, 『강남역 10번 출구, 1004개의 포스트잇』, 나무연필, 2016 참고.

2 「강남역에 간 일베 "사람 하나 매장시키기 쉽네"」, 《오마이뉴스》, 2016년 5월 19일.

3 2005년 6월에 개를 데리고 서울 지하철에 탑승한 한 여성이 개똥을 치우지 않고 내리자 다른 승객이 그것을 치우는 사진이 인터넷에 회자된다. 이를 가리켜 '개똥녀' 사건이라고 불렸으며, 이후 그 여성에 대한 비난과 함께 '신상털이'가 이어졌다. 윤보라, 「김치녀와 벌거벗은 임금님들」, 『여성혐오가 어쨌다구?』, 현실문화, 2015, 28~29쪽.

4 윤보라, 「김치녀와 벌거벗은 임금님들」, 『여성혐오가 어쨌다구?』, 44~45쪽.

5 홍성수, 『말이 칼이 될 때』, 어크로스, 2018, 84~85쪽.

6 위의 책, 211쪽.

7 주디스 버틀러, 『혐오 발언』, 유민석 옮김, 알렙, 2016, 137쪽.

8 위의 책, 302쪽.

9 위의 책, 192쪽.

10 「혐오발언, 규제할 것인가 되받아칠 것인가」, 《한겨레》, 2016년 8월 12일.

11 책이 출간된 뒤 출판사와 상의 끝에 주디스 버틀러에게 한국 상황과 용

어의 혼돈을 묻는 내용의 이메일 질문지를 보냈고 답신을 주겠다는 약속까지 받았지만 결국 답은 오지 않았다. 이 소식을 들은 학계, 출판계 전문가 들은 버틀러가 한국 상황에 관해 명확한 답을 내놓기 힘들 것이라고 보았다. 자신의 이론과 상당히 흡사한 형태로 싸움을 벌인 메갈리안을 어떻게 보아야 할지 부담 또는 당혹감이 있었을 것이라는 추측도 나왔다.

사랑, 사고파는 영역으로 침투한 감정 혹은 노동

1 그는 "감정노동이란 감정을 억제하거나 아예 다른 감정을 떠올리면서 자기감정을 알맞게 유지하는 작업을 말하며, 우리는 어떤 신체적 또는 정신적 행동을 거쳐 이 과제를 완수한다"고 설명한다. 앨리 러셀 혹실드, 『가족은 잘 지내나요?』, 이계순 옮김, 이매진, 2016, 50쪽.

2 위의 책, 23쪽.

3 위의 책, 95쪽.

4 위의 책, 208쪽.

5 위의 책, 119~123쪽.

6 위의 책, 294쪽.

7 위의 책, 241쪽.

8 위의 책, 309쪽.

9 '긱'(Gig)은 1920년대 미국 재즈 클럽에서 단기로 고용한 연주자를 가리키는 데서 유래한 것으로, 초단기 일자리를 가리킨다. '긱 경제'는 빠른 시대 변화에 대응하기 위해 비정규직 프리랜서 노동 형태가 확산되는 현상을 말한다.

10 알렉산드리아 J. 래브넬, 『공유경제는 공유하지 않는다』, 김고명 옮김, 롤러코스터, 2020, 167쪽.

11 위의 책, 25쪽.

12 위의 책, 196~201쪽.

13 위의 책, 120쪽.

여성의 몸, 한국 사회 담론전의 최전선

1 엘리자베스 그로츠, 『몸 페미니즘을 향해』, 임옥희·채세진 옮김, 꿈꾼문고, 2019, 53쪽.

2 플라톤은 『국가론』에서 여성 통치자의 아이디어를 제시했지만 후기작인 『법률』에서는 성차별적인 주장으로 여성에게 남성과 동등한 법률적 권한을 부여하지 않았다.

3 이러한 서구 철학 전통에 대한 비판은 다음 책을 참고하라. 시몬 드 보부아르, 『제2의 성』, 강명희 옮김, 하서출판사, 1999, 15쪽. 토마스 아퀴나스의 여성관에 관한 정확한 발언은 다음 논문을 참고했다. 박승찬, 「토마스 아퀴나스의 여성관: '우연히 생산된 결핍 존재' 또는 '남성의 가장 가까운 벗'」, 《성평등연구》 제6집, 2002년 5월, 161~187쪽.

4 로지 브라이도티, 「어머니, 괴물, 기계」, 『여성의 몸, 어떻게 읽을 것인가』, 케티 콘보이·나디아 메디나·사라 스탠베리 엮음, 손영희 등 옮김, 한울, 2006, 84~85쪽.

5 수전 보르도는 여성의 몸이 플라톤과 아우구스티누스가 말했듯 욕망으로 들끓는 본능적인 몸이 아니라 푸코가 말한 '유순한 몸'이라고 보았다. 수전 보르도, 『참을 수 없는 몸의 무거움』, 박오복 옮김, 또하나의문화, 2003, 208쪽.

6 위의 책, 207~210쪽 참고.

7 태희원은 한국의 미용 성형이 정신병리학적 문제에서 열등감 극복 프로젝트로, 적극적인 자기계발의 의미에 가까워졌다는 점을 밝혔다. 더 나은 나를 만들기 위한 지속적인 개선 관념을 내포한다는 것이다. 태희원,

『성형』, 이후, 2015, 271쪽.

8 이 무렵 "탈코르셋, 꾸밈노동, 성소수자들의 섹슈얼리티, 디지털 성범
죄, 4비(비혼, 비연애, 비출산, 비섹스), 낙태죄 등은 '성적인 존재자들'의
'몸'을 둘러싼 문제"로 풀이된다. 김남이, 「탈코르셋: 담론의 전쟁터인 여
성의 몸」, 《여/성이론》, 2019년 겨울호, 139쪽. 탈코르셋과 관련한 책들,
이민경의 『탈코르셋』, 작가1의 『탈코일기 1~2』, 윤지선·윤김지영의 『탈
코르셋 선언』 등이 2019년 한 해에 모두 나왔다.

9 김남이, 「탈코르셋: 담론의 전쟁터인 여성의 몸」, 140쪽. 2016년 10~20대
한국 여성들이 트위터에 아이섀도와 립스틱 같은 화장품을 박살낸 사
진을 '인증샷'으로 올리고 해시태그(#탈코르셋)를 붙이면서 시작된 이
운동은 2021년 브라질과 포르투갈 등으로 확산되기도 했다. 「브라질에
서도 '화장품 버리기'… 탈코르셋 인증샷 열풍」, 《한겨레》 디지털 기사,
2021년 3월 11일 참고.

10 이민경 인터뷰, 「탈코르셋, 선을 넘어야 알 수 있는 것들」, 《한겨레》,
2019년 8월 23일.

11 『운동하는 여자: 체육관에서 만난 페미니즘』(양민영, 호밀밭, 2019), 『살
빼려고 운동하는 거 아닌데요: 몸무게보다 오늘 하루의 운동이 중요한
여성의 자기만족 운동 에세이』(신한슬, 휴머니스트, 2019), 『여자는 체
력: 근육운동부터 자기방어까지 운동 코치 박은지의 내 몸 단련법』(박은
지, 메멘토, 2019), 『근육이 튼튼한 여자가 되고 싶어: 다정하고 강한 여
자들의 인생 근력 레이스』(이정연, 웅진지식하우스, 2020) 등이다.

12 양민영, 『운동하는 여자』, 66쪽.

13 태희원, 『성형』, 이후, 2015, 21, 276쪽.

14 전문적인 분장 실력을 가진 배리나 씨는 화장술을 소개하는 유튜브 활
동을 했으나 이후 탈코르셋 운동에 동참해 뷰티 유튜브를 그만두었다.
그의 탈코르셋 실천은 BBC 등 외국 언론에도 소개되었다.

15 다만 신체 단련 또한 고도로 숙련된 전문가의 도움이나 특정 장소가 필요한바, 날씬하지도 탄탄하지도 않은 몸들은 '자기 관리의 실패'라며 미끄러질 여지는 여전히 숙제로 남는다. 한발 나아가 공적 공간 활용에 대한 문제제기도 필요해 보인다. 주민을 위한 지역 공원이 농구 골대나 배구 네트 등 성인 남성 신체를 중심으로 설계되는 것을 하나의 문제적 사례로 들 수 있다.

16 "'여성의 무분별한 성행위와 그에 따른 낙태'라는 이미지에는 쾌락적인 성관계에 대한 형벌로 임신을 뒤따르게 하겠다는 징벌 심리가 분명하게 깃들어 있어요." 우유니게·이두루·이민경·정혜윤, 『유럽 낙태 여행』, 봄알람, 2018, 46~47쪽.

17 2020년 10월 18일 서울국제도서전 행사에서 권김현영 여성주의 연구활동가는 "2016년 전후 페미니즘이라는 대중적 덩어리를 만든 큰 힘은 (성폭력) 피해에 관한 이야기였고, 그 구체적 경험을 다룬 외서들이 다양하게 쏟아져 나왔지만 읽기에 불편하다는 이유 등으로 생각보다 판매로 이어지지 못해 아쉬웠다"고 평가했다.

18 벤 바레스, 『벤 바레스: 어느 트랜스젠더 과학자의 자서전』, 조은영 옮김, 정원석 감수, 해나무, 2020, 230, 233쪽.

19 수전 팔루디, 『다크룸』, 손희정 옮김, 아르테, 2020, 630쪽, 「옮긴이의 글: 팔루디 연작과 '진부한 정상성'의 교란자들」 가운데.

20 트레이시 크로 모리·아드리아나 슈파르, 「여장부와 "성적 희생 제물"의 육체 단속하기: 라틴아메리카의 처녀성 수행 방식」, 『우리는 처녀성이 불편합니다』, 조너선 앨런 엮음, 이혜경 옮김, 책세상, 2019, 224~227쪽.

질병, 그것의 목소리와 이야기를 찾아서

1 아서 프랭크, 『아픈 몸을 살다』, 메이 옮김, 봄날의책, 2017, 160쪽.

2 위의 책, 114~115쪽.

3 사라 네틀턴, 『건강과 질병의 사회학』, 조효제 옮김, 한울아카데미, 2018, 177쪽.

4 아서 프랭크, 『아픈 몸을 살다』, 32쪽.

5 위의 책, 165~166쪽.

6 위의 책, 190~191쪽.

7 아서 프랭크는 구강암 때문에 턱과 얼굴에 광범위한 재건 수술을 한 남자를 만났고, 이 특별한 사례를 성공적으로 치료한 외과 의사가 그의 재건 치료에 대해 쓴 논문에서 남자의 이름이나 사람 자체가 체계적으로 무시된 것을 발견한다. 이것을 가야트리 스피박이 말하는 식민화라고 분석하면서 그는 페미니스트 건강활동가들의 의학적 지식과 실천이 의료 지식과 실천의 포스트 식민적 입장이라고 말한다.

8 사라 네틀턴, 『건강과 질병의 사회학』, 141~143쪽.

9 위의 책, 149쪽; 아서 프랭크, 『몸의 증언』, 최은경 옮김, 갈무리, 2013, 9쪽.

10 '회복 사회'라는 개념은 『아픈 몸을 살다』 마지막 부분에 언급되며, 『몸의 증언』에 좀더 자세하게 나온다.

11 아서 프랭크, 『몸의 증언』, 51, 296쪽.

12 위의 책, 65쪽.

13 위의 책, 339쪽.

투병, 겪는 이와 돌보는 이를 위한 약상자

1 김영옥, 「여는 글」, 『새벽 세 시의 몸들에게』, 생애문화연구소 옥희살롱 기획, 봄날의책, 2020, 12쪽.

2 전희경, 「시민으로서 돌보고 돌봄 받기」, 『새벽 세 시의 몸들에게』, 34~

35쪽.

3 위의 글, 79쪽.

4 위의 글, 64쪽.

5 전희경, 「'보호자'라는 자리」, 『새벽 세 시의 몸들에게』, 128쪽.

6 메이, 「'병자 클럽'의 독서」, 『새벽 세 시의 몸들에게』, 155쪽.

7 위의 글, 158~160쪽.

8 이지은, 「치매, 어떻게 준비하고 있습니까?」, 『새벽 세 시의 몸들에게』, 209쪽.

9 위의 글, 221~222쪽.

10 위의 글, 236~237, 242~243쪽.

11 김영옥, 「시간과 노니는 몸들의 인생 이야기」, 『새벽 세 시의 몸들에게』, 265쪽.

12 위의 글, 289쪽.

13 위의 글, 291~292쪽.

월경, 생물학을 넘어선 문화정치학의 전쟁터

1 엘리즈 티에보, 『이것은 나의 피』, 김자연 옮김, 클, 2018, 17쪽.

2 만화 『원더우먼』의 원작자였던 심리학자 윌리엄 몰턴 마스턴은 마거릿 생어의 조카 올리브 번과 사실상 부부 관계였다. 마스턴은 청년기에 마거릿 생어 등 산아제한 운동가들에게 큰 영향을 받았고 비밀리에 두 여성과 중혼을 했다. 마스턴의 공식적인 배우자였던 엘리자베스 할러웨이 또한 페미니스트였다. 질 르포어는 원더우먼의 모델이 마거릿 생어였다고 주장한다.

3 위의 책, 110~113쪽.

4 위의 책, 115쪽. 2016년 브라질 올림픽에 참가한 중국 수영 선수 푸 위안

후이는 계주 경기를 마친 뒤 자신 때문에 동료들을 실망시킨 것 같다고 말했다. "어제 생리가 시작했고, 너무 피곤했다. (……) 하지만 그게 변명이 될 수는 없다. 어쨌든 내가 수영을 잘하지 못한 것이다."

5 글로리아 스타이넘, 『남자가 월경을 한다면』, 양이현정 옮김, 현실문화, 2002, 31쪽.

6 「예장합동 총회장 여성 비하 발언 파문: 임태득 목사 총신대 설교, "여자가 기저귀 차고 강단에?"」, 《뉴스앤조이》, 2003년 11월 18일.

7 페미위키의 '제1회월경페스티벌' 항목 참고.

8 지난 2006년 국가인권위원회가 생리공결제 시행을 교육부에 권고해 초·중·고·대학교에 모두 도입된 바 있지만 현장 여건, 그리고 교사나 학교 당국의 인식에 따라 들쑥날쑥 적용되는 실정이다. 당시에는 월경을 '모성 보호' 차원에서 접근하는 입장이 많았다. 하지만 월경은 그 자체로 여성의 생활 전반과 관련한 중요한 경험이자 점점 더 사회적인 의제로 자리 잡아갔다.

9 박이은실, 『월경의 정치학』, 동녘, 2015, 15쪽.

10 위의 책, 238~241쪽.

11 애비 노먼, 『엄청나게 시끄럽고 지독하게 위태로운 나의 자궁』, 이은경 옮김, 메멘토, 2019, 47~51, 62~64쪽.

12 로빈 스타일 델루카, 『호르몬의 거짓말』, 황금진 옮김, 동양북스, 2018, 278쪽. '호르몬 신화'로 문화적·심리적 공포를 자극해 돈을 버는 사람들이 있다. 1966년 『여성성이여, 영원하라』를 쓴 미국 의학 박사 로버트 윌슨은 완경이 에스트로겐 결핍 질환이며 그 결핍을 메우기 위해 호르몬을 복용해야 한다고 주장했는데, 그의 연구는 제약회사의 재정적 지원을 받았다. 지은이의 말대로 완경기 여성 증후군에 사용되는 호르몬 대체요법은 한국에서도 부작용을 경계하는 목소리가 높다. 하지만 딱히 호르몬 대체요법이 아니더라도 수많은 건강 보조식품 사업에서 완경기 여성은

주요한 고객이다.

13 위의 책, 318, 342쪽.

마음의 그림자, 잘 다뤄내야 할 중년의 과제

1 이 이야기는 제임스 매튜 베리의 『피터 팬』(이은경 옮김,펭귄클래식코리아, 2008)에서 가져왔다. 54~71쪽 참고.

2 카를 구스타프 융, 『기억, 꿈, 사상: 카를 구스타프 융 자서전』, 조성기 옮김, 김영사, 2007, 437쪽.

3 로버트 존슨, 『당신의 그림자가 울고 있다』, 고혜경 옮김, 에코의서재, 2007, 10~11쪽.

4 로버트 존슨·제리 룰, 『내 그림자에게 말 걸기』, 신선해 옮김, 가나출판사, 2020, 100, 154쪽.

5 위의 책, 289쪽.

6 위의 책, 34~35쪽.

7 위의 책, 89쪽.

8 로버트 존슨, 『당신의 그림자가 울고 있다』, 119쪽.

9 위의 책, 98~99, 114쪽.

10 카를 구스타프 융, 『기억, 꿈, 사상: 카를 구스타프 융 자서전』, 310쪽.

11 로버트 존슨은 행운이 생긴 사람이 한 주 동안 쓰레기 치우는 일을 도맡는 식으로 긍정적인 일이 생길 때마다 그림자의 측면을 행동으로 옮기는 것이 도움이 된다고 설명한다.

12 『당신의 그림자가 울고 있다』, 42~43쪽을 보면, 그림자를 다루는 대표적인 의례로서 가톨릭 미사를 꼽는다. 배반, 거절, 고문, 죽음 이상의 이야기로 가득한 미사는 그 지독한 측면 때문에 참석자들에게 균형을 갖게 한다는 것이다. 그림자를 다루는 방법은 『내 그림자에게 말 걸기』에 자세

히 소개된다. 자기 안의 어두운 존재를 향해 편지를 쓰거나, 자기가 가지 않은 길에 대해 적극적으로 상상하며 그 안의 캐릭터에게 말을 걸어보라고 지은이는 권한다. 종이 한 장을 준비해 서로 극단적인 형상의 그림을 그리는 것도 방법이라고 한다.

13 로버트 존슨·제리 룰, 『내 그림자에게 말 걸기』의 7장 「꿈 작업을 통해 무의식과 교감하다」를 참고하라.

14 위의 책, 56~63쪽.

15 로버트 존슨, 『당신의 그림자가 울고 있다』, 55쪽.

16 고혜경, 『나의 꿈 사용법』, 한겨레출판, 2014, 145~147쪽.

17 로버트 존슨, 『당신의 그림자가 울고 있다』, 12쪽, 「옮긴이의 말: 빛과 어두움, 그 창조적 통합」 가운데.

18 고혜경, 『나의 꿈 사용법』, 127쪽.

19 태 켈러, 『호랑이를 덫에 가두면』, 강나은 옮김, 돌베개, 2021.

여신, 여성성을 뛰어넘어 우주와 맞닿은 세계

1 마리아 김부타스, 『여신의 언어』, 고혜경 옮김, 한겨레출판, 2016의 「옮긴이 서문」 xxvi쪽에서 재인용.

2 위의 책, 321쪽.

3 『모권: 고대 여성 지배의 종교적 및 법적 성격 연구』(1861)에서 스위스의 법학자이자 고대 연구가 요한 야코프 바흐오펜은 여성 지배와 모성의 시대가 실제 존재했다고 주장했다. 그는 여성과 종교 문제를 연관시켜 여성이 "모든 종교의 핵심"이라 할 수 있는 신비적인 것을 보살피는 관리인이자 책임자라고 보았다. 모호하고 신화적이며 종교적인 그의 분석에 학계는 "상징의 혼란에 빠진 가엾은 희생자" "상징에 대한 병적인 집착" "말도 안 되는 헛소리"라고 비판했다. 『모권』의 엮은이 서문에서 독

일의 인류학자이자 사회심리학자인 한스 유르겐 하인리히스는 바흐오
펜에게 찬사를 보낸 이들은 거의 없었다고 밝힌다. 사실 바흐오펜의 주
장이 여권 신장을 위한 사회운동이나 이론에 도움이 된 것은 아니었다.
그는 "여성이 앞장서고, 남성은 따라간다"는 식으로 여성의 능동적 역할
을 강조했지만, 한편으로 "파멸은 여성에게서 시작되어 여성에 의해 완
성된다"며 여성의 영향력을 축소하고 싶어했다. 여성 지배는 타락으로
몰락을 준비했다는 주장도 폈다. 요한 야코프 바흐오펜, 『모권 1』(한미희
옮김, 나남, 2013)의 「엮은이 서문」 참고.

4 마리아 김부타스, 『여신의 언어』, 316쪽.

5 위의 책, xv쪽.

6 위의 책, 318쪽.

7 위의 책, 319쪽.

신학, 그 남성 중심적 권위에 맞선 여성들

1 테레사 포르카데스 이 빌라, 『여성주의 신학의 선구자들』, 김항섭 옮김,
   분도출판사, 2018, 116쪽.

2 위의 책, 58~60쪽. 한국에서는 『여성들의 도시』라는 제목으로 2012년
   번역돼 나왔으나 절판되었다. 이 책을 번역한 최애리는 「옮긴이 해제」에
   서 크리스틴 드 피장이 "남성 전유의 여성 비하 담론에 맞서 여성으로서
   의 발언권을 과감히 주장하고 나서서 여성 옹호론을 펼친 독보적인 작
   가"라며 "메리 울스턴크래프트의 『여성의 권리 옹호』보다 4세기를 앞서
   는 페미니즘 저작의 효시"로 이 책이 거론되고 있다는 점을 밝힌다. 또
   한 그러한 의견에 이의를 제기하는 이들도 있지만 여성에 대한 부당한
   인식이나 처우에 저항하는 것이 이 운동의 시발이라 본다면 크리스틴은
   페미니즘 선두에 서 있는 인물이라고 평가한다.

3 위의 책, 62~63쪽. 지은이는 나아가 나지안주스의 그레고리우스, 비구니 말산요연, 아빌라의 데레사를 여성주의 신학자로 꼽는다. 이들은 여성의 예속에 반대하고 종교의 진정한 뜻이 누군가의 예속에 반대하는 것이라고 보았다.

4 위의 책, 63~65쪽.

5 위의 책, 67~73쪽. 『중세의 뒷골목 풍경』 『중세의 뒷골목 사랑』 등으로 중세 유럽 풍속사의 이면을 보여준 비교종교학자 양태자 박사가 2015년 펴낸 『중세의 잔혹사 마녀사냥』은 현재 절판됐지만 마녀사냥을 연구한 흔치 않은 국내서로서 인정받을 만하다. 책에는 마녀 문화사의 대가인 볼프강 베링거의 자료가 언급돼 있는데, 1536~1693년 사이 북유럽의 마녀 사냥 희생자는 최대 2000여 명으로 추산된다. 이탈리아, 폴란드, 프랑스, 스위스에서도 수천 명이 마녀로 몰려 죽음을 당했고 한꺼번에 5000명이 넘는 사람들이 학살되기도 했다. 이 잔혹한 학살은 남녀노소 가리지 않았으나 희생자는 대부분 여성이었다. 당시 마녀로 몰린 사람들은 약초를 사용할 줄 아는 여성, 재산은 많지만 가족이 없는 여성, 노인이나 고아 등 피억압층이 대부분이었다고 한다. 기득권자들이 권력을 유지하기 위해 저지른 종교적 학살이었지만 16~17세기엔 이웃끼리 조금만 싸워도 마녀라고 고발하는 일도 잦았다. 의사들도 마녀 '감별'에 일조한 기록을 볼 때, 의학의 우위를 점하려는 세력들도 한몫했던 것으로 보인다.

6 위의 책, 81~83쪽. '박사의 전례 미사 입당송'에는 지혜, 지식, 혀, 법, 올바른 것, 마음 등에 대한 이야기가 나오지만, '동정녀의 전례 미사 입당송'은 보호받고 시선 받고 동반하고 유혹에 굴하지 않고 등불을 꺼뜨리지 않는 것과 관련된 표현이 주를 이룬다.

7 위의 책, 151~153쪽.

8 위의 책, 156쪽.

1 행사장에서 인터뷰를 위해 만난 리타 그로스는 자신의 책 『페미니즘과 종교』가 이미 한국에 번역돼 있다는 소식을 듣고 고무되기는커녕, 이 책이 한국에서 출간된 줄도 몰랐다며 분통을 터트리기도 했다. 오래 불교 수행을 해온 '자비로운' 학자를 상상했던 것과 달리 너무나 솔직하고 담백해 인상 깊었다.

2 사성제는 인간이 고통으로 가득 차 있는 존재라는 고성제(苦聖諦), 고통의 원인은 무지에 뿌리를 두고 있다는 집성제(集聖諦), 욕망에서 벗어난 고통의 중단을 가리키는 멸성제(滅聖諦), 고통의 소멸에 이르는 도성제(道聖諦)로 구성된다. 그리고 '고집멸도'는 사성제 각각의 첫 글자를 따서 이르는 말이다.

3 리타 그로스, 『불교 페미니즘』, 옥복연 옮김, 동연출판사, 2020, 245쪽.

4 위의 책, 33~34쪽.

5 하지만 오늘날 상좌불교에서 비구니 승가는 사라지고 없으며 한국과 대만 정도에서 비구니 승가가 유지되고 있을 뿐이다.

6 위의 책, 91쪽. 초기 교단 공동체에서는 비구니계를 받지 않은 재가 여성 불자인 위샤카(Visakha)의 존재를 높이 산다. 그는 붓다와 직접 만나 여러 이야기를 나누었을 뿐만 아니라, 교단 운영과 관련해 충고했고 붓다가 이를 따랐다고도 전해진다. 출가 여성인 비구니보다 재가 여성을 선호하는 남성 중심적 역사가들의 기록 경향성을 고려할지라도 불교 교단에서 재가 여성 신자를 존중한 것은 명백한 사실이라는 것이다. 위의 책, 107쪽.

7 위의 책, 56쪽,

8 위의 책, 60쪽.

9 위의 책, 158, 236, 246, 251~253쪽.

10 위의 책, 276, 301, 503쪽.

지성이 금지된 곳에서 깨어날 때

새로운 길을 낸 여성들의 날카로우면서도 우아한 세계

ⓒ 이유진

초판 1쇄 발행 | 2021년 8월 18일

지은이 | 이유진
펴낸이 | 임윤희
디자인 | 디자인 서랍
제작 | 제이오

펴낸곳 | 도서출판 나무연필
출판등록 | 제2014-000070호(2014년 8월 8일)
주소 | 08613 서울 금천구 시흥대로73길 67 금천엠타워 1301호
전화 | 070-4128-8187
팩스 | 0303-3445-8187
이메일 | wood.pencil.official@gmail.com
페이스북·인스타그램 | @woodpencilbooks

ISBN | 979-11-87890-28-7 03300

• 이 책은 한국여기자협회의 후원을 받아 저술·출판되었습니다.